高等学校消防指挥专业系列教材
编委会名单

高等学校消防指挥专业系列教材

消防部队心理工作教程

主　编　王晓丹
副主编　张丹丹　李　佳
参　编　张　睿　陈　静　陈　庆
　　　　张　京　但　浩　郭　浩

机械工业出版社

为响应消防部队队伍管理和人才培养的需要，本书依托心理科学的发展，汇集丰富的研究资料，总结近十年的教学经验和研究成果，比较全面地将消防部队心理工作在教学实践和理论研究方面的主要内容呈现给广大的消防官兵。本书以消防部队心理工作为重点，详细介绍了消防官兵需要掌握和了解的基础心理知识，以及如何培养健康心理和在应急救援灭火战斗前、中、后期对施救者和被施救对象进行危机干预。本书的突破点和创新性还在于涵盖了消防部队近年出现的安全事故的理论分析和其预防措施、心理行为训练的具体操作方法，以及消防官兵的职业生涯规划等内容。

本书不仅可以作为消防院校心理学课程的教材，也可作为消防部队官兵了解和掌握心理科学、开展心理工作的参考资料。

图书在版编目（CIP）数据

消防部队心理工作教程/王晓丹主编．—北京：机械工业出版社，2014.1（2022.7 重印）

高等学校消防指挥专业系列教材

ISBN 978-7-111-45484-7

Ⅰ．①消… Ⅱ．①王… Ⅲ．①消防部队—心理学—高等学校—教材 Ⅳ．①E0-051

中国版本图书馆 CIP 数据核字（2014）第 011029 号

机械工业出版社（北京市百万庄大街 22 号　邮政编码 100037）

策划编辑：崔占军　邹云鹏　版式设计：墨格文慧

封面设计：路恩中　责任印制：常天培

固安县铭成印刷有限公司印刷

2022 年 7 月第 1 版第 3 次印刷

184mm×260mm · 14 印张 · 2 插页 · 349 千字

标准书号：ISBN 978-7-111-45484-7

定价：39.00 元

电话服务　网络服务

客服电话：010-88361066　机　工　官　网：www.cmpbook.com

010-88379833　机　工　官　博：weibo.com/cmp1952

010-68326294　金　书　网：www.golden-book.com

封底无防伪标均为盗版　机工教育服务网：www.cmpedu.com

前　言

教材建设是院校建设的一项基础性、长期性工作。配套、适用、体系化的专业教材不但能满足教学工作的需要，还对深化教学改革、提高人才培养质量起着极其重要的作用。近年来，学校党委和各级领导十分重视教材建设，专门成立了教材编审委员会，加强对学校教材建设工作的领导，保证教材编写质量。根据2013版“消防指挥专业专科人才培养方案”，学校组织有经验的教师编写消防指挥专业的套系教材，并在全国范围内聘请了来自公安部消防局、部分消防总队、消防科研所及军队院校和普通院校的24名专家和教授分别对教材编写情况进行审查。

本次教材编写工作，认真贯彻“教为战”的办学思想，满足当前消防工作和消防部队人才培养的新需要，立足教学实际，注重学科专业体系化建设，注重对各学科知识内容的更新，特别是对前沿消防科学技术、消防理论研究成果的吸纳和应用；教材结构安排和编写体例紧紧围绕基础理论知识学习和基本操作训练，突出案例教学和实践教学，着重提高学生的专业理论水平和实际工作技能。本教材适用于消防指挥专业人才培养教学需要，也可用作企业专职消防员培训和消防工程技术人员的参考书。

本书由王晓丹担任主编，张丹丹、李佳任副主编。具体的编写分工如下：第一章，陈静；第二章，张京；第三章，陈庆；第四章，李佳；第五章，张丹丹；第六章，李佳；第七章，郭浩；第八章，张丹丹；第九章，但浩；第十章，王晓丹；第十一章，张睿。王晓丹负责全书统稿。云南师范大学李辉教授、宋志一高级工程师对本书的编写提出了许多宝贵的意见和建议，在此对她们表示衷心的谢意！

鉴于编写人员学识水平和实践经验有限，本教材难免存在疏漏和错误之处，敬请读者和同行批评指正。

编　者

目 录

第一篇 心理基础

第一章 概述

心理学（psychology）一词，最早是由希腊语中的psyche（灵魂）和logos（理念）两个词构成的，前者指“心灵”“精神”，后者指“理性”“理念”或“规律”，两者合起来就是“灵魂或精神的规律”的意思，指人的心理或精神活动规律。自从人类社会产生之初，就有一批哲学家、教育家、文学艺术家或医生，试图对这种规律做出解释说明，这些解释和说明形成了最初的心理学思想。随着实践活动的深入和科学的发展，人们自然不满意“灵魂说”关于心理现象的解释，而力求对心理现象的本质作出科学的说明。19世纪以后，由于物理学、生物学和化学的发展，许多学者开始用实验的方法来研究人的心理活动特点和规律，使人类对心理现象的认识上升到了一个新台阶。1879年，德国著名心理学家威廉·冯特（1832—1920），在德国莱比锡大学建立了第一个正式的心理学实验室，从此，人们开始用实验的方法，通过数理统计来对人的心理现象进行分析，使心理学摆脱了单一主观思辨的方式，而逐渐成为一门内容丰富、体系完整的学科。

第一节　心理学研究的对象、任务、方法和原则

【学习目标】

1. 了解心理学的研究对象和发展历史。
2. 明确学习心理学的意义，激发学习心理学的兴趣。
3. 把握心理学研究的任务和研究方法。

心理学是研究人和动物心理现象发生、发展和活动规律的一门科学。了解和掌握心理学研究的对象、任务、方法和原则为我们进一步研究心理学的相关理论提供一定的方法论指导。

一、心理学研究的对象

（一）心理学是研究心理现象的科学

每门学科都有特定的研究对象和探索领域。特定的研究对象和探索领域又规定着该学科的具体任务和性质。心理学的研究对象——心理现象有自己特殊的性质：它是一种不具形体的精神现象，是一种十分复杂的现象，因而也是不容易研究和解释清楚的现象。人的心理现象通常表现在人的有意识的活动中。如人每天要感知事物，记忆信息，思考问题，作出决策。人要对事物表达自己的态度，体验各种情感和情绪。人的活动总是有一定的目的，为实现目的，人会组织和调节自己的行为，克服各种各样的困难。在这些活动中，人们表现出注意、记忆、思维、想象、需要、愿望、信念、理想以及在这些活动中所体现出来的人格倾向性等等的心理现象。这些心理现象构成了心理学研究的对象。人在现实中的各种各样的行为，其最直接的内部动因是各种心理活动。为了促进人的心理的发展，有必要探索心理现象及其活动规律，揭示其奥秘，将其研究成果体系化，这就是心理学的研究内容。

（二）心理学是研究心理活动的形式及其规律的科学

人的心理有内容和形式两个侧面。心理内容是指存在于现实并为每个人所意识到的各种映象的本身，包括构成心理的一切要素的总和。心理形式是把构成心理的内容诸要素统一起来的结构或表现心理要素的方式。如我们听到一首歌，想到今后学习的方向等，这些出现在脑中的具体形象或想法是心理内容，而“听到”“想到”是心理形式，即心理现象。

形式和内容是统一不可分的，但二者又是相对独立的。同一内容可以采取不同形式，同一形式则可以表现众多的内容。心理内容往往有时代、群体、阶级、个体间的区别，而心理形式对于所有的人来说是共同和普遍的。本书侧重于研究心理形式，以揭示心理活动的规律。

（三）心理现象的结构

心理现象主要包括既有区别又紧密联系的心理过程和个性心理两个方面。这两个方面的内容在具体人身上通过实践活动可以得到生动的表现。

心理过程指心理活动的动态过程，即人脑对客观现实的反映过程。它包括认识、情感、

意志等活动。由于认识、情感、意志三方面的活动都有其发生、发展、终止或升华的过程，所以，这些心理活动又称之为心理过程。认识、情感和意志这三种心理过程又以其相互联系、彼此制约的相互作用而构成人的整个心理过程。伴随着心理过程的另一必不可少的心理现象是注意，而注意的产生也具体表现在心理过程之中。

个性心理包括互相联系的两个方面：个性倾向性和个性心理特征。研究人的心理不仅要研究共同的心理过程，即个体意识形成及其活动表现的一般过程，而且要研究个性差异，即人与人之间在意识倾向和稳定的心理特性上的个别差异。我国春秋时期的政治家子产说过："人心不同，各如其面"。人的心理活动特点，有些是偶然的，暂时的，另一些则是稳固的、经常出现的。由于每个人所处的社会环境、生活条件以及所受的教育不同，因此，人与人之间在心理风格和面貌上存在着差别，形成了个性心理的差异。人的个性心理的差异主要表现在个性倾向性和个性心理特征两个方面。个性倾向性主要指个性的意识倾向性，包括需要与动机、兴趣与爱好、信念与理想等。个性心理的差异表现在能力、气质及性格等方面。能力、气质、性格统称个性心理特征。

心理过程和个性心理，都是在个人的实践活动中形成和表现出来的。就一般意义来说，活动是主体与客体相互作用的过程。这一过程既包括客体向主观形态（映象）的转变，也包括主观形态通过活动向客观结果的转变。对活动的分析有利于揭示心理活动的规律和实质。

实际上，在现实生活中，人的心理活动是极为复杂的，并非机械地按一定顺序简单地循环活动，也并非按照上述分类孤立地表现，即人的心理活动具有高度的整体性。首先，认知、情感、意志只是人的整个心理过程的不同方面。认知不同于情感，认知反映客观事物的特征和关系，情感和意志是在认识的基础上产生的，又随着认识过程的深化而不断变化发展；反之，认识过程又受到意志和情感的极大影响。此外，情感也作为动力因素影响意志行动，意志行动又丰富着情感。其次，个性倾向性和个性心理特征也是密切相关的，两者从总体上合理地反映出一个人完整的个性。个性倾向性渗透于各种心理特点之中，个性特点本身也反映着个人的倾向。再次，个性和心理过程既有区别，又不可分割地联系在一起。人的个性是在心理过程的基础上逐渐形成的，同时个性又通过各种心理过程表现出来。已形成的个性特征会积极地影响心理过程，使人的心理过程总带有个性的色彩。

总之，心理过程和个性心理的相互制约的关系，从整体上反映着人的心理活动的共同规律和差异规律的辩证统一。

二、心理学研究的任务

人类认识和改造世界的任何实践活动，都离不开人心理活动的参与，也都是在人心理的指导和调节下完成的。要使人的各种实践活动顺利进行，就必须利用人的心理活动的内在规律性。由此，心理学的基本任务具体体现在如下三个方面。

（一）研究和探索人的心理规律

揭示人的心理现象产生、发展和变化的规律，关键在于找到心理现象的发展变化与其影响因素之间的内在的、必然的、规律性的联系。影响心理的因素很多，概括起来大致有三类：一是环境因素，也就是人所接触到的周围的客观事物。环境因素既包括自然界的物质变化，如时令气候、温度湿度等；又包括人类的实践活动，如人们的工作学习及人际交往等。二是机体因素，即人的身体状态，如人的体温高低、饥渴状态及健康状况等。三是心理因素，即自身的心理对心理的影响，如个体的情绪状态、个性特征等。上述诸因素中，任何一个因素的变化，都会引起心理活动的变化。经过大量的心理实验测量和研究，揭示出心理的变化对这些因素的依赖关系，从而发现心理活动变化发展的规律性，是心理学研究的任务之一。

（二）描述和预测人的心理

人的心理是客观存在的现象。为了发现隐藏在现象之后的规律，心理学家的首要任务就是要客观地描述这些现象，并通过描述现象对其作出解释。但心理学不仅应对所观察的心理现象作出解释，还应能够对人的未来的心理和行为或未观察到的心理事实作出预测。科学的重要作用在于描述事物的状况和预测事物发展的未来趋势。通过测量可对某些心理发展现状和水平进行描述从而发现其产生、发展和变化的规律性，并能根据这些规律预测其心理活动的未来趋势和状况。

（三）控制和调节人的心理和行为

科学研究的目的在揭示事物间内在联系及其发生、发展和变化的规律，从而根据规律，控制或创造条件，使其向着符合人们主观需要的方向去发展。通过心理研究，就可根据各种心理现象之间、心理现象与其赖以产生和发展的条件之间的规律性联系，创造相应的环境和条件，促使人们在相应的情境下产生相应的心理和行为，以提高其心理活动效率。例如，人的情绪状态直接影响着一个人的实践活动效率及身心健康，为此，人们都非常重视美化、优化周围环境，通过创设相应的环境，使人们的情绪状态向着社会所需要的方向健康发展，以形成相应的心理面貌和心理品质。

三、心理学的研究原则

人的心理现象是世界上最难认识的现象之一，要研究和揭示其发生和发展规律，必须以辩证唯物主义哲学原理为理论基础，遵循着如下几个原则。

（一）客观性原则

客观性原则是各门科学研究都必须遵循的一条基本原则。遵循客观性原则，要求人们在心理学研究中，必须以实事求是的态度，在人的生活和活动中客观地对人的各种心理现象的本来面目加以考察，并进行客观的分析，决不能附加任何主观臆测、揣度和设想。人的心理现象既是一种主观的精神、意念活动，又是一种客观存在，任何一种心理现象都由各种内外刺激所引起，并总是伴随着一定的生理变化，以言论和行为的形式表现出来。人的心理活动无论多么复杂，总会以一定的客观形式体现着。因此，对人的心理现象能够并且也必须进行客观的研究。只有坚持客观性原则，在心理学研究中采用客观的方法，才能探明各种心理现象的发生、发展和变化的真正规律。

（二）辩证发展原则

心理现象和其他现象一样，都是发展变化的。就个体的某一心理现象或心理品质而言，在不同的年龄阶段有着不同的表现特点和发展水平；一种心理品质的形成，虽然具有较大的稳定性，但随环境和实践活动的变化也会有一定的发展。因此，在心理学研究中，必须遵循辩证发展的原则，以发展的、全面的观点来看待任何心理现象，并了解影响心理发展的各种制约因素，坚决防止和反对把心理现象看做是静止的、凝固的和僵化的东西，这对于预测人的心理发展的前景和方向有着极其重要的积极意义。

（三）系统性原则

世界上任何一种客观存在都不是孤立的，总有它存在的“土壤”。每一种心理现象或心理品质的产生和形成，总要受着一系列主客观因素的影响和制约，总会随着周围环境条件及主体特征不同而各具特色。任何一种因素的变化，都会引起人的心理活动的变化。因此，在心理学研究中，必须坚持系统性原则，用整体的观点来研究问题，把人的心理现象作为一个复杂的有机整体来进行探讨，反对孤立地、片面地看问题。既要对某一心理现象和心理品质进行具体分析和研究，找出各种具体因素和特点，又要综合地把它放在一个多因素、多层次的整体系统中全面地进行研究，找到它与外部刺激、客观环境、活动内容及其他可能引起心理变化的各种因素之间的联系，以准确地从整体上把握人的心理现象的规律性。

总之，心理学的研究原则不是孤立的，而是相互联系的。在心理学的研究过程中必须综合考虑上述各种原则，把它们结合起来进行研究，才能真正科学地阐明人的心理现象及其发展规律。

四、心理学研究的方法

（一）观察法

观察法是指在自然情境中对被观察者的行为做系统的观察、做出详尽的记录、进行分析和处理，从中发现心理现象的产生和发展的规律并判断其心理活动的方法。如观察婴儿出生后的动作发展，可以了解个体动作发展的一般规律；观察学生在课堂上的表现，可以了解学生注意力的稳定性、情绪状态和人格的某些特点。观察法的效果取决于观察的目的、任务、手段、记录、观察者自身的素质以及长期不懈进行观察的毅力。用观察法所得到的资料比较客观、真实。通过观察资料的分析，也可提供现象之间因果关系的假设，为进一步进行实验研究打下基础。

（二）实验法

实验法就是主试者在严格控制的条件下，观察被试者的行为和活动，探索客观条件和人的心理活动之间的因果联系的研究方法。与其他方法比，实验法有下述优点：①研究者处于主动地位，他可以积极干预被试者的活动，创造条件使某种心理现象产生，而不是消极地等待它出现。②研究者可以有意地使某种心理现象在相同条件下反复出现，反复进行观察，其他人也可以在相同条件下进行验证。③研究者可以有意地变化某种条件，同时使其他条件保持恒定，观察条件变化与心理变化之间的关系，从而揭示某种心理现象产生的原因和影响因素。在实验中包含许多因素，这些因素心理学上称作变量。变量有如下种类：由实验者选择用来引起被试者心理和行为变化的刺激变量叫自变量，由自变量引起的被试者心理和行为的变化叫因变量。研究的目的就是要寻找自变量和因变量之间的因果联系。为了研究成功，实验者还要控制除自变量之外的一切能够对被试者心理和行为产生影响的客观条件，这些条件叫做无关的额外变量。实验法不仅可以研究“是什么”，还可以研究“为什么”。因此，在科学方法中，实验法被公认为最严谨的方法。

（三）个案研究法

个案研究法亦称个案历史法。这是对某一被试者所做的多方面的深入详细的研究，追踪研究某一团体或个体的行为的一种方法。个案材料包括被试者的作业成绩、历史资料、测验结果，以及对其的评价等。它包括对一个或几个个案材料的收集、记录，并写出个案报告。在现场收集数据的方法叫做“实地调查”，通常采用面谈、观察、收集文件证据、描述统计、测验、问卷、图片、影片或录像资料等方法。

（四）调查法

调查法是指通过口头回答问题或以书面的方式，了解被试者的心理活动的方法，其优点是能在短时间同时调查很多对象，获取大量资料，并能对资料进行量化处理，经济省时。其主要缺点是被试者由于种种原因可能对问题作出虚假或错误的回答。根据研究的需要，可以向被调查者本人做调查，也可以向熟悉被调查者的人做调查。调查法可以分为书面调查和口头调查两种。

【思考与练习题】

1. 心理学研究的对象是什么？
2. 心理学研究的原则有哪些？
3. 心理学研究的方法包括哪些？

第二节　心理的生物学基础

【学习目标】

1. 了解心理的生物学基础。
2. 熟悉心理活动的生理机制。
3. 掌握心理与生理之间的关系。

随着心理生物学研究的不断进展，心理活动的生理机制将逐渐被人们所揭示。这就有可能找到较好的措施来医治世界上相当一部分人的严重的神经系统疾患，而且还将为进一步提高人的才能，有效地进行行为的自我调节，改善人际交流等方面提供科学依据。

一、神经系统的构造及功能

（一）神经元及其功能

神经元（neuron）是神经系统结构和功能的基本单位。神经元是具有细长突起的细胞，如图 1-1 所示，神经元由细胞体（cell body or soma）、树突（dendrites）和轴突（axon）三部分组成。

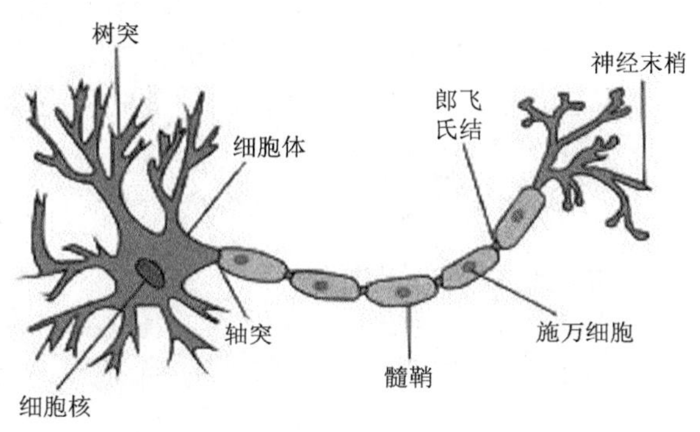

图 1-1　神经元示意图

神经元具有接受信息、传递信息和整合信息的功能。所谓接受信息就是把刺激的物理、化学能量转化为神经能，即神经冲动；传递信息就是沿着神经纤维传递神经冲动，或从感觉器官传至神经中枢，或从神经中枢传至效应器官；整合信息就是对信息进行分析和综合。

神经元分为感觉神经元、运动神经元和中间神经元三种。

（二）外周神经系统及其功能

许多神经元的轴突聚集在一起组成神经纤维，构成一根神经。外周神经系统就是由遍布全身的神经组成的。外周神经系统是联系感觉输入和运动输出的神经结构，它包括由 12 对脑神经和 31 对脊神经组成的躯体神经系统及自主神经系统。

（三）中枢神经系统及其功能

中枢神经系统包括脊髓和脑，其主要功能是传递、储存和加工信息，产生各种心理活动，支配与控制人的全部行为。脑又由脑干、小脑、边缘系统和端脑（大脑）构成。

1．脊髓

脊髓（spinal cord）上接脑部，外连周围神经，31 对脊神经分布于它的两侧。脊髓的活动受脑的控制。来自躯干、四肢的各种感觉信息通过感觉神经传送至脑，进行高级的分析和综合；脑的活动也要通过运动神经传至效应器。脊髓本身也可以不经大脑完成许多反射（reflex）活动，如牵张反射、膀胱和肛门反射、膝跳反射等。

2．脑干

脑干（brain stem）包括延脑、脑桥和中脑三部分。

延脑（medulla）是指脊髓上面的延伸至脑的部分，是一个狭长的结构，全长 4cm 左右。延脑和有机体的基本生命活动有密切关系，它支配呼吸、排泄、吞咽、肠胃等活动，因而又叫“生命中枢”。

脑桥（pons）在延脑的上方，它位于延脑与中脑之间，是中枢神经与周围神经之间传递信息的必经之地。它对人的睡眠具有调节和控制的作用。

中脑（midbrain）位于脑桥之上，恰好处在整个脑的中间。中脑是视觉和听觉的反射中枢。在中脑的中心有一个网状的神经组织，称为网状结构（reticular formation）。网状结构的主要功能是控制觉醒、注意、睡眠等意识状态。网状结构的作用扩及脑桥、中脑和前脑。

3．边缘系统

边缘系统（limbic system）在大脑内侧面最深处的边缘，有一些结构，它们组成一个统一的功能系统。这个结构包括扣带回、海马回、海马沟、附近的大脑皮层，以及丘脑、丘脑下部、中脑内侧被盖等。边缘系统具有调节内脏活动，影响感觉、情绪和睡眠的功能。

4．小脑

小脑（cerebellum），位于脑桥之后，形似两个相连的皱纹半球，其功能主要是控制身体的运动与平衡。一些复杂的运动，如签名、走路、舞蹈等，一旦学会，就编入小脑，并能自动进行。如果小脑受损，即丧失身体自由活动的能力，如痉挛、运动失调等。

（四）大脑皮层的结构与功能

大脑（brain），包括左、右两个半球，体积占中枢神经系统总体积一半以上，覆盖于脑干、间脑和小脑之上。大脑半球的表面布满深浅不同的沟或裂，沟裂间隆起的部分称为脑回。沟裂将半球分成额叶、顶叶、枕叶和颞叶几个区域。大脑半球的表面由大量神经细胞和无髓鞘神经纤维覆盖着，呈灰色，叫灰质，也称大脑皮层；大脑半球内面是由大量神经纤维的髓质组成，叫白质（白质内有灰质核团，叫基底核）。它负责大脑回间、叶间，两半球间及皮层与皮下组织间的联系。其中特别重要的横行联络纤维叫胼胝体（corpuscallosum），它位于大脑半球底部，对两半球的协同活动有重要作用。大脑皮质的总重量约为600g，占全脑重量约1400g的40%，总面积约为2200cm^2。

大脑皮质的不同区域有不同的机能，主要有以下几个区域（见图1-2）。

1．初级感觉区

初级感觉区是接受和加工外界信息的区域，包括视觉区、听觉区和机体感觉区，分别接受来自眼睛的光刺激、耳朵的声音刺激，以及来自皮肤表面和内脏的各种刺激。视觉区位于顶枕裂后面的枕叶内，它接受在光刺激作用下由眼睛输入的神经冲动，产生初级形式的视觉，如对光的觉察等。若大脑两半球的视觉区受破坏，即使眼睛的功能正常，人也将完全丧失视觉。听觉区在颞叶的颞横回处，它接受来自内侧膝状体发出的传导两耳听觉信息的听辐射纤维，故一侧受损，可引起双侧听力下降，若破坏了两侧，人将完全丧失听觉。机体感觉区位于中央沟后面的一条狭长区域内，它接受由皮肤、肌肉、内脏器官传入的感觉信号，产生触压觉、温度觉、痛觉、运动觉和内脏感觉等。

2．初级运动区

初级运动区在中央前回和旁中央小叶的前部，称为躯体运动区。它的主要功能是发出动作命令，支配和调节身体在空间的位置、姿势及身体各部分的运动。

3．言语区

言语区主要在大脑左半球。若损坏这个区域将引起各种形式的失语症。在左半球额叶的后下方，有一个言语运动区又称布洛卡区（Broca's area），这个区域受损会引起运动性失语症。这种病人说话不流利，话语中常常遗漏功能词。在颞叶上方，靠近枕叶处，有一个言语听觉中枢，它与理解口头言语有关，称为威尔尼克区（Wernicke' area）。损伤这个区域将引起听觉性失语症，即病人不能理解口语单词，不能重复刚刚听过的句子，也不能完成听写活动。在顶枕叶交界处，还有言语视觉中枢，损坏这个区域将出现理解书面语言的障碍，病人看不懂文字材料，产生视觉失语症或失读症。

4．联合区

人类的大脑皮层除上述区域外还有范围很广、具有联合或整合功能的一些脑区，称联合区（association area）。联合区不接受任何感受系统的直接输入，从这个脑区发出的纤维，也很少直接投射到脊髓支配身体各部分的运动。从系统发生上来看，联合区是大脑皮层上进化较晚的一些脑区，它和各种高级心理机能有密切的关系。动物的进化水平越高，联合区在皮层上所占的面积就越大。低等哺乳动物的联合区在皮层总面积中占的比例很小，而人类大脑皮层的联合区却占 80%左右，比感觉区和运动区要大得多。依据联合区在皮层上的分布和功能，可分为感觉联合区、运动联合区和前额联合区。

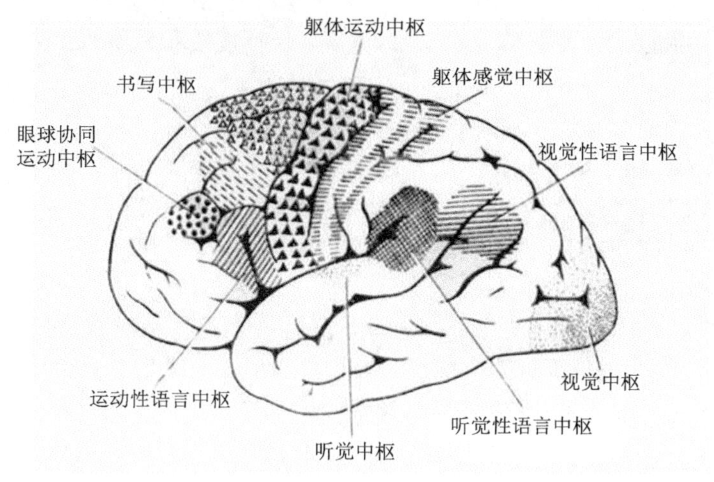

图 1-2　大脑皮层机能示意图

（五）大脑两半球功能的不对称性

大脑两半球的功能是不对称的，这种功能的不对称性叫做“单侧化”。在通常情况下，左右半球的信息，通过胼胝体传给对侧，因此左右两半球总是处于互通信息协同活动的状态。近 30 年来，割裂脑的研究把两半球的功能人为地分开了。每个半球只对来自身体对侧的刺激作出反应，并调节对侧身体的运动。割裂脑研究说明，两半球具有各自不同的功能。语言功能主要定位在左半球，该半球主要负责言语、阅读、书写、数字运算和逻辑推理。而知觉物体的空间关系、情绪，欣赏音乐和艺术则定位于右半球。但也要指出，大脑两半球的功能也不是绝对的，研究发现右半球在语言理解中同样起着重要作用（见图 1-3）。

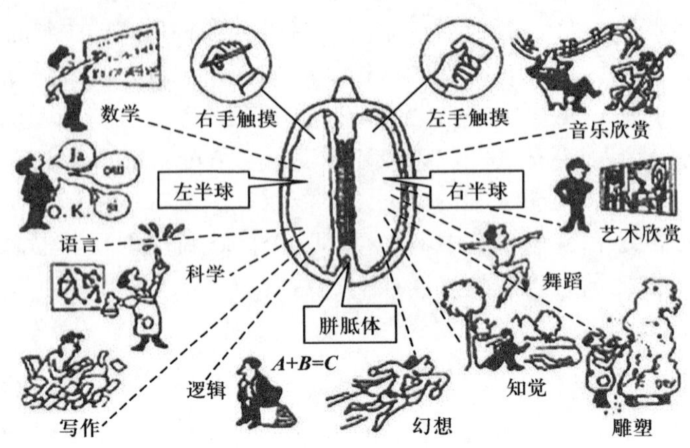

图 1-3　大脑两半球功能的优势

二、内分泌系统与心理

内分泌系统（endocrine system）是机体内对行为起重要调节作用的一个重要系统。它由全身不同部位的多种内分泌腺体和组织细胞组成。内分泌腺所分泌的物质称为激素（hormone）。内分泌腺有脑垂体、甲状腺、甲状旁腺、胰岛、肾上腺（包括皮质和髓质）和性腺（睾丸和卵巢）。

（一）脑垂体

脑垂体（hypophysis，又称“垂体”）位于丘脑下部，受丘脑控制，由垂体前叶和垂体后叶组成。垂体后叶控制着泌尿、血压，并影响着分娩和乳汁的分泌。垂体前叶直接影响着生长的速度和生长持续的时间，并影响着其他腺体的活动。

（二）肾上腺

肾上腺（adrenaline）位于肾脏的上部，由肾上腺皮质和肾上腺髓质两个腺体组成。肾上腺髓质分泌肾上腺素和去甲肾上腺素，它们的作用与自主神经系统中交感神经系统活动所引起的现象类似。肾上腺皮质分泌肾上腺类固醇，其分泌受垂体腺的调节，对有机体的生理平衡和情绪行为有重要影响。

（三）甲状腺

甲状腺（thyroid）位于气管下端两侧，分泌甲状腺素，其功能是促进机体代谢，增进机体的发育。甲状腺分泌亢进或不足都会造成代谢机能的疾病。分泌亢进者饭量剧增不增加体重，病人过分敏感、紧张、情绪容易激动；分泌不足者精神萎靡、记忆力衰退、容易疲劳。

（四）性腺

性腺（gonadal tissue）有性别区分。男性的性腺是睾丸，女性的性腺是卵巢。睾丸分泌睾丸激素，它刺激精子的产生。卵巢分泌雌性激素和孕激素，分别控制排卵、怀孕和月经周期。性腺还促进第二性征的发育。

心理学与社会：药物增高

一些人因为个子长得矮而被嘲笑和轻视，并可能因此而产生永久性的心理创伤。个子过矮的一个普遍原因，是生长激素分泌不足。如果不加以治疗，生长激素分泌不足的儿童会比同龄儿童的个子矮 15～30cm。一些成年人虽然身体各部位的比例很匀称，但个子过于矮，这是脑垂体功能减退导致侏儒症造成的。

多年来，临床上都是靠注射人类生长激素对侏儒症进行治疗的。由于激素的来源是人类遗体的脑垂体，取出难度大，费用极高，且 20 世纪中叶到 80 年代发现它可引起克雅氏病（亚急性海绵状脑病）。现在普遍使用的合成生长激素的纯度要比天然激素高得多，而且费用相对便宜许多。但是，激素药物增高的治疗过程通常需要持续 3 ~ 7 年，且通常只能使脑垂体功能退化症患儿的身高多长几厘米，最终还是比正常儿童个子矮。那么，这种药物治疗方法到底是否可取呢？生长激素治疗通常是很安全的。但是，这引起了一个有关伦理的问题。有些学者认为，把个子矮作为“疾病”来治疗根本就是一种错误的观念。一些副作用也不可忽视。治疗后，一旦该儿童最终仍不能长到所期望的高度，父母和儿童自己都会产生失望感。此外，当一些矮个儿童的个子“突然”长高之后，会因为没有同伴而产生孤独感，因为他们既不能再像过去一样和“小小孩”一起玩，也不能马上被同龄儿童接受。

一些儿童的个子是正常的，但父母认为他们显得矮了点儿，因此要求医生使用药物帮他们再长高点儿。然而，对于一个发育正常的矮个子儿童来说，其自身分泌的生长激素量是正常的，注射更多的生长激素只能使儿童长得更快，但个子并不会长得更高，而且是有诸多风险的。滥用生长激素会造成严重恶果，常常会使人体各部分发育比例失调，并引发疾病。例如，据英国癌症研究所流行病学报告，人垂体生长激素有可能增加结直肠癌发病危险；与普通人群相比，曾用人垂体生长激素治疗的病人，总癌症死亡危险增加 2 倍，结直肠癌和霍奇金病死亡危险增加 10 倍。英国科学家呼吁对生长激素的影响进行深入研究。

目前，有不少正常的矮个子儿童正在接受生长激素的注射治疗。1994 年 3 月《华盛顿邮报》报道，美国在实验室合成人体生长激素，用于体内不能自行合成生长激素的儿童。然而这种药正越来越多地用于实际上并不需要它的儿童身上。据估计，美国大约有 7000 名儿童患有生长激素缺乏症，但实际上在美国目前用这种生长激素的至少有 2 万～2.5 万名儿童。也就是说，生长激素已经在发育正常的矮个子儿童中大量应用，这就大大增加了人们对滥用这种药物的担心。此外，由于销售商的过分促销，市面上有不少专业运动员和学生将生长激素作为健身药物，这也容易引发严重恶果。

【思考与练习题】

1．什么是神经系统，它由哪些部分构成？
2．简述大脑的机构和机能。
3．简述大脑两半球的优势。

第三节 心理学发展简史

【学习目标】

1. 了解心理学的研究派别及其主要观点。
2. 掌握心理学研究的未来和方向。

德国著名心理学家艾宾浩斯说过:“心理学有一个很长的过去,却只有一个短暂的历史。”这句话正确地概括了心理学发展的历史事实。

一、科学心理学的诞生

人类从古代开始,历经中世纪、文艺复兴一直到19世纪中叶,对心理的探索和研究,都是处于一种无明确的研究目标、目的,无明确的研究思想、方法的混沌状态下不自觉地或自发地进行的,夹杂在对神学和哲学的研究中。心理学的内容融汇或包括在神学和哲学的内容体系中,心理学家是由神学家、哲学家、医学家或其他科学家兼任,心理学的方法也主要是思辨的方法。

古希腊哲学家亚里士多德的《灵魂论》,是世界上的第一部心理学专著。哲学家、医生希波克拉底把人分为四种类型,即胆汁质、多血质、黏液质和抑郁质,并解释说,这四种类型是由人体内四种液体所占比重不同造成的。至今。这种说法仍在沿用。

在中国,两千多年前的哲学家孔子就提出“性相近也,习相远也”,即认为人生而俱有的本性是相近的,后天的环境造成人与人之间很大的差别。在人性善恶问题上,孟子主张所有人都是性善的;荀子主张所有人都是性恶的等等。这种关于先天遗传和后天环境对人的发展影响哪个更大的争论,一直持续到现在。

19世纪以前,所有的对心理现象的看法和有价值的观点都没有形成独立的学科,心理学一直隶属于哲学的范畴。直到19世纪中叶,由于对心理现象的研究引进了实验的方法,才使心理学成为一门实证的科学,并从哲学中分化出来成为一门独立的学科。心理学的真正历史,是1879年冯特在德国莱比锡大学建立世界上第一个心理实验室才开始的。冯特是公认的第一个把心理学转变成一门正式独立学科的真正奠基者,也是心理学史上第一位真正的心理学家。他的《生理心理学原理》是心理学史上第一本真正的心理学专著。心理学既是一门古老的科学,又是一门年轻的科学。

为纪念冯特对心理学的贡献,人们把他于1879年在莱比锡大学建立的世界上第一个心理实验室,看做是科学心理学诞生的标志。

二、心理学的主要派别

(一)构造主义心理学

构造主义心理学是自心理学独立后的第一个心理学派,它的主要代表人物是冯特和他的学生铁钦纳(E.B.Titchener,1867—1927)。该学派于1899年产生于德国,后在美国得到发展，20 世纪 30 年代以后渐趋衰落。构造主义认为，心理学的研究对象是意识经验，即心理经验的构成元素及结合的方式与规律，并主张心理学应该用实验内省法研究意识经验的内容或构造，找出意识的组成部分及它们如何结合成各种复杂心理过程的规律。他们强调心理学是一门纯科学，其基本任务是理解正常人的一般心理规律，但不重视心理学的应用。该学派是用实验法独立研究心理学问题的学派，促进了美国心理学和西方心理学派的兴起和发展。它的研究成果已经成为现代心理学组成部分。但由于它确定的研究对象过于狭窄并陷入内省主义与元素主义境地，因而遭到许多心理学家的反对。

（二）行为主义学派

行为主义学派（又称早期行为主义学派）于 1913 年产生于美国，其创始人是华生（J.B.Watson，1878—1958）。这一学派不同意心理学探讨意识，认为心理学是行为的科学，心理学的目的应是寻求预测与控制行为的途径。他们认为心理学应当研究“客观观察所能获得的并对所有的人都清楚的东西”，也就是人的行为，并提出“刺激-反应”（S-R）的行为公式。行为主义主张客观的研究方向，有助于摆脱主观思辨的性质，更多从实验研究中得出结论。但他们无视行为产生的内部过程，反对研究意识，引起不少人的非难与反对。新行为主义学派的主要代表人物是托尔曼（E.C.Tolman）、赫尔（C.L.Hull）、斯金纳（B.F.Skinner）。新行为主义认为，有机体不是单纯地对刺激作出反应，它的行为总是趋向或避开一个目标。在动物和人的目的行为之间，必须有一个“中介”因素，这就是个体的认知。也就是说在“刺激-反应”过程中，加进一个中介变量（O），使行为主义的模式成为“S-O-R”。这是西方现代心理学的主要流派之一。新行为主义强调客观的实验操作，冲击了内省心理学，促进了心理学的广泛应用和程序教学的开展，但陷入了还原论和机械论的境地。

（三）格式塔学派

该学派 1912 年创建于德国，创始人韦特海默（M.Wertheimer，1880—1943）、考夫卡（K.Koffka，1886—1941）、苛勒（W.Kohler，1887—1967），后期代表有勒温（K.Lewin，1890—1947）。这是西方现代心理学的主要流派之一。此派反对构造主义的元素主义和行为主义的 S—R 公式，主张心理学应该研究意识的完形或整体结构，并认为整体不等于部分之和，意识不等于感觉、感情的元素的总和，行为也不等于反射弧的集合，思维也不是观念的简单联结。他们这种重视整体的观点和强调各部分之间动态的联系以及对创造性思维的认识，对后来心理学的发展起到了积极的推动作用。但该学派否认过去经验的作用，陷入唯心主义先验论的境地。

（四）精神分析学派或心理分析学派

精神分析学派产生于 1900 年，创始人是奥地利精神病医师、心理学家弗洛伊德（S.Freud，1856—1939）。这一学派的理论在 20 世纪 20 年代广为流传，颇具影响。弗洛伊德认为，人的心理可以分为两部分：意识与潜意识。潜意识不能被本人所意识，它包括原始的盲目冲动、各种本能以及出生后被压抑的动机与欲望。他强调潜意识的重要性，认为性本能是人的心理的基本动力，是摆布个人命运和决定社会发展的永恒力量；他把人格分为本我、自我、超我三部分，其中本我与生俱来，包括先天本能与原始欲望；自我由本我分出，处于本我与外部世界之间，对本我进行控制与调节；超我是“道德化了的自我”，包括良心与理想两部分，主要职能是指导自我去限制本我的冲动。三者通常处于平衡状态，平衡被破坏，则导致精神障碍。精神分析学派重视潜意识与心理治疗，扩大了心理学的研究领域，并获得了某些重要的心理病理规律，但他们的一些主要理论遭到许多人的反对。20 世纪 30 年代中期，以沙利文（H.S.Sullivan）、霍妮（K.Horney）、弗洛姆（E.Fromm）为代表的一批心理学家反对弗洛伊德的本能说、泛性论和人格结构论，强调文化背景和社会因素对精神病产生和人格发展的影响，在美国形成了新精神分析学。新精神分析学派仍然保留着弗洛伊德学说中的一些基本观点，尽管在其理论中有不同的概念名称，但归根结底，仍然是潜意识的驱力和先天潜能起主要作用。

（五）认知学派

认知心理学起始于 20 世纪 50 年代中期，60 年代后迅速发展。1967 年美国心理学家奈瑟（U.Neisser）的《认知心理学》一书的出版，标志着这一学派理论的成熟。广义的认知心理学还应该包括皮亚杰（J.Piaget）的发生认识论，他把人的认识发展看成是一种建构的过程，并仔细研究这一过程的发展阶段。狭义的认知心理学是指用信息加工的观点和术语解释人的认知过程的科学，因此，也叫信息加工心理学。这一学派反对行为主义理论，认为不一定必须在搞清心理的生理基础后，才能研究心理现象。他们把人看成计算机式的信息加工系统，认为人脑的工作原则与计算机的工作原则相同，因而可以在计算机和人脑之间进行类比。他们强调人的已有知识结构对行为和当前认知活动的决定作用，并力求通过计算机模拟等方式发现人们获取和利用知识的规律，达到探究人类认知活动规律的目的。他们还承认人的主观能动性、意识的能动作用，强调对人的认知过程进行整体综合分析。认知心理学派的理论含有辩证法的因素，对反对行为主义的机械论、弗洛伊德主义的非理性主义有积极的意义，对扩大心理学的研究方法、促进心理学的现代化、发展人工智能和计算机科学等均有贡献，而且成为当前心理学研究的主要方向。但他们把人的心理看成是计算机的信息加工系统加以研究，在心理学界对此依然存在争论。

（六）人本主义心理学

人本主义学是由美国心理学家马斯洛（Maslow，1908—1970）和罗杰斯（C.Rogers，1902—1987）于 20 世纪 50 年代末 60 年代初创建的。它既反对精神分析学派贬低人性、把意识经验还原为基本趋力，又反对行为主义学派把意识看做是副现象，认为人不是“较大的白鼠”或“较缓慢的计算机”，主张研究人的价值和潜能的发展。因为，他们相信，人的本质是善良的，人有自我实现的需要和巨大的心理潜能，只要有适当的教育和环境，人们就会完善自己、发挥创造潜能，达到某些积极的社会目的。为此，他们从人的价值角度和人的最高追求出发，认为心理学应改变对一般人或病态人的研究，而成为研究“健康”人的心理学，揭示发挥人的创造性动机、展现人的潜能的途径。该学派被称为心理学的第三势力。人本主义方法论不排除传统的科学方法，而是扩大科学研究的范围，以解决过去一直排除在心理学研究范围之外的人类信念和价值问题。人本主义心理学是一门尚处于发展中的学说，其理论体系还不完备，他们对人的研究还停留在关于人性的抽象议论上，因而也不能揭示人的心理本质规律。

【思考与练习题】

1．心理学的主要派别包括哪些，各个派别的基本观点是什么？

2．谈谈在学习心理学之前，自己是如何认识心理学这门课程的。

第二章　心理过程

消防官兵的心理过程是认识、情感和意志的有机统一，整个过程始于认识，又与情感和意志相互影响，彼此制约，情感和意志都是基于认识而产生，又反作用于认识，共同构成消防官兵个体完整的心理过程。心理过程主要包括了感觉、知觉、记忆、思维、言语、想象、情绪、情感、意识和意志等内容，它们是一个个独立的心理过程，是人类生存过程中心理活动的不同方面，是研究人类心理行为的不同途径。

第一节　感觉、知觉与记忆

【学习目标】

1. 了解感觉、知觉和记忆的基本原理和现象。
2. 熟悉认知过程与个体学习和发展的关系。
3. 掌握感觉、知觉和记忆的概念和特点。

一方面，新消防战士入伍后，要面对从地方青年转变成为合格消防员的适应过程；另一方面，在各类灾害事故现场从事灭火救援工作，时常会面临各种危险，需要消防员胆大心细、沉着冷静地进行救援处置。这种从普通青年到拥有坚毅卓绝精神的消防员的变化，便是大多数消防员都会经历的成长过程。这种综合能力的变化中重要的一项，便是个人心理过程的发展和变化。

一、感觉

（一）感觉的定义与种类

1．感觉的定义

感觉是人脑对直接作用于感觉器官的客观事物个别属性的反映。一个物体有光线、声音、温度、气味等属性，人们通过感觉器官对这些属性加以认识，每个感觉器官反映一种物体属性，如眼睛看到了光线，耳朵听到了声音，鼻子闻到了气味，舌头尝到了滋味，皮肤摸到了物体的温度和光滑程度等等。感觉反映的是当前直接作用于感觉器官的物体。

2．感觉的种类

感觉是由物体作用于感觉器官引起来的，按照刺激来源于身体的外部还是内部，可以把感觉分为外部感觉和内部感觉。

（1）外部感觉是由身体外部刺激作用于感觉器官所引起的感觉，包括视觉、听觉、嗅觉、味觉和皮肤感觉（皮肤感觉又包括触觉、温觉、冷觉和痛觉）。

（2）内部感觉是由身体内部的刺激所引起的感觉，包括运动觉、平衡觉和机体觉（机体觉又叫内脏感觉，它包括饿、胀、渴、窒息、恶心、便意、性和疼痛等感觉）。

（二）感受性与感觉阈限

1．感受性与感觉阈限的定义

每个人都有感觉器官，但各人感觉器官的感觉能力却不相同。同一个声音，有人听得到有人听不到；同样亮的光线，有人看得见有人看不见，这就是感觉能力的差别。感觉器官对适宜刺激的感觉能力叫感受性，能引起感觉的最小刺激量叫感觉阈限。

感受性是用感觉阈限的大小来度量的，二者成反比，即阈限值低感受性高，阈限值高感受性低。

客观事物对感觉器官所发生的作用叫刺激，发生作用的物体叫刺激物。通常只用刺激这个概念，某种场合下它指的是对感觉器官发生的作用，另一种场合下它又指的是发生作用的物体。

2. 感受性及感觉阈限的种类

感觉阈限可分为绝对感觉阈限和差别感觉阈限；感受性也可分为绝对感受性和差别感受性。刚刚能引起感觉的最小刺激强度叫绝对感觉阈限，又叫绝对阈限。绝对阈限表示的是绝对感受性。能够觉察出来的刺激强度越小，表示感受性越高，否则便是感受性低。感觉阈限是一个范围，能够感觉到的最小刺激强度叫下限，能够忍受的刺激的最大强度叫上限。下限和上限之间的刺激都是可以引起感觉的范围。

刚刚能引起差别感觉的刺激的最小变化量叫差别感觉阈限，或叫差别阈限，又叫最小可觉差。差别阈限表示的是差别感受性，一个人能够觉察到的差别越小，说明他的差别感受性越强。

（三）感觉现象

1. 感觉适应

从亮的环境到暗的环境，开始看不到东西，后来逐渐看到了东西；从暗的环境到的亮的环境，开始觉得光线刺得眼睛睁不开，很快就不觉得光线刺眼了，这是视觉感受性发生变化的现象。刚进入开满鲜花的房间，闻见芬芳的香味，时间长了就闻不到香味了，说的就是这种嗅觉感受性发生变化的现象。手放在温水里，开始觉得热，慢慢就不觉得热了，这是温度觉感受性发生变化的现象。所有这些感受性发生变化的现象，都是在刺激物的持续作用下发生的。这种在外界刺激持续作用下感受性发生变化的现象叫感觉适应。

2. 感觉后象

电灯灭了，眼睛里还保留着亮灯泡的形象；声音停止以后耳朵里还有这个声音的余音在萦绕。外界刺激停止作用后，还能暂时保留一段时间的感觉现象叫感觉后象。例如，看到的灯光是亮的，灯灭以后留下视觉形象还是亮的灯，这种后象叫正后象；如果看到灯灭了，眼睛里却留下了一个黑色灯泡的形象，后象的性质与刺激物的性质相反，这种后象叫负后象。彩色的负后象是刺激色的补色，例如红色的负后象是蓝绿色；黄色的负后象是蓝色。正后象和负后象可以相互转换，后象持续的时间与刺激的强度成正比。

3. 感觉对比

同时看两张明度相同分别放到黑色背景和白色背景上的灰色纸，你会发现，黑背景上的灰显得亮了，白背景上的灰显得暗了，这是对比的结果。不同刺激作用于同一感觉器官，使感受性发生变化的现象叫感觉对比。不仅明度有对比的效果，颜色也会发生对比。在一张绿色纸中间放一小块灰纸，注意看绿纸，过段时间你会发现，绿纸中间的灰纸带上了红色。这是彩色对比的结果。我们常说红花还得绿叶配，就是因为绿背景上的红由于对比的结果，看起来更鲜艳了。两种感觉同时发生所形成的对比叫同时对比；两种感觉先后发生所形成的对比叫相继对比。各种感觉出现的对比分别叫做视觉对比（包括明度对比和色调对比）、嗅觉对比、味觉对比和温度对比等等。

4. 联觉

看到红颜色人们会觉得温暖，看到蓝色会觉得清凉；听到节奏鲜明的音乐觉得灯光也和音乐节奏一样在闪动。本来是一种刺激引起了一种感觉，现在还是这个刺激却同时引起了另一种感觉。这种一个刺激不仅引起一种感觉，同时还引起另一种感觉的现象叫联觉。

二、知觉

（一）知觉的定义

对客观物体的个别属性的认识是感觉，而对同一物体的各种感觉的结合，就形成了对这一物体的整体的认识，也就是形成了对这一物体的知觉。知觉是直接作用于感觉器官的客观物体的整体在人脑中的反映。

知觉是各种感觉的结合，它来自于感觉，但已不同于感觉。感觉只反映事物的个别属性，知觉却认识了事物的整体；感觉是单一感觉器官活动的结果，知觉却是各种感觉协同活动的结果；感觉不依赖于个人的知识和经验，知觉却受个人知识经验的影响。同一物体，不同的人对它的感觉是相同的，但对它的知觉就会有差别，知识经验越丰富对物体的知觉越完善，越全面。显微镜下的血样，只要不是色盲，无论谁看都是红色的，但医生能看出里边的红细胞、白细胞和血小板等，没有医学知识的人就看不出来。

知觉虽然已经达到了对事物整体的认识，比只能认识事物个别属性的感觉更高级了，但知觉来源于感觉，而且二者反映的都是事物的外部现象，都属于对事物的感性认识，所以感觉和知觉又有不可分割的联系。在现实生活中当人们形成对某一物体的知觉的时候，各种感觉就已经结合到了一起，甚至只要有一种感觉信息出现，都能引起对物体整体形象的反映。现实生活中很难有单独存在的感觉，人们往往要在实验室里研究感觉。

（二）知觉的种类

1．空间知觉

对物体的大小、形状、距离、方位等空间特性的知觉叫空间知觉，空间知觉包括大小知觉、形状知觉、距离知觉和方位知觉。

2．时间知觉

时间知觉是对物质现象的延续性和顺序性的反映。人们对时间的知觉可以借助计时器提供的信息（例如钟表提供的信息）为依据，也可以根据自然界昼夜的交替、四季周期性的变化为依据，还可以根据人体生理、心理活动周期性的变化为依据。

3．运动知觉

运动知觉是对物体在空间中的位移产生的知觉。物体运动的速度在一定范围的时候，人们才能知觉到运动，物体位移的速度太快或太慢人们都不能知觉到运动。例如，我们能看到手表上秒针的运动，却看不到分针和时针的运动，因为分针和时针走得太慢了。光的运动速度是非常快的，每秒钟能走 30 万公里，但人们却看不到光的运动轨迹。太快的运动人们也看不到。

但是，有时物体在空间中并没有发生位移，却能被知觉为运动，这种现象叫做似动现象，又叫动景现象。霓虹灯给人造成的动感，路牌广告制作中画面的变化，也都应用的是似动知觉的原理。夜晚看到月亮从云层里钻了出来，明明都知道是云彩在移动，但视觉的效果却是月亮在动，这叫诱导运动。屏幕上的一个亮点，本来它并没有运动，盯着它看时有时会觉得它在移动，这是因为光点比较小，周围又没有其他东西可以供你参照，容易产生这种自主运动。似动、诱导运动和自主运动都是把不动的东西看成是动的，实际上它们都是视觉的运动错觉。

4．错觉

错觉是在特定条件下产生的对客观事物的歪曲知觉，这种歪曲往往带有固定的倾向。从错觉的这个定义中可以看到，错觉是一种歪曲的知觉。错觉是客观存在，是有规律的而不是主观臆想出来的。

不同感觉器官之间的相互作用也会产生错觉。两个大小不等，重量相等的木盒，掂起来觉得小的重了，大的轻了，这叫形重错觉，即形状的大小影响了对重量的判断。眼睛看着台上作报告的人，觉得声音是从台上传过来的；低下头来不看作报告的人，又觉得声音是从旁边扩音器里传过来的，这叫视听错觉。

三、记忆

（一）记忆的定义与种类

1．记忆的定义

记忆是过去的经验在头脑中的反映。所谓过去的经验是指过去对事物的感知，对问题的思考，对某个事件引起的情绪体验，以及进行过的动作操作。这些经验都能以映像的形式储存在大脑中，在一定条件下，这种映像又可以从大脑中提取出来，这个过程就是记忆。所以，记忆不像感觉、知觉那样反映当前作用于感觉器官的事物，而是对过去经验的反映。凡是过去的经验都可以储存在大脑中，需要的时候又可以把它们从大脑中提取出来，因而，记忆就可以将人过去的经验和当前的心理活动联系起来，在时间上把人的心理活动联系成一个整体，甚至人可以把自己一生的经历都联系起来。

2．记忆的种类

记忆按其内容可分为五种：形象记忆，即对感知过的事物形象的记忆；情景记忆，对亲身经历过的，有时间、地点、人物情节的事情的记忆；情绪记忆，对自己体验过的情绪和情感的记忆；语义记忆，又叫语词—逻辑记忆，是用语词概括的各种有组织的知识的记忆；动作记忆，对身体的运动状态和动作技能的记忆。

（二）记忆过程

记忆从识记开始，识记是学习取得知识经验的过程，念书、听讲、经历某个事件的过程就是识记的过程；知识经验在大脑中储存和巩固的过程叫保持。识记不仅获得知识经验，而且能把识记过的内容储存在大脑中，识记的遍数越多，知识经验在大脑中保存得越牢固。从大脑中提取知识经验的过程叫回忆，又叫再现；识记过的材料不能回忆，但在它重现时却能有一种熟悉感，并能确认是自己接触过的材料，这个过程叫再认。回忆和再认都是从大脑中往外提取知识经验的过程，只是形式不一样。识记是记忆的开始，是保持和回忆的前提。没有识记就不可能有保持，没有保持也就不可能有回忆或再认，所以保持是识记和回忆之间的中间环节；回忆是识记和保持的结果，回忆也是对识记和保持的检验，而且有助于巩固所学的知识。记忆的过程是一个完整的过程，这个过程的三个环节之间是密切联系、不可分割的，缺少任何一个环节记忆都不可能实现。

（三）遗忘及遗忘规律

对识记过的材料既不能回忆也不能再认，或者发生了错误的回忆或再认叫遗忘。遗忘就是记忆的反面，记住了就是没有遗忘。通常在识记后的最初阶段里遗忘的速度很快，但是，随着时间的推移，遗忘的速度越来越慢，甚至一两天以后保存量的变化就不大了。为了取得良好的记忆效果，要做到及时的复习。如果不及时复习，在较短的时间内，很多内容就忘记了，再去复习就是事倍功半，不如在还没遗忘或忘得较少的时候赶快复习。

（四）表象的定义与特征

1．表象的定义

熟悉的人，见过的建筑，看过的景物，都会在头脑中留有印象。当这些东西不在面前的时候，它们的形象还会在头脑中呈现出来。把过去感知过的事物的形象在头脑中再现的过程叫做表象，在头脑中所出现的事物的形象也叫表象。实际上表象就是在记忆的分类中所讲的形象记忆。表象所回忆出来的内容一定是事物的形象，而不是关于事物的概念或者语言的描述。

2．表象的特征和作用

表象是对事物形象的回忆，所以表象的特征首先就是它的直观形象性。如果回忆的内容不是事物的形象，而是抽象的概念，或者情绪的体验、动作技能的话，那就是语义记忆、情绪记忆或者动作记忆，而不是表象了。因为表象是对事物形象的记忆，所以，表象是人们积累感性知识的一种形式。一个人见多识广，他走过的地方、见过的风景和建筑、接触过的人多，他的表象的内容，也就是他的感性知识就比较丰富。

表象的直观形象性使它与知觉有了共同的特点。但是，对物体知觉所形成的形象是非常稳定的，只要物体没有变化，知觉就不会有变化，而表象所产生的物体的形象就不那么稳定了。例如，在回忆某一个人的时候，可以回忆起他的身材、面孔，还可以回忆起他的一双大眼睛。像电影镜头一样，表象既可以是全景的镜头，也可以是特写的镜头。它不像知觉那样稳定，这是表象的片断不稳定性。

表象的形象在头脑中是可以被操作的。就像一个物体可以在手里摆弄一样，表象的形象也可以在头脑里放大、缩小、翻转。表象的这种特性叫做表象的可操作性。正是表象的可操作性使表象成了想象的素材。想象就是运用已有的表象，对其进行加工和改造，从而创造出新形象的过程。没有表象为其提供素材，想象也是没法进行的。

表象出来的形象虽然是某一事物的形象，但是，它和这个事物已经有了区别。因为表象的形象具有这个事物的主要特征，而不像知觉那样，几乎是对这个事物完全的摹写。也就是说表象出来的形象已经是经过概括了的，它已经丢掉了这个事物的一些次要特征，具有了概括性。当然表象的概括性是很初级的，比思维的概括性有性质上的不同，但它毕竟向概括的方向前进了。表象既具有直观形象性，又具有概括性，这使它起到了从感知向思维过渡的桥梁作用。换句话说，表象在心理发展的过程中是从感知向思维过渡的中间环节，没有表象，思维也难于发展起来。

（五）记忆系统

20 世纪 60 年代发展起来的认知心理学，为心理学的研究开辟了一个新的方向。它用信息加工的观点看待人的认知活动，认为人的认知活动也可以看作是对信息进行加工的过程。它把记忆也看作是人脑对输入的信息进行编码、储存和提取的过程，并按信息的编码、储存和提取的方式的不同，以及信息储存时间长短的不同，将记忆分作瞬时记忆、短时记忆和长时记忆三个系统。这三个系统无论在信息的编码、加工、储存和提取方式上，还是在信息储存的时间长短上，都不同于其他系统。

1．瞬时记忆

瞬时记忆又叫感觉记忆或感觉登记，是指外界刺激以极短的时间一次呈现后，信息在感觉通道内迅速被登记并保留一瞬间的记忆。一般把视觉的瞬时记忆叫图象记忆，把听觉的瞬时记忆叫声象记忆。

2．短时记忆

短时记忆是指外界刺激以极短的时间一次呈现后，保持时间在 1min 以内的记忆。

3．长时记忆

长时记忆是指外界刺激以极短的时间一次呈现后，保持时间在 1min 以上的记忆。

【思考与练习题】

1．简述感觉和知觉的概念和种类。
2．简述记忆的过程。
3．表象有哪些特征和作用？
4．记忆系统是如何分类的？

第二节　思维、言语与想象

【学习目标】

1. 了解思维、言语和想象的基本原理和现象。
2. 掌握思维及想象的概念和特点。
3. 思考想象过程与个体心理发展的关系。

在面对不同种类的灾害事故救援过程中，消防员经常会受到思维和想象能力的心理作用的影响，即已有的灭火救援知识经验对解决新问题的影响，并随着灭火救援知识经验的积累和丰富，思维、言语和想象能力的影响越加具有正面的积极作用。也就是说一名新上岗的消防员必定在训练、学习和实战中发展他的思维、言语和想象能力。

一、思维

（一）思维的定义和特征

思维是人脑对客观事物的本质和事物之间的内在联系的认识，是心理发展的最高阶段。思维作为一种反映形式，能够认识到事物之间的内在联系，它的最主要的特征是间接性和概括性。

思维的间接性表现在，它能以直接作用于感觉器官的事物为媒介，对没有直接作用于感觉器官的客观事物加以认识。不仅能对没有直接作用于感觉器官的事物借助于媒介加以反映，也能对不能直接感知到的客观事物借助于媒介进行反映。人通过思维还能对尚未发生的事件作出预见。

思维的概括性表现在它可以把一类事物的共同属性抽取出来，形成概括性的认识。概念以词的形式来表现，概念的形成就是概括反映的结果，一个概念概括了一类事物的共同属性。概念的形成首先需要把事物的特性从事物的身上抽取出来，即加以抽象，然后又要把抽象出来的事物的属性加以分类，用词把一类事物标示出来。概念一旦形成，就能帮助人们去认识那些还没有认识的事物，这样就扩大了人们认识世界的途径，也使人们接受人类的知识成为可能。

正是因为具有间接性和概括性，人的思维才能超出感性认识的范围，才能认识到感性认识所不能达到的事物内在的规律。因为人能认识到事物的本质，能预见到事物的发展，所以人的认识又具有了超脱现实的性质。如果没有这种超脱现实的能力，人的发明创造就不可能产生。

（二）思维的智力操作过程

思维是大脑对外界事物的信息进行复杂加工的过程。分析、综合、抽象、概括是思维操作的基本形式。

1．分析与综合

分析是在头脑中将事物分解为各个部分或各个属性的过程；综合是在头脑中将事物的各个部分、各种属性结合起来，形成一个整体的过程。分析和综合是思维的基本过程，是人认识事物的开端。事物本来就是一个有机的整体，它的各个部分、各种属性是彼此密切地联系在一起的。分析就是把这个整体分解为它的各个组成部分。综合又是将分析得来的事物的各个部分再联合起来，将它们组合成为一个整体。在分析与综合的过程中达到对事物本质的认识。所以，分析与综合是思维过程的两个不可分割、相互联系的方面。

2．抽象与概括

抽象是在思想上把事物的共同属性和本质特征抽取出来，并舍弃其非本质的属性和特征的过程；概括就是把抽取出来的共同属性和特征结合在一起的过程。通过分析人们认识了事物的各种属性，把它们从事物身上抽取出来，又进一步对这些属性加以比较，区分出哪些属性是共同的，哪些属性不是共同的，这些属性之间有什么关系。在此基础上对事物的属性进行分类，再把共同属性结合起来，得出概念，最后用词把这概念标示出来，这是概括的过程。

（三）思维的种类

1．动作思维、形象思维和抽象思维

根据思维的形态可以把思维分为动作思维、形象思维和抽象思维。

动作思维是以实际行动作为支柱的思维过程，例如，儿童在垒积木的时候，是边操作边思考的，操作的动作是思维的支撑。

形象思维是以直观形象和表象为支撑的思维过程，例如，作家塑造一个经典的人物，画家创作一幅图画，都要在头脑里先构思出这个人物，或构思出这幅图画的画面。这种构思的过程是以人或物的形象为素材的，所以叫形象思维。

抽象思维是用词进行判断、推理得出结论的过程，又叫词的思维或逻辑思维。抽象思维以词为中介来反映现实，这是思维的本质特征，也是人的心理和动物心理的根本区别。

2．辐合思维和发散思维

按照探索问题答案的方向的不同，可把思维分为辐合思维和发散思维。

辐合思维是按照已知的信息和熟悉的规则进行的思维，例如，参照过去解决问题的方法或经验去解决问题的思维，都是辐合思维，或叫求同思维。

发散思维是沿着不同的方向探索问题答案的思维，又叫求异思维。当需要解决的问题不止一个答案或没有现成的途径和方法可以借鉴，也没有过去的经验可以参考的时候，就要进行发散思维，从不同方面去寻找问题的答案。

3．再造性思维和创造性思维

按照思维是否具有创造性，可把思维分为再造性思维和创造性思维。再造性思维是用已知的方法去解决问题的思维；创造性思维是用独创的方法去解决问题的思维。

（四）思维过程

1．概念的掌握

概念是人脑对客观事物本质属性的反映，是以词来标示和记载的。概念是思维活动的结果和产物，同时又是思维活动借以进行的单元。

每个概念都有它的内涵和外延。概念的内涵是指概念所包含的事物的本质属性，外延是指属于这个概念的个体，即概念所包含的范围。概念的内涵越深，它所包含的属性越多，属于这个概念的个体越少，外延越窄；概念的内涵越浅，它所包含的属性越少，属于这个概念的个体就越多，外延就越广。概念的内涵和外延之间是一种相反的关系，正确掌握概念就是要正确地把握它的内涵和外延，不能犯扩大或缩小概念的错误。

概念的掌握，或叫概念形成，是指个体借助于语言，从成人那里继承和学会包含于概念中的知识和经验的过程。概念有不同的层次，它们所概括的知识有浅有深。个体掌握概念是由浅到深的，个体掌握概念的层次反映了他们的思维发展水平。因而，通过对个体掌握概念的研究，就能了解思维活动的规律。

2．自然概念和人工概念

对掌握概念的研究，可以在自然环境中通过观察的方法进行。例如，可以调查不同年龄阶段的儿童掌握概念的数量的差别，先掌握哪些概念后再掌握哪些概念，通过什么方法掌握概念等等。但这种研究需要很长的时间，工作量很大。为缩短研究的进程，便于控制变量，认知心理学家设计了人工概念。

人工概念是人工制造的、对自然概念的模拟，它与实际生活有很大的距离，因此具有很大的局限性。

3．问题解决及对问题解决的研究

（1）问题解决的定义　认知心理学研究思维的一个途径就是问题解决。问题解决就是给被试者提出一个问题，让被试按照一定的要求、遵循一定的规则，找出解决问题的途径和方法。在被试者解决问题的过程中去发现他的思维活动的规律。用认知心理学的术语来说，问题解决就是在问题空间中进行搜索，以便从问题的初始状态达到目标状态的思维过程。所谓问题空间，就是对问题解决情景的认识，包括对所要解决的问题的初始状态和目标状态的认识，以及如何从初始状态过渡到目标状态的认识。知道了问题的初始状态和目标状态，也知道了解决问题所要遵循的规则，就要运用已有的知识经验，进行一系列的认知操作，操作成功，问题即得以解决。

（2）影响问题解决的因素

1）迁移的作用：迁移是指已有的知识经验对解决新问题的影响。迁移有两类，即正迁移和负迁移。

2）原型启发的作用：从现实生活的事例中受到启发而找到解决问题的途径或方法叫原型启发，对解决问题具有启发作用的事物叫原型。

3）定势的作用：定势是人们在从事某种活动前的心理准备对以后从事的活动的影响。已有的知识经验，或者刚刚发生的经验都会使人产生定势。

（3）问题解决的策略　认知心理学家认为，通用的问题解决的策略有算法策略和启发式策略。

算法策略是把所有能够解决问题的方法都一一加以尝试，最后总能找出解决问题的答案。这种方法能保证问题的解决，但需要一一尝试，工作量太大，遇到问题空间非常大的时候，就很难用这种办法解决了。

启发式策略就是运用已有的经验，在问题空间内只做少量的搜索就能达到问题解决的一种策略。启发式策略有循环子目标的策略和逆向搜索的策略。也可以把复杂的问题简化为简单的形式，以便简化问题解决的过程，这叫计划简化策略。

二、言语

（一）语言与言语

正常成人的思维活动和相互间的思想交流都要借助于语言才能实现，思维离不开语言，人们运用语言进行交际的过程叫做言语。所以，语言和言语是两个不同的概念。语言是社会现象，是语言学研究的对象；言语则是心理现象，是心理学研究的对象。

语言是以语音或文字为物质外壳，以词为基本单位，以语法为构造规则的符号系统。语言是人们进行思维和交际的工具，言语则是人们运用语言交流思想，进行交际的过程。

言语要借助于语言才能实现，离开了语言人们之间进行交际只能通过表情、动作，而这种方式的交际所能交流的内容是非常有限的，远远不能满足社会生活的需要。所以，言语离不开语言，只有借助于语言才能实现人们之间的思想交流。语言是在人们相互交际的社会生活需要的基础上产生的，语言也只有发挥它的交际工具的功能才有存在的价值，语言也离不开言语。

（二）言语活动的形式

1．外部言语

用来进行交际的言语叫外部言语。外部言语又可分为口头言语和书画言语；口头言语又可分为对话言语和独白言语。不同的言语形式有不同的特点。对话言语是在交往中进行的；独白言语是个体为了叙述一件事情，表达一种思想，阐述一种观点采用的方法。

2．内部言语

为了支持思维活动进行的、不出声的言语叫内部言语。内部言语比较简短和不完整，是思想的轮廓，速度较快，具有模糊性、不系统性，对问题的思考不够严谨和深刻。所以要使内部言语转化成外部言语，需要培养思维的严谨性和深刻性。

三、想象

（一）想象的定义

人们以表象的内容作为素材，在大脑里对其进行加工和改造，从而创造出新的形象，这个过程叫做想象。想象是一种形象思维的过程，是人对已有的表象进行加工改造，创造出新形象的思维过程。

想象与表象有本质的差别。表象是过去感知过的事物的形象在头脑中的再现，没有创造出新的形象，是一种形象记忆的过程，属于记忆的范畴；想象是对表象的加工和改造，它创造了新的形象，具有创造性，属于思维的范畴。

（二）想象的种类

想象按其是否有意识、有目的，可以分为无意想象和有意想象。

1．无意想象

无意想象是没有预定的目的，在某种刺激作用下不由自主产生的想象。

梦是无意想象的一种极端的例子。因为做梦是没有目的的，是不由意识支配的，比清醒状态下的无意想象更加随心所欲，其内容往往不合逻辑，脱离实际，甚至是在现实生活中不可能发生的。

幻觉是在异常精神状态下产生的无意想象。外界没有声音，一个人却总是听到一种声音，这种声音具有特殊的意义，或者是在骂他，或者是在议论他，甚至是一些人在商量怎么谋害他。如果幻觉达到了这么严重的地步，显然是一种精神异常的症状了。

2. **有意想象**

有意想象是在一定目的、意图和任务的影响下有意识地进行的想象。有意想象又分为创造想象、再造想象和幻想。

（1）不依据现成的描述和图示，独立地创造出新形象的过程叫创造想象。作家创造一个文学的典型人物是独立进行的；画家构思一幅图画，服装设计师想象出一款服装的新款式也都是独立进行的。

（2）再造想象是指根据语言的描述或图表模型的示意，在头脑中形成相应形象的想象。我们看了文学作品，在头脑中也产生了一个活生生的人物的形象，这个人物是作家在文学作品里创造的，我们是根据作家的描述在头脑里想象出来的。对于作家来说他进行的是创造性的想象，对读者来说，他头脑里产生一个人物的形象的过程却是再造想象的过程。

（3）幻想是和一个人的愿望相联系并指向未来的想象。所以幻想都是我们对未来的憧憬。一个人对未来的憧憬反映了他想成为一个什么样的人，就是理想，有对未来的憧憬而没有实现这种愿望的努力，幻想就成了空想。空想对人的行为没有推动的作用，因而是消极的。我们应该有理想，有抱负，并且让这种理想和抱负成为鼓舞我们刻苦工作，努力奋斗的动力。

【思考与练习题】

1. 简述思维的概念和种类。
2. 思维的智力操作过程是怎样的？
3. 影响问题解决的因素有哪些？
4. 语言和言语的区别是什么？
5. 简述想象的种类。

第三节　情绪与情感

【学习目标】

1. 了解情绪和情感产生的基本原理和现象特点。
2. 掌握情绪和情感的概念、功能和分类。

消防的战训工作是一个高危行业，消防员在灾害事故的救援中要面对各种难以想象的恐怖和危险情形，而恐怖和危险会影响到消防员的情绪与情感进而降低救援效率。在抢险救援中，年轻的消防员较常出现不良情绪体验，从而影响个人战斗力的发挥，了解和掌握情绪与情感的理论知识，对于消防员保持心理健康和顺利完成任务有着积极的意义。

一、情绪、情感概述

情绪和情感是以人的需要为中介的一种心理活动，是个体对客观外界事物的态度的体验，它反映了客观外界事物与主体需要之间的关系。外界事物符合主体的需要，就会引起积极的情绪体验，否则便会引起消极的情绪体验，这种体验构成了情绪和情感的心理内容。

情绪和情感是主体的一种主观感受，是一种内心的体验，它不同于以形象或概念的形式来反映外界事物的认识过程。

可以通过个体的外部表现判断他的情绪变化，如人的表情。表情包括面部表情、身段表情和言语表情。面部表情是面部肌肉活动所组成的模式，它能比较精细地表现出人的不同的情绪和情感，是鉴别人的情绪和情感的主要标志。身段表情是指身体动作上的变化，包括手势和身体的姿势。言语表情是情绪和情感在说话的音调、速度、节奏等方面的表现。

表情既有先天的、不学而会的性质，又有后天模仿学习获得的性质。因而人类表达情绪的主要方式是一样的，笑都表示快乐，哭都表示悲伤，不是规定的行为规范，也没有约定的规矩，是全人类不学而会的。但是，不同文化背景的影响也使人表达情绪的方式带有不同的色彩。所以表情又具有后天学习模仿的成分，受社会制约。

情绪和情感会引起一定的生理上的变化，包括心率、血压、呼吸和血管容积上的变化。如愉快时面部微血管舒张，脸变红了；害怕时微血管收缩，血压升高、心跳加快、呼吸减慢，脸变白了。这些变化是通过内分泌腺的作用实现的，认识活动则不伴有这种生理上的变化。

为区别于认识过程，人们把对客观事物态度的体验叫做感情。但是，感情这一概念比较笼统，它难以表达这一心理现象的全部特征。为了区别出感情发生的过程和在这一过程中产生的体验，人们采用了情绪和情感两个概念。实际上，情绪和情感指的是同一过程和同一现象，只是分别强调了同一心理现象的两个不同的方面。

情绪指的是感情反映的过程，也就是脑的活动过程。从这一点来说，情绪这一概念既可以用于人类，也可用于动物。情感则常被用来描述具有深刻而稳定的社会意义的感情，如对祖国的热爱，对敌人的仇恨，对美的欣赏，对丑的厌恶等。所以，情感代表的是感情的内容，即感情的体验和感受，情绪代表的是感情的反映过程。情感通过情绪来表现，离开了情绪，情感也就无法表达了。和情绪相比，情感具有稳定性、深刻性和持久性。所以，情绪和情感既有区别又有不可分割的联系。

二、情绪、情感的功能

（一）适应功能

情绪和情感是有机体生存、发展和适应环境的重要手段。有机体通过情绪和情感所引起的生理反应能够发动其身体的能量，使有机体处于适宜的活动状态，使有机体适应环境的变化。同时，情绪和情感还可以通过表情表现出来，以便得到别人的同情和帮助。

情绪和情感的适应功能从根本上来说，就是服务于改善人的生活条件。婴儿通过情绪反应与成人交流，以便得到成人的抚养；成人也要通过情绪反映他处境的好坏。在社会生活中，人们用微笑表示友好，用示威表示反对；人们还可以通过察言观色了解对方的情绪状态，以利于决定自己的对策，维护正常的人际关系。这些都是为了更好地适应社会环境，求得更好的生存和发展的条件。

（二）动机功能

情绪和情感构成一个基本的动机系统，它可以驱动有机体从事活动，提高人的活动的效率。一般来说，内驱力是激活有机体行动的动力，但是，情绪和情感可以对内驱力提供的信号产生放大和增强的作用，从而能更有力地激发有机体的行动。

情绪和情感的动机作用还表现在对认识活动的驱动上。认识的对象并不具有驱动活动的性质，但是，兴趣却可以作为认识活动的动机，起着驱动人的认识和探究活动的作用。

（三）组织功能

情绪和情感对其他心理活动具有组织的作用。它表现在，积极的情绪和情感对活动起着协调促进的作用；消极的情绪和情感对活动起着瓦解和破坏的作用。这种作用的大小还和情绪、情感的强度有关。一般来说，中等强度的愉快情绪有利于人的认识活动和操作的效果；痛苦、恐惧这样的负性情绪则降低操作的效果，而且强度越大，效果越差。

情绪和情感对记忆的影响表现在愉快的情绪状态下，容易记住带有愉快色彩的材料；在某种情绪状态下记住的材料，在同样的情绪状态下也容易回忆起来。

情绪和情感对行为的影响表现在，当人处于积极的情绪状态时，容易注意事物美好的一面，态度变得和善，也乐于助人，勇于承担重任；在消极情绪状态下，人看问题容易悲观，怠于追求，更容易产生攻击性行为。

（四）信号功能

情绪和情感具有传递信息、沟通思想的功能。情绪和情感的信号功能是通过表情实现的，微笑表示友好，点头表示同意等等。表情还和身体的健康状况有关，医生常把表情作为诊断的指标之一。中医的望闻问切的望包括对表情的观察。此外，表情既是思想的信号，又是言语交流的重要补充手段，在信息的交流中起着重要的作用。从发生上来说，表情的交流比言语的交流出现得要早。

三、情绪、情感的两极性

对情绪、情感固有特征可以从不同的方面进行度量，即情绪、情感变化有不同的维度。这种度量可以从情绪、情感的动力性、激动度、强度和紧张度这几方面来进行。而每一种特征的变化都具有两极对立的特性，也就是说，每一种特征都存在着两种对立的状态，这就是情绪和情感的两极性。例如，有喜悦就有悲伤，有爱就有恨，有紧张就有轻松，有激动就有平静，它们都构成了对立的情绪、情感的两极。

四、情绪、情感变化的维度

（一）情绪、情感的动力性有增力和减力的两极

一般来讲，满足需要的肯定的情绪、情感都是积极的、增力的，能提高人的活动能力的；不能满足需要的否定的情绪、情感都是消极的、减力的，能降低人的活动能力的。喜悦的时候人觉

得轻松，精神饱满，对周围发生的事件格外关心，表现出积极参与的倾向。悲伤时觉得沉重提不起精神，表现出对周围事物的冷漠和无心参与的倾向。前者是增力的，后者是减力的。

（二）激动度有激动和平静的两极

由重要的、突如其来的事件引起来的强烈的、有明显外部表现的情绪状态是激动的。听到了特别重要的消息，得到了梦寐以求的收获，自然欣喜若狂，这是激动的情绪状态。在正常生活工作条件下安静的情绪状态则是平静的。

（三）强度有强和弱的两极

从不满到暴怒，从惬意到狂喜都是弱和强的两极。在弱和强的两极之间，还可以区分出各种不同的强度，如从不满到暴怒之间可以区分出生气、发怒、大怒和暴怒等几种强度。从惬意到狂喜之间有高兴、欢喜、大喜等几种强度。

（四）紧张度有紧张和轻松的两极

情绪的紧张程度依赖于情景的紧迫程度和个体的心理准备和应变能力。在事发突然，时间紧迫，个体心理准备不足又缺乏应变能力的情况下，往往会感到紧张，不知所措，甚至身体发抖。反之，如事情有回旋余地，或者个体有充分的思想准备，有较强的应变能力时，即使遇到一些事件也会应付裕如，觉得轻松。

五、情绪、情感的种类

（一）基本情绪和复合情绪

从生物进化的角度可把情绪分为基本情绪和复合情绪。基本情绪是人和动物共有的，不学而会的。每一种基本情绪都有其独立的神经生理机制、内部体验、外部表现和不同的适应功能。

全世界的人们，不管文化、种族、性别和教育有多大差异，都会以相同的方式表达情绪，有相当多的证据说明，高兴、惊奇、生气（愤怒）、厌恶、害怕（恐惧）、悲伤（痛苦）和轻蔑是可以在全世界被识别并表达出来的基本情绪。

复合情绪是由基本情绪的不同组合派生出来的。如由愤怒、厌恶和轻蔑组合起来的复合情绪可叫做敌意；由恐惧、内疚、痛苦和愤怒组合起来的复合情绪可叫做焦虑等等。

（二）心境、激情和应激

按情绪状态，就是按情绪发生的速度、强度和持续时间的长短，可以把情绪划分为心境、激情和应激。

1．心境

心境是一种微弱、持久而又具有弥漫性的情绪体验状态，通常叫做心情。心境并不是对某一事件的特定体验，而是以同样的态度对待所有的事件，让所遇到的各种事件都具有当时心境的性质。愉快的心境使人觉得轻松愉快，看待周围的事物都带上愉快的色彩，动作也显得比平时敏捷。不愉快的心境使人觉得沉重，感到心灰意冷，对什么事情都不感兴趣，即心境具有弥漫性。心境所持续的时间短的只有几小时，长的可达几周、几个月，甚至更长的时间。心境往往由对人有重要意义的事件引起来，但人们并不一定能意识到引起某种心境的原因。心境对人的生活、工作和健康会发生重要的影响：积极乐观的心境会提高人的活动效率，增强克服困难的信心，有益于健康；消极悲观的心境会降低人活动的效率，使人消沉，长期的焦虑会有损于健康。

2．激情

激情是一种强烈的、爆发式的、持续时间较短的情绪状态。这种情绪状态具有明显的生理反应和外部行为表现。激情往往由重大的、突如其来的事件或激烈的意向冲突引起。激情既有积极面，也有消极面。在激情状态下，人能做出平常做不出来的事情，发挥自己意想不到的潜能，但它也能使人的认识范围变得狭窄，分析能力和自我控制能力降低，因而在消极的激情状态下人的行为也可能失控，甚至会发生危险而冲动的行为。人应该善于控制自己的激情，学会做自己情绪的主人。

3．应激

应激是在出现意外事件或遇到危险情景时出现的高度紧张的情绪状态。能够引起应激反应的事物叫应激源，它对个体来说是一种能引起高度紧张、具有巨大压力的刺激物，是个体必须适应和应对的环境要求。应激源既有躯体性的，如高温或低温、强烈的噪声、辐射或疾病，也有心理性和社会性的，如头脑中的紧张信息、重大的生活事件、难以适应的社会变革以及工作中的应激事件等。文化环境的变化和不同文化的冲击也能激起应激反应。个体对应激事件所做出的反应叫应激反应，包括生理反应和心理反应。生理反应可以包括身体各系统和器官的生理反应；心理反应包括认知、情绪和自我防御反应，如出现认知障碍、焦虑、恐惧、愤怒、抑郁，或采取某种行动以减轻应激给自己带来的紧张。强烈和持久的应激反应会损害人的工作效能，还会造成对许多疾病或障碍的易感状态，在其他致病因素的共同作用下使人患病。

（三）道德感、美感和理智感

人的高级情感包括很多种，主要的有道德感、美感和理智感，此外还有宗教情感、母爱等等。

1．道德感

道德感是按照一定的道德标准评价人的思想、观念和行为时所产生的主观体验。热爱祖国、热爱人民、热爱社会的情感，集体荣誉感，责任感，同情感等都是与道德评价相联系的情感。一个人具有高尚的品德，人们会觉得这个人值得尊敬。一个人损人利己，人们会觉得他卑鄙，这些都属于道德情感。

2．美感

美感是按照一定的审美标准评价自然界、社会生活及文学艺术品时所产生的情感体验。人的审美标准既反映事物的客观属性，又受个人的思想观点和价值观念的影响，所以美既是客观的，又是主观的，是主客观的对立统一。优美的自然环境可以陶冶人的情操；善良、纯朴的人格特征，公正无私、舍己救人的高贵品质给人以美的感受；奸诈狡猾、徇私舞弊、损人利己的行为则让人厌恶和憎恨。美感体验的强度受人的审美能力和知识经验的制约，对美感的培养和进行美的教育是精神文明建设的重要组成部分。

3．理智感

理智感是在智力活动过程中所产生的情感体验。例如，对未知事物的好奇心、求知欲和认知的兴趣，在解决问题过程中表现出来的怀疑、自信、惊讶，以及问题解决时的喜悦等都是理智感。理智感不仅产生于智力活动的过程中，而且对推动人类学习科学知识，探索科学奥秘也有积极的作用。

【思考与练习题】

1．简述情绪与情感的区别。
2．情绪与情感的功能有哪些方面？
3．简述心境、激情和应激的区别与联系。
4．谈谈高级情感与军人核心价值观的关系。

第四节　意识与意志

【学习目标】

1．了解意识与意志的基本原理。
2．掌握意识的不同形态和意志的概念、阶段特征。
3．思考意志品质与消防工作和队伍建设的关系和意义。

在灾害事故面前，面对生与死的考验，如果消防员没有钢铁般的意志，是难以胜任救援任务的。2009 年开始进行的“消防铁军”建设，要求面对急、难、险、重的灾情时，“消防铁军”必须具备超强的体能素质，面对危险“舍我其谁”的果断和坚韧的意识，经历痛苦和磨难时钢铁般的自觉和自制力。总之，较强的意志力是消防部队心理工作建设的重要方面。

一、意识

（一）意识的概念

意识是在觉醒状态下的觉知，是人类大脑特有的反映功能，是人的心理与动物心理的根本区别，是物质发展最高阶段的产物，也是自然进化的最高产物。它既包括对外界事物的觉知，也包括对自身内部状态的觉知；它既涉及觉知时的各种直接经验，如知觉、思维、情感和欲望，也包括我们对这些内容和自身行为的评价。

意识具有重要的心理机能，它对人的身心系统起着统合、管理和调节的作用。例如，人们可以有选择地专注，以适应感觉通道的容量；可以利用过去的经验对现在输入的信息作出最佳的判断和解释，从而指导其行为。

（二）无意识

并不是所有作用于感觉器官的外界刺激人们都能意识到。由于感觉通道容量的限制，人们在一瞬间能够觉察到的事物是非常有限的。例如，正在专心致志读书的人，有人叫他的名字他听不到；旁边有人说话，他也不知道别人在说什么。因为叫名字、说话这些声音虽然进入了他的耳朵，但它们都在意识的范围之外，所以就没接收到信息，这是对刺激的无意识。此外，一些非常熟练的动作技能，往往会自动地进行而不在意识控制之下。当然，不在意识控制之下，只是说不需要意识的控制就能正常地进行下去，而不是说意识就不能控制。从这个角度来说，无意识是相对于意识而言的，它指的是个体没有觉察到的心理活动和心理过程，它既包括对刺激的无意识，也包括无意识的行为。

（三）几种不同的意识形态

意识的形态可以分为不同的层次和水平，因为从无意识到意识是个连续体，而且一种意识形态也会转化为其他的形态。以下说的是两种特殊的意识形态：睡眠和做梦。

1．睡眠

人的一生大约有 1/3 的时间是在睡眠中度过的。很早以前人们就开始对睡眠进行研究，近几十年来，科学家用脑电波的变化作为观察脑的活动的客观指标，获得了重要的成果。

脑电波的变化有如下的规律：在大脑处于清醒和警觉状态时，脑电波多是频率为 14～30Hz，波幅较小的β波；在大脑处于安静和休息状态时，脑电波多是频率为 8～13Hz，波幅稍大的α波；在睡眠状态下脑电波主要是频率更低、波幅更高的 δ波。

根据脑电波的变化，可以将睡眠分为 4 个阶段：第 1 阶段主要是频率和波幅都较低的脑电波。在这一阶段里，身体放松，呼吸变慢，很容易被外界刺激惊醒，这一阶段大约持续 10min。第 2 阶段偶尔会出现短暂爆发的，频率高、波幅大的脑电波。在这一阶段里，个体很难被叫醒，这一阶段大约持续 20min。第 3 阶段脑电波的频率继续降低，波幅更大，出现δ波，这一阶段大约持续 40min。当大多数脑电波呈现δ波时睡眠就进入到了第 4 个阶段，肌肉进一步放松，身体各项功能指标变慢，这一阶段被称为深度睡眠阶段。这 4 个阶段大约要经过 90min 左右，此后便进入快速眼动睡眠阶段，这一阶段δ波消失，类似于清醒状态下的高频低幅脑电波出现，眼球开始快速上下左右移动，梦境开始出现，这一阶段大约持续 5～10min。此后又会重复上述睡眠的 4 个阶段，第 4 个睡眠阶段结束之后，又会出现一次快速眼动的睡眠阶段，而且时间会比第 1 次长。像这样的睡眠周期不断循环，直至醒来，不过，随着黎明的渐渐到来，第 4 和第 2 阶段的睡眠会逐渐消失。

以 24h 为单位所表现出来的机体活动的一贯的、规律性的变化模式叫做生物节律。人的生物节律都和睡眠有关。睡眠不仅可以使机体恢复机能，而且从进化的角度来说，睡眠对机体也起着保护的作用。因为大多数动物在黑夜都要睡眠，人在黑夜也不必觅食、预防凶猛野兽的伤害或从事其他活动，因而易于保存能量。

2．梦

通过仪器能够监测人的睡眠过程，例如，用脑电仪提供的脑电波的变化，或以眼动仪测定的眼球运动，可以准确地检测出人在睡眠中是否正在做梦，并对做梦进行研究。

在快速眼动睡眠阶段，眼动仪会监测出眼球出现了快速的运动，如果在眼动活跃的时候叫醒睡眠者，他通常都会说正在做梦。研究发现，睡眠中人人都做梦，只是醒来以后有人记得起，有人记不起自己做过梦了。梦的内容可以是做梦时外界的刺激物，如夏天有凉风吹来，引起做梦跳降落伞了，蚊子叮了一口，引起被刺伤的梦境等；也可以是“日有所思，夜有所梦”；也可以是机体的状态，饿了或冷了，引起吃饭、掉进水里了的梦，等等。梦有很多特点，如梦境的不连续性、不协调性和认知的不确定性等，其中最主要的特点是梦境的不连续性，即梦中的思想、行为或情景会突然变成与原来无关的其他的思想、行为或情景。

梦是一种正常的生理和心理现象，做梦不会妨碍人的休息。梦的内容也不是别人给你带来的某种信息，更不是吉凶祸福的预兆，不应该对梦抱有担心的心理。实验证明，如果对快速眼动的睡眠进行剥夺，即进行梦剥夺，只要发生快速眼动的现象就把睡眠者叫醒。开始被试者有不舒服的感觉，好像没睡好觉，心里觉得不踏实，几天后被试者就可能出现记忆力下降，情绪低落，进而影响到健康的现象。在几天梦剥夺之后让被试者好好睡一觉，让他随便去做梦，醒来一切症状就都消失了。可见，不让做梦反而打乱正常的生活秩序，会对身体产生不良的影响。

弗洛伊德（Freud，S.）用精神分析的观点来解释梦，他认为梦是压抑到潜意识里的冲动或愿望的反映。人的一些冲动或愿望不符合社会的行为道德规范，不能得到实现，被压抑到潜意识中。但是，在睡眠状态下，由于意识的控制能力降低，被压抑到潜意识中的这些冲动和愿望便会以改变的形态在梦中表现出来。所以，弗洛伊德把分析梦作为了解精神病的原因和治疗精神病的重要手段。

二、意志

（一）意志的定义

意志是有意识地确立目的，调节和支配行动，并通过克服困难和挫折，实现预定目的的心理过程。受意志支配的行动叫意志行动，所以，意志行动是有意识、有目的的行动，行动的目的要通过克服困难和挫折才能达到。有些行动是习惯性的、无意识的，这样的行动不是意志行动。有些行动虽然有意识、有目的，但可以自然而然地完成，没有困难需要克服，像吃一顿饭，玩一会游戏，这些行动也体现不出人的意志，所以也不算意志行动。只有有目的的，通过克服困难和挫折实现的，即受意志支配的行动才是意志行动。

（二）意志行动的不同阶段

意志行动既然是有意识、有目的的，那么意志行动就包括对行动目的的确立和对行动计划的制订。在目的计划确立之后，就要采取行动保证达到目的。分析人的意志行动就必然要分析行动目的和行动计划的确立，以及采取行动实现目的这两个部分。

1. 准备阶段

在意志行动的准备阶段里，需要在思想上确立行动的目的，选择行动的方案并要做出决策。确立目的是意志行动的前提，但在确立目的的过程中，往往会遇到动机的冲突。因为行为都有其动机，都有预想达到的目的，而人想要达到的目的有时并不是一个而是多个。这些动机之间往往会有矛盾和冲突。

动机冲突一般有如下四种形式：

（1）双趋式冲突。两个具有同样吸引力的目标，动机同样强烈，但不能同时获得时所遇到的冲突叫双趋式冲突。比如，既想学英语又想学法语，精力和时间有限，“鱼和熊掌不可兼得”，却只能选择其一的矛盾冲突就是双趋式冲突。

（2）双避式冲突。两个目标都想避开，但只能避开一个目标的时候，人们只好选择对自己损失小的，避开损失大的目标，这种冲突叫双避式冲突。比如，怕货币贬值存钱会带来损失，花钱买东西又没值得买的东西。要么忍受货币贬值给自己带来损失，要么花钱买没用的东西，选哪个损失会小一些？难以做出抉择的矛盾心情就是双避式冲突。

（3）趋避式冲突。想获得一个目标，它对自己既有利又有弊时所遇到的矛盾心情就是趋避式冲突。比如，想吃糖又怕胖，想考个好学校又怕报名的人太多竞争太激烈考不上的矛盾心理就是趋避式冲突。

（4）双重趋避式冲突。如果有多个目标，每个目标对自己都有利也都有弊，则反复权衡拿不定主意时的矛盾心情就是双重趋避式冲突。比如，有两种工作，一种社会地位高但待遇低，另一种待遇高但社会地位低。再比如春节将到，火车票紧张，想除夕到家，火车票贵；避开高峰期，火车票不涨价，但回家的日期就不如意了。反复权衡拿不定主意时体验到的冲突就是双重趋避式冲突。

2．执行决定阶段

执行所采取决定的阶段是意志行为的第二个阶段，即执行阶段。在这个阶段中既要坚定地执行既定的计划，又要克制那些阻碍达到既定目标的动机和行动。在这一阶段还要不断审视自己的计划，以便及时修正计划，保证目标的实现。

意志行为的准备阶段和执行阶段是密切联系，相互制约的。如果在准备阶段动机冲突解决得好，目的明确，对行为的意义认识深刻，行动计划考虑得周全，切合实际，执行阶段就会比较顺利，遇到困难和挫折也会更有决心和勇气去克服。否则就容易缺乏勇气和信心，甚至出现半途而废的结果。在执行决定的过程中，有时会发现原来计划的不周，或者情况发生了变化，需要修改计划，不然也不会顺利达到目的。

（三）意志品质

意志品质主要包括意志的自觉性、意志的果断性、意志的坚韧性和意志的自制性四个方面的内容。

意志的自觉性是指对行动的目的有深刻的认识，能自觉地支配自己的行动，使之服从于活动目的的品质。具有自觉性品质的人，是在对行为的目的深刻认识的基础上采取决定的，不随波逐流，不屈服于外界的压力，能独立地判断，独立地采取决定和执行决定。与自觉性相反的是受暗示性和武断从事。易受暗示的人，遇事不独立思考，容易受别人的影响，随大流，跟别人跑。有些人虽然自己拿主意，但对问题不做深入细致的分析，武断从事。这种人不能算是有自觉性的人，遇到问题时也容易动摇。

意志的果断性是指迅速地、不失时机地采取决定的品质。具有较强果断性意志品质的人，遇到机会能当机立断，不失时机，不是碰运气的巧合，而是有强烈的愿望，有深入的思考，因此对机会特别敏锐，善于观察，也能够抓得住机会。

意志的坚韧性是指坚持不懈地克服困难，永不退缩的品质，这种品质又叫毅力或顽强性。

目标越远大，需要付出的努力越多，需要花费的时间也越长。如果没有坚持不懈的意志品质很难达到远大的目标。有时解决问题的条件还不太成熟，需要等待，需要坚持，如果放弃了努力就等于前功尽弃。有些人遇到困难就退缩，只有三分钟的劲头，虎头蛇尾，这些都是缺乏坚韧性的表现。有些人表面看起来有坚韧性，但情况发生了变化还要墨守成规，不去适应改变了的环境，一味地钻牛角尖，这是执拗，也是和坚韧性相违背的。

意志的自制性是指善于管理和控制自己情绪和行动的能力，又叫自制力或意志力。一个人的精力有限，要想达到一定的目的，就必须放弃一些妨碍这一目标的其他目标，或影响这一目标的其他活动。有所得就必有所失，有所为就必有所不为，否则所有的目标都会受到影响，该达到的目标也会力不从心，难于达到。有些人不是认识不到这一点，而是管不住自己。比如读书要紧，过几天就要考试，但碍于面子，宁肯耽误读书也不愿拒绝朋友看电影、打牌的邀请，这是管不住自己；不管目的，只是凭兴趣，想干什么就干什么，这是任性；看到困难没有勇气去克服，这是怯懦。所有这些都是缺乏自制性的表现。

【思考与练习题】

1．简述意识的不同状态和基本内容。

2．简述意志的概念和特征。

3．意志行动的不同阶段有哪些？

4．简述动机冲突的形式。

5．浅谈意志品质与消防工作和队伍建设的关系以及它在其中的重要意义。

第三章　个性心理

认识、情感、意志是人们所共有的心理过程。它的发生和发展受到遗传素质、生活环境、教育条件以及社会实践活动的影响，在不同个体身上呈现不同的特点，这些表现个别差异的心理现象叫做个性心理，简称个性。个性心理包含两方面的内容：一是个性心理倾向性，二是个性心理特征。前者包括：需要、动机、兴趣、理想、信念、世界观；后者包括：能力、气质、性格。

第一节　需要与动机

【学习目标】

1. 了解需要与动机的内涵。
2. 熟悉马斯洛需求层次论。
3. 掌握动机的功能。

需要与动机是有区别的。需要是人积极性的基础和根源，动机是推动人们活动的直接原因。人类的各种行为都是在动机的作用下，向着某一目标进行的，而人的动机又是由于某种欲求或需要引起的。

一、需要的意义与分类

（一）需要的含义

需要（need）是个体处于缺乏状态时出现的体内自动平衡取向和择取倾向。具体地说，需要是个体在生活中感到某种欠缺，而力求得到满足的心理倾向，是人脑对现实的生理要求和社会要求的反映。

需要是人和动物所共有的，但是动物的需要是以先天的生理需求为条件，直接以其周围的自然物体作为满足需要的对象。人作为生物体，为了维持生命、延续种族，就有补充养料、求得安全、进行繁殖的要求，这种要求总会指向于特定对象。若没有得到满足，就会感到欠缺并力求获取，反映在头脑中，就成为求食、防御、求偶等生理性需要。人作为社会成员，不能离开群体而孤独生活，便有与他人打交道的要求；为了生活得更好，他又必须接受所在群体和整个社会所提出的客观要求，当这些社会要求为个人所反映，成为一种驱动因素时，就形成交往、学习、创造等社会性需要。可见，需要表现了人生存和发展对于客观条件的依赖性。

（二）需要的作用

需要是个体行为和心理活动的根本动力。它在个体的行为、活动、心理过程和个性倾向性方面发挥重要作用。

需要是人的行为产生的心理原因，人的一切行为、活动，归根到底是因需要引起的。当个体某种需要没有得到满足时，就会促使人产生去满足需要的动机，从而产生相应的行动。例如，一个口渴的人，会出于饮水的需要而产生相应的动机，并导致寻找水喝的行为活动；一个寂寞的人，会出于交往需要而产生相应的动机，并导致走亲访友的行为活动；一个乐学的人，会出于求知需要而产生相应的动机，并导致学而不倦的行为活动。

（三）需要的特征

1. 客观现实性

人的需要是在一定的自然条件或社会条件下产生的，它会随着客观条件的变化而变化、发展而发展。

人的需要的性质、内容与满足的手段都与动物不同。人的需要还受到意识的调节与控制，也要受社会历史条件的制约。

2．**主观差异性**

尽管人们有时把社会本身发展的客观要求称之为社会需要，但严格地讲，需要因个体反映机体内部或外界生活的要求而产生，所以需要总是主观的，它以意向、愿望、动机、抱负、兴趣、信念等形式表现出来。

需要的广度依赖于人的自身状况及其生活的物质条件，所以人的需要又表现为丰富多样性和个别差异性。这些需要表现在不同个体身上，又是千差万别的，主要表现在需要量与需要质两方面的差异。

3．**动力发展性**

需要是个体活动的基本动力，是个体行为动力的重要源泉。人的需要是一个不断发展变化的动态结构，永远不会只停留在某一水平上。知足者常乐，这是相对而言的。就总体而言，人是永远不知足的，人类也正是基于这种“不知足”的动力而不断发展着。

4．**整体关联性**

人的需要结构中的诸要素是相互联系、相互作用的整体。这种整体关联性表现为各种需要互为条件，又互为补充。

一方面，精神需要的存在与发展以物质需要的存在与发展为基础；物质需要的存在与发展又以精神需要的存在与发展为条件。另一方面，各种需要又是互为补充的。

许多单位所提的“待遇留人、情意留人、事业留人”的稳定人才政策，也就是考虑到了人需要的整体关联性。

（四）需要的分类

人类的需要复杂多样，其分类方法也各不相同。

1．**生理性需要和社会性需要**（根据需要的起源划分）

（1）生理性需要是个体维持生命和延续后代而产生的需要，又称生物性需要或生理需要。例如人对空气、水分、食物、睡眠、性生活、安全、运动等的需要。如果个体在相当长的时间里，正常的生理性需要得不到满足，个体就无法生存或不能延续后代。生理性需要往往带有明显的周期性。

生理性需要的满足，在医疗实践中具有更重要的意义。由于疫病或治疗的原因，病人生理性需要的满足常常遇到阻碍或限制，如进食困难，难以入睡，身体活动受阻，排泄异常，体液不足，性功能障碍等。这些生理性需要遇阻的同时，也会导致病人出现各种不良的心理反应，以至影响疾病的治疗和身体的康复。

（2）社会性需要是人类在社会生活中形成的，为维护社会的存在和发展而产生的需要。

社会性需要与个体的社会生活相联系，是后天习得的需要。如人对劳动、交往、学习、审美、威信、道德等的需要。社会性需要是人类所特有的一类需要，它是从社会要求转化而来的。

社会性需要并非与生俱来，它是人类在社会环境中发展起来的。由于这类需要受社会文化因素的显著影响，它既有阶级差异、民族差异，也有较大的个体差异。

社会性需要得不到满足，虽然不会直接威胁个体的生命，但此类负性情绪如果持续过长或过于强烈，也可能导致心理或躯体疾病。

2．物质需要和精神需要（根据需要的对象划分）

（1）物质需要是指那些指向社会的各种物质产品，并以占有这种产品而获得满足的需要。如对劳动工具、文化用品、科研仪器等的需要。物质需要中既包括生理性需要，又包括社会性需要。例如，在对服装的需要中，既有满足人们防寒、防晒等自然性需要的内容，也有满足人们自尊、追求美的需要的内容。

（2）精神需要是指那些指向社会的各种精神产品，并以占有这些产品而获得满足的需要。精神需要包括劳动、交往、审美、道德、创造等的需要。它是人类所特有的需要。其中，在劳动过程中形成的交往需要是人类最早形成的精神需要。所谓交往需要指一个人愿意与他人接近、合作、互惠，并发展友谊的需要。研究表明，交往需要在人类历史发展过程中起着十分重要的作用，也是个体心理正常发展的条件。

（五）需要理论及应用

1．默里（H.A.Murray）的需要理论

（1）基本需要，又称身体能量的需要。

（2）次级需要，又称心理能量的需要。

该理论认为，“需要”这种力量渗透到活动的各个方面，并调节控制着其他的心理活动。它是个体行为动力性的源泉，是个体行为所必需的。由于需要和个体的不平衡状态相联系，在一般情况下个体总是处在一种不平衡状态，因此需要经常推动个体活动的进行。

2．马斯洛（A.H.Maslow）的需要层次论

该理论认为，人类有五种基本需要：生理需要、安全需要、归属和爱的需要、尊重需要和自我实现的需要。这些需要相互联系、彼此重叠。马斯洛将其排列成一个由低到高逐渐上升的层次。因而，该理论也称为需要层次论。

马斯洛认为，只有低级需要基本满足后，才会出现高一级的需要，只有所有的需要相继得到满足，才会出现自我实现的需要。当某种需要占优势时，人的行为将受它的支配。

（1）生理需要（physiological need）是直接与生存有关的需要，相当于前面所讲的生理性需要。

（2）安全需要（safety need）是生理需要相对满足后出现的占优势的需要。它是指避免危险和让生活有保障的需要，包括使工作稳定、保持有一定的收入、使社会秩序良好、使生命和财产得到保护等。安全需要得到满足后，个体才会感到有安全感。

（3）归属与爱的需要（love and belongingness need）是指个体需要参加一定的组织，依附于某个团体等。爱的需要包括给予和接受爱，如对关怀、温暖、爱情、同情、奉献的需要等。马斯洛认为，爱不是指性，性是生理需要，成熟的爱是人与人之间彼此关心、尊重和信任。如果爱的需要得不到满足，个人就会感到孤独和空虚。

（4）尊重需要（esteem need）可分为两个方面，一是渴望名誉或声望，即希望受到别人的尊重、赏识、认可等；二是渴望有成就、有实力和对周围有施加影响的能力等。这种需要若得到满足，会使人产生自尊、自信、有价值等方面的感觉，否则会引起自卑感和失落感。

（5）自我实现的需要（self-actualization need）就是追求自我理想的实现，使个人潜能和天赋得以充分发挥。这是最高形式的需要。马斯洛认为，真正能成为自我实现者的只是极少数人。

马斯洛认为，需要层次越低，力量越强，潜力越大，随着需要的上升，需要的力量也减弱；低一层次的需要得到相对满足后，才会产生高一层次的需要；低层次的需要是生存必需的，高层次需要则与人的健康等有关；在个体的发展中，低层次需要出现得早，高层次的需要出现得较晚。

马斯洛的需要层次理论系统地探讨了需要的实质、结构以及发生发展的规律。这不仅对建立科学的需要理论具有一定的积极意义，而且在实践上也产生了重要影响。许多企业家就是依据这个理论，制定满足职工需要的措施，以调动职工的工作积极性。

马斯洛的需要理论也存在一定的不足：

首先，马斯洛把生理需要、安全需要、归属与爱的需要、尊重的需要都称为基本需要，并认为这些需要是与生俱来的，需要的发展是一种自然成熟的过程，这严重低估了环境和教育对需要发展的影响。

其次，马斯洛强调个体优先满足低级需要，忽视了高级需要对低级需要的调节作用。连他本人也承认，他“并不完全了解殉道、英雄、爱国者、无私的人”。

（六）消防官兵的需要与教育工作

1．全面理解消防官兵的需要

需要是人的积极性的最终心理动机。一个人的行为，总是由其全部需要结构中最主要、最强烈的需要支配的。管理者研究、了解官兵的需要内容、结构、性质和变化规律，特别是掌握了官兵共同的和特殊的优势需要，便于把握他们的思想脉搏，从而使他们的内在动力充分发挥出来。反之，不了解官兵的需要，不理解他们的需要，不努力去满足他们的正当需要，整个管理工作便是无力、难以奏效的。

2．消防官兵的需要结构

我国的心理专家曾对中国社会个体的需要结构进行调查，获得了普遍的需要结构内容资料，这里结合消防部队的特殊工作学习生活环境，归纳出消防部队官兵各类需要的内容和相应的重要性程度，如表 3-1 所示。

表 3-1 消防部队官兵各类需要

需 要 种 类	需 要 内 容	重要性顺序（由高到低排列，1 代表最重要，6 代表最不重要。）
发展需要	求知的需要 求美的需要 发展体力的需要	1
尊重需要	成就的需要 自尊、自主的需要 权力的需要	2

（续）

需要种类	需要内容	重要性顺序（由高到低排列，1代表最重要，6代表最不重要。）
交往需要	友情的需要 求援的需要 归属的需要	3
生理需要	维持生活的需要 物质享受的需要 性的需要	4
贡献需要	助人的需要 建树的需要 奉献的需要	5
安全需要	秩序的需要 躲避伤害的需要 躲避羞辱的需要	6

了解了官兵的需要，管理者和教育者应该创设一些必要条件和活动环境，使他们的合理需要得以满足，使不合理的需要得以疏导，还应让他们知道如何用最恰当的方式使自己的合理需要得到实现。

二、动机的意义与分类

（一）动机的含义

动机（motivation）和需要是紧密相连的两个概念。动机是与实现某一目标的行为相联系的，是行为发动的原因。例如，饮食动机导致一个人的饮食行为，学习动机导致学生的学习行为。

动机的产生有两个基本条件：内在条件和外在条件。

内在条件是需要。动机是在需要的基础上产生的，并且只有需要的强度达到一定水平时，才能成为动机并引起活动。动机和需要密切地联系在一起，离开需要的动机是不存在的。当需要在强度上达到一定水平，并且有满足需要的对象存在时，就引起动机。

外部条件是诱因，是指驱使个体产生行为活动的外部因素。它与需要相互作用而形成动机。诱因可能是物质的东西，如金钱、食物等，也可以是精神的东西，如名誉、职位、表扬、批评等。诱因分为正诱因和负诱因。凡是个体趋向或接受它而得到满足时，这种诱因称为正诱因。凡是个体因逃离或躲避它而得到满足时，这种诱因称为负诱因。例如，对饥饿的动物来说，食物就是正诱因，电击是负诱因。

动机对行为活动具有引发、指引和激励的功能。它如同汽车的发动机和方向盘，是驱使个体达到某一目标的动力。一旦动机产生，就会引起行为，以满足需要。如果这一行为遇到阻碍或干扰，人就会体验到一种挫折感。在人的一生中，难免会遇到各种挫折，但其影响有积极和消极的两方面：从积极方面看，挫折可以激励人们寻求更为恰当的方法达到目标，提高个体解决问题的能力，锤炼人的意志；从消极方面而言，如果个体对挫折缺乏正确的认识评价，就会导致心理失衡，易出现侵犯性行为，若个体经受挫折太多，时间太长，超出机体的承受能力时，就会产生焦虑、抑郁等不良情绪反应，甚至影响个体的身心健康。

（二）动机的功能

动机是在需要的基础上产生的，它对人的行为活动具有如下4种功能。

1．激活的功能

动机能激发一个人产生某种行为，对行为起着始动作用。例如，一个学生想要掌握电脑的操作技术，就会在这个动机驱动下，产生相应的行为。

2．指向的功能

动机不仅能唤起行为，而且能使行为具有稳固和完整的内容，使人趋向一定的志向。动机是引导行为的指示器，使个体行为具有明显的选择性。例如，一个学生确立了为从事未来实践活动的学习动机，在其头脑中所具有的这种表象可以使之力求注意他所学的东西，为完成他所确立的志向而不懈努力。

3．维持和调整的功能

动机能使个体的行为维持一定的时间，对行为起着续动作用。当活动指向于个体所追求的目标时，相应的动机便获得强化，因而某种活动就会持续下去；相反，当活动背离个体所追求的目标时，就会降低活动的积极性或使活动完全停止下来。需强调的是，将活动的结果与个体原定的目标进行对照，是实现动机的维持和调整功能的重要条件。

4．评价功能

动机对人的活动意义和价值具有评价作用。衡量一个人的活动或行为有没有价值，有多大的价值，其性质是正的还是负的，除了考察其效果外，还要考察其动机。

由于动机具有这些作用，而且它又直接影响活动的效果，因而研究和分析一个人的活动动机的性质、作用是非常重要的。

（三）动机的分类

要认识动机系统对个体行为的作用，首先应了解动机系统中动机究竟有哪些种类。人类动机可以从不同的维度归类划分。

1．根据动机的起源划分

根据动机的起源，可把动机分为生理性动机和社会性动机，它们分别与人的生物性需要、社会性需要相联系。例如，在教育活动中，有避免惩罚动机、避辱动机、获得物质奖励的动机；有赢得同伴尊重的动机、获得教师赞扬的动机、与同学交往的动机；有求知动机、成就动机、奉献动机。

2．根据动机的意义划分

根据动机的意义，可把动机分为合理动机与不合理动机。所谓合理动机，是与社会利益相一致的、有利于个体健康发展的动机，它包括高尚的、正确的和在一定时期里有较多积极因素的动机。所谓不合理动机则是不符合社会利益和个体健康发展的动机，它包括错误的和有较多消极因素的动机。

3．根据动机的引发原因划分

根据动机的引发原因，可把动机分为内在动机和外在动机。内在动机指由内在因素引起的活动动机。个体追求的奖励来自动机活动的内部，即活动成功的本身就是对个体的最好奖励。例如，为掌握知识而努力学习，便属内在动机范畴。外在动机指由外在因素引起的活动动机。个体追求的奖励来自动机活动的外部，即不是活动成功的本身，而是活动成功所带来的活动之外的报酬或奖励。例如，为争取奖学金而努力学习，便属于外在动机范畴。

4．根据动机行为与目标的远近关系划分

根据动机行为与目标的远近关系，可把动机区分为远景性动机与近景性动机。所谓远景性动机，指动机行为与长远目标相联系的一类动机。所谓近景性动机，指与近期目标相联系的一类动机。例如，学生在确定选修课程时，有的是考虑今后走上社会、踏上工作岗位的需要，有的只是考虑眼下是否容易通过考试。他们以上的择课动机就分别属于远景性动机和近景性动机。

5．根据动机所涉及的活动名称划分

根据动机所涉及的活动名称，可把动机分为学习动机、游戏动机、劳动动机、工作动机、犯罪动机、自杀动机等。这种划分便于围绕人们的某一方面活动作进一步分析研究。一个人复杂而多样的诸多动机，是以其一定的相互关系构成动机体系而对活动发生作用的。这样，一个人的动机体系就在相当大的程度上反映整个心理面貌的本质。

【思考与练习题】

1．需要对人的活动有何重要意义？
2．怎样充分理解和正确对待官兵的需要？
3．怎样激发官兵的学习动机？

第二节　能力、气质和性格

【学习目标】

1. 了解能力、气质和性格的含义、种类及功能。
2. 熟悉如何开发潜能，发展能力。
3. 掌握如何改善个体的气质特征，培养良好的性格。

个性心理特征是指在个人身上比较稳定的心理特征，它是在心理活动过程中形成的。包括能力、气质和性格几个方面。

一、能力

（一）能力的含义

能力，是指顺利完成某一活动所必需的主观条件。它是直接影响活动效率，并使活动顺利完成的个性心理特征。能力总是和个体完成一定的活动联系在一起的。离开了具体活动既不能表现个体的能力，也不能发展个体的能力。能力与知识、经验和个性特质共同构成人的素质，成为胜任某项任务的条件。

（二）能力的种类

1．一般能力和特殊能力

一般能力是指观察、记忆、思维、想象等能力，通常也叫智力。它是人们完成任何活动所不可缺少的，是能力中最主要和最一般的部分。特殊能力是指人们从事特殊职业或专业需要的能力，例如音乐中所需要的听觉表象能力。人们从事任何一项专业性活动既需要一般能力，也需要特殊能力。二者的发展也是相互促进的。

2．流体能力和晶体能力

晶体能力是以习得的经验为基础的认知能力，如人类学会的技能、语言文字能力、判断力、联想力等。晶体能力受后天的经验影响较大，主要表现为运用已有知识和技能去吸收新知识和解决新问题的能力，这些能力不会随着年龄的增长而减退，只是某些技能在新的社会条件下变得无用。流体能力指基本心理过程的能力，它随年龄的衰老而减退。晶体能力在人的一生中一直在发展，它与教育、文化有关，并不因年龄增长而降低，只是到 25 岁以后，发展的速度渐趋平缓。

3．模仿能力和创造能力

模仿能力（imitative ability）是指人们通过观察别人的行为、活动来学习各种知识，然后以相同的方式做出反应的能力。如儿童在家庭中模仿父母的说话、表情；从电视中模仿演员的动作、衣着；从字帖上模仿前人的书法等。模仿是动物和人类的一种重要的学习能力。

创造能力（creative ability）是指产生新思想和新产品的能力。一个具有创造能力的人往往能超脱具体的知觉情景、思维定势、传统观念和习惯势力的束缚，在习以为常的事物和现象中发现新的联系和关联，提出新的思想，产生新的产品。作家的头脑中构思新的人物形象、创造新的作品，科学家提出新的理论模型、用实验证实这些模型，都是创造能力的具体表现。

模仿能力和创造能力是两种不同的能力。动物能模仿，但不会创造；模仿只能按现成的方式解决问题，而创造能力能提供解决问题的新方式与新途径。人的模仿能力和创造能力有明显的个体差异。有的人擅长模仿，而创造能力较差；有的人既善于模仿又富有创造能力。了解这一点对选拔和使用人才具有很大指导意义。模仿能力与创造能力有密切的关系，人们常常是先模仿，然后再进行创造。科研工作者先通过观察、模仿别人的实验，之后才提出有独创性的实验设计；学习书法的人先临摹前人的字帖，之后才创作出具有个人独特风格的作品。在这个意义上，模仿也可说是创造的前提和基础。

4．认知能力、操作能力和社交能力

能力按照它的功能可划分为认知能力、操作能力和社交能力。

（1）认知能力指接收、加工、储存和应用信息的能力。它是人们成功地完成活动最重要的心理条件。知觉、记忆、注意、思维和想象的能力都被认为是认知能力。美国心理学家加涅提出三种认知能力：言语信息（回答世界是什么的问题的能力）；智慧技能（回答为什么和怎么办的问题的能力）；认知策略（有意识地调节与监控自己的认知加工过程的能力）。

（2）操作能力指操纵、制作和运动的能力。劳动能力、艺术表现能力、体育运动能力、实验操作能力都被认为是操作能力。操作能力是在操作技能的基础上发展起来，又成为顺利

地掌握操作技能的重要条件。

认知能力和操作能力紧密地联系着。认知能力中必然有操作能力，操作能力中也一定有认知能力。

（3）社交能力指人们在社会交往活动中所表现出来的能力。组织管理能力、言语感染能力等都被认为是社交能力。在社交能力中包含有认知能力和操作能力。

二、气质

（一）气质的含义

“气质”这个词在口语中说得不多，平常讲的“性情”“脾气”与它的涵义相近。气质指个体心理活动的动力特征。这些动力特征表现在心理活动的强度、产生的速度、表现的显隐性和转变的灵活性等方面，它似乎给人的全部心理活动染上一层特殊的色彩，使人的言语、情绪、行动，带上一种特有的风格。人们不难发现，有的人善于言谈、口齿伶俐，有的人则缄默寡言；有的人行动敏捷、反应迅速，有的人则行动缓慢、反应迟钝；有的人容易激动、感情强烈、表情明显，有的人则难以激动、感情贫弱、有感情也不外露。

气质较多地受神经系统先天特性的影响，从出生时间不长的婴儿的表现就可看出差别：有的人大声啼哭，四肢乱动；有的则哭声小，表现较安静。研究证明，儿童内向或外向方面所表现出来的气质特点，在生命的最初几年里就明显形成了。人的遗传素质越接近，表现出来的气质特征也越接近。气质在很大程度上具有先天性。

（二）关于气质的学说

人的气质是有明显差异的，这些差异属于气质类型的差异。对气质类型的划分，有不同的见解，因而形成不同的气质理论。最早对气质加以分类并给予细致描述，而其分类又被后人接受认可的，是希波克拉底（Hippocrates）对气质的分类。

1．希波克拉底对气质的分类

希波克拉底是古希腊著名的医生，最早提出了气质的概念。他在长期的医学实践中观察到人有不同的气质。他认为气质的不同是由于人体内不同的液体决定的。他设想人体内有血液、黏液、黄胆汁、黑胆汁四种液体，并根据这些液体混合比例哪一种占优势，把人分为不同的气质类型：体内血液占优势属于多血质，黄胆汁占优势属于胆汁质，黏液占优势属于黏液质，黑胆汁占优势属于抑郁质。现代心理研究借鉴了他的提法，将人的气质分为多血质、胆汁质、黏液质、抑郁质四种类型。

2．体型说

体型说由德国精神病学家克雷奇默（E.Kretschmer）提出。他根据对精神病患者的临床观察，认为可以按体型划分人的气质类型。根据体型特点，他把人分成三种类型，即肥满型、瘦长型、筋骨型。例如，肥满型产生躁狂气质，其行动倾向为善交际、表情活泼、热情、平易近人等；瘦长型产生分裂气质，其行动倾向为不善交际、孤僻、神经质、多思虑等；筋骨型产生黏着气质，其行动倾向为迷恋、认真、理解缓慢、行为较冲动等。他认为三种体型与不同精神病的发病率有关。

3．激素说

激素说是生理学家柏尔曼（Berman）提出的。他认为，人的气质特点与内分泌腺的活动有密切关系。此理论根据人体内哪种内分泌腺的活动占优势，把人分成甲状腺型、脑下垂体型、肾上腺分泌活动型等。例如，甲状腺型的人表现为体格健壮，感知灵敏，意志坚强，任性主观，自信心过强；脑下垂体型的人表现为性情温柔，细致忍耐，自制力强。

现代生理学研究证明，从神经—体液调节来看，内分泌腺活动对气质影响是不可忽视的。但激素说过分强调了激素的重要性，从而忽视了神经系统特别是高级神经系统活动特性对气质的重要影响，有片面倾向。

4．血型说

血型说是日本学者古川竹二等人的观点。他们认为气质是由不同血型决定的，血型有A型、B型、AB型、O型，与之相对应气质也可分为A型、B型、AB型与O型四种。A型气质的特点是温和、老实稳妥、多疑、顺从、依赖他人、感情易冲动。B型气质的特点是感觉灵敏、镇静、不害羞、喜社交、好管闲事。AB型气质特点是上述两者的混合。O型气质特点是意志坚强、好胜、霸道、喜欢指挥别人、有胆识、不愿吃亏。这种观点也是缺乏科学根据的。

5．活动特性说

活动特性说是美国心理学家巴斯（A.H.Bass）的观点。他用反应活动的特性，即活动性、情绪性、社交性和冲动性作为划分气质的指标，由此区分出四种气质类型。活动性气质的人总是抢先迎接新任务，爱活动，不知疲倦：婴儿期表现出总是手脚不停乱动；儿童期表现出在教室坐不住；成年时显露出一种强烈的事业心。情绪性气质的人觉醒程度和反应强度大：婴儿期表现出经常哭闹；儿童期表现出易激动、难于相处；成年时表现出喜怒无常。社交性气质的人渴望与他人建立密切的联系：婴儿期表现出要求母亲与熟人在身旁，孤单时好哭闹；儿童期表现出易接受教育的影响；成年时与周围人相处很融洽。冲动性气质的人缺乏抑制力：婴儿期表现出等不及母亲喂饭等；儿童期表现出经常坐立不安，注意力容易分散；成年时表现为讨厌等待，倾向于不假思索地行动。

（三）气质类型的特征

1．胆汁质

胆汁质属于兴奋而热烈的类型。一般的心理特征是：具有强烈的兴奋过程和比较弱的抑制过程。这类人情绪兴奋性高，情绪易激动，反应迅速，行动敏捷，暴躁而有力；性急，有一种强烈而迅速燃烧的热情，不能自制；在克服困难上有坚韧不拔的劲头，但不善于考虑能否做到；工作有明显的周期性，能以极大的热情投身于事业，也准备克服且正在克服通向目标的重重困难和障碍，但当精力消耗殆尽时，便失去信心，情绪顿时转为沮丧而一事无成。这种人可以表现出积极、热情、勇敢、进取等优点，也可以表现出急躁、鲁莽、轻狂、粗暴等缺点。代表人物：张飞、李逵。

2. 多血质

多血质属于敏捷好动的类型。一般的心理特征是：灵活性高，反应敏捷而外倾，情绪丰富但体验不够深刻而易变，易于适应环境变化；活泼好动、为人热情、大方、富有朝气、语言富有表现力和感染力，容易与人接近并善于交际。这类人在工作、学习中精力充沛而且效率高，事业心强，有较高的主动性和积极性，对什么都感兴趣，但情感兴趣易于变化，有些投机取巧，易骄傲，受不了一成不变的生活。如果在平凡而持久的岗位上工作，其工作热情会逐步降低。代表人物：韦小宝、孙悟空。

3. 黏液质

黏液质属于缄默而沉静的类型。一般的心理特征是：灵活性低、反应比较缓慢，情绪不易激动、内倾。这类人常常坚持而稳健地辛勤工作；动作缓慢而沉着，能克制冲动；严格恪守既定的工作制度和生活秩序，不为无关的活动而分心；情绪不易激动，也不易流露感情；自制力强，不爱显露自己的才能和内心世界；做事时容易因循守旧，缺乏灵活性和创新精神。这种气质类型的人可以表现出忍耐、安详、镇定、刚毅等优点，也可以表现出固执、冷漠、迟钝、懦弱等缺点。代表人物：鲁迅。

4. 抑郁质

抑郁质属于呆板而羞涩的类型。一般的心理特征是：感受性高，往往为一点微不足道的事而动感情；情绪体验深刻、持久，善于觉察别人不易觉察的细节；寡言少语，内倾。这类人反应性、主动性都很弱，行动显得迟缓、忸怩、腼腆、怯懦、迟疑，有些孤僻。这种气质类型的人多愁善感、不耐挫折、不善交际。这种人在习惯的环境中，尤其在友好的集体中，可能是一个很容易相处的人，能胜任所委托的事情，表现出坚定性，富有同情心。但在新的环境中，在陌生人面前，则容易惶恐不安，表现孤僻。在强烈而紧张的情况下容易惊慌失措。这种气质类型的人可以表现出细致、冷静、稳重、沉着等优点，也可以表现出孤僻、萎靡、焦虑、多疑等缺点。代表人物：林黛玉。

人群中，确有少数人具有上述四种气质类型的典型特征，但大多数人都属于中间型或混合型。所以，判断鉴别气质时应该全面具体地分析，不要简单地就把某人纳入某种类型。

（四）气质与实践

1. 气质无好坏之分

人的气质本身没有好坏之分，每一种气质类型既能使人形成积极的性格特征，也能使人形成消极的性格特征。对人的气质不能轻率评价某一种气质类型是好的，另一种气质类型是坏的。每一种气质都有积极和消极两个方面，在这种情况下可能具有积极的意义，而在另一种情况下可能具有消极的意义。如胆汁质的人可成为积极、热情的人，也可发展成为任性、粗暴、易发脾气的人；多血质的人情感丰富，工作能力强，易适应新的环境，但注意力不够集中，兴趣容易转移，无恒心等。气质相同的人可能有成就高低和品质善恶的区别。抑郁质的人工作中耐受能力差，容易感到疲劳，但感情比较细腻，做事审慎小心，观察力敏锐，善于察觉到别人不易察觉的细小事物。气质不能决定人们的行为，是因为人们可以自觉地去调节和控制。

2．气质不能决定个人社会价值和成就的高低

据研究，俄国的四位著名作家就是四种气质的代表，普希金具有明显的胆汁质特征，赫尔岑具有多血质的特征，克雷洛夫属于粘液质，而果戈里属于抑郁质。气质类型各不相同，却并不影响他们在文学上取得同样杰出的成就。气质只是属于人的各种心理品质的动力方面，它使人的心理活动染上某些独特的色彩，却并不决定一个人性格的倾向性和能力的发展水平。所以相同气质的人既可以都成为对社会作出重大贡献、品德高尚的人，也可以成为一事无成、品德低劣的人；可以成为先进人物，也可以成为落后人物，甚至反动人物。反之，气质极不相同的人也都可以成为品德高尚的人，成为某一职业领域的能手或专家。

3．气质具有适应性，是选用人才的依据之一

进行气质特征与职业之间的合理匹配，成了时代发展的自然要求。个体通过了解自己的气质特征，可以扬长避短，充分发挥自己的潜能和气质优势，克服自己气质特征中消极的一面。

三、性格

（一）性格的含义

在英语中性格一词（character）源于希腊语，意思是特点、特色、记号、标记。在现实生活中，性格既被用于标志事物的特性，也被用于标志人物的特性。

我国心理学界一般把性格定义为：表现在人对现实的态度以及与之相适应的习惯化的行为方式方面的个性心理特征。对性格定义的理解应注意以下三点。

首先，性格是人对现实的态度和行为方式概括化与定型化的结果。人对现实的态度就是对社会、对集体、对他人和对自己的看法和评价，是一个人的世界观、人生观的集中体现。人们生活在社会中，不可能不对各种有关事物产生一定的看法，做出一定的选择，采取一定的行为方式，这个过程就是性格的表现。例如，“孔融让梨”反映了谦让、利他的性格特点；“守株待兔”反映了一个人懒惰、愚顽的性格特点。

其次，性格指一个人独特的、稳定的个性心理。性格有很大的个别差异，每个人对事物的看法都自成体系，行为表现也有其独到之处，这是由每个人的具体生活条件和教育条件不同所致；性格又是比较稳定的，因为它是人对事物的态度、行为方式的概括化和定型化的结果。在某种情况下，那种属于一时的、情境性的、偶然的表现，不能构成人的性格特征。例如，一个人在偶然的场合表现出胆怯行为，不能就此认为这个人具有怯懦的性格特征。也就是说，性格必须是经常出现的、习惯化的、从本质上最能代表一个人个性特征的那些态度和行为特征。

再次，性格是个性特征中最具核心意义的心理特征。性格在个性特征中的核心地位表现在两个方面。一方面，在所有的个性心理特征中，唯有人的性格与个体需要、动机、信念和世界观联系最为密切。人对现实的态度直接构成了个体的人生观体系，人的各种行为方式也是在这种态度体系的影响和指导下逐渐形成的。因此，性格是一个人道德观和人生观的集中体现，具有直接的社会意义。人的性格受社会行为准则和价值标准的评判，所以有好坏之分，这一点是与气质有明显区别的。另一方面，性格对其他个性心理特征具有重要的影响。性格

的发展影响着能力和气质的表现。成语中的“勤能补拙”，就说明性格对能力有巨大作用；某一种气质的消极方面，也可以通过性格的优点加以改造或掩盖。总之，具有良好性格品质的人能最大限度地发挥自己的聪明才智，适应现实生活。

（二）性格的外部表现

性格往往是通过一个人具体的活动、言语、表情、姿态表现出来的。性格的外部表现为客观地了解官兵的性格提供了依据。

1. 性格在活动中的表现

性格在活动中形成，也是在活动中表现的。以儿童为例，其性格常常在游戏活动、学习活动以及劳动中反映出来。如在游戏中，有的愿意扮演领导别人的角色，处处以指挥者的面貌出现；有的却愿意听从别人的指挥，扮演被领导的角色；有的儿童则不能与其他儿童配合进行游戏；有的儿童喜欢运动型游戏，有的儿童喜欢安静型游戏；有的儿童能坚持把一种游戏进行到底，有的儿童总是在游戏中半途而废。这些不同反映出儿童在独立性、坚忍性、自制力等性格特征方面的差异。

2. 性格在言语中的表现

一个人怎样说话，话多还是话少，用什么方式说话，言语的风格如何，言语是否真诚等都可以表现出人不同的性格特征。例如，爱与人交谈的官兵，可能是性格开朗、善于交际，也可能是具有同情心，还可能是自负、妄自尊大；不善于与人交谈的官兵，可能是对自己言谈有较高的责任感，也可能是掩饰自己的思想、情感，还可能是孤僻、怯懦。可见，在言语中，性格表现的意义是多方面的。

3. 性格在外貌上的表现

面部表情、姿态、衣着打扮在一定程度上能反映人的性格特点。面部表情是多种多样的，以笑为例，纵情的笑、辛酸的笑、甜美的笑、含泪的笑、会心的笑、皮笑肉不笑、冷笑、傻笑、嘲笑、苦笑等都可以表现不同的性格特征。

眼睛是心灵的窗户，眼神是了解人不同性格的信号。列夫·托尔斯泰曾描写过 85 种眼神，如狡猾的目光、炯炯有神的目光、明朗的目光、忧郁的目光、无情的目光、冷淡的目光等，而每种眼神都包含着丰富的性格内容。

典型的姿态也能反映出一个人的性格。例如一个人怎样站，怎么走，坐姿如何，经常用什么手势，都会表露出他的性格特征。

人的性格差异往往还可以通过衣着、饰物反映出来。例如性情活泼的女孩一般喜欢色泽鲜艳、线条富于变化的服装；温柔文静的女孩一般喜欢素净淡雅、线条和饰物简单的服装。

四、能力、气质与性格三者的关系

（一）性格与气质

由于性格与气质相互制约、相互影响，因而在实际生活中，人们经常把二者混淆起来，把气质特征说成性格，或把性格特征说成气质。例如，有人常说某人的性格活泼好动，有的人性子太急或太慢，这其实是讲的气质特点。性格与气质是既有区别又有联系的两种不同的个性心理特征。

1．性格与气质的区别

气质更多地受个体高级神经活动类型的制约，主要是先天的；而性格更多地受社会生活条件的制约，主要是后天的。气质是表现在人的情绪和行为活动中的动力特征（即强度、速度等），无好坏之分；而性格是指行为的内容，表现为个体与社会环境的关系，在社会评价上有好坏之分。气质可塑性极小，变化极慢；性格可塑性较大，环境对性格的塑造作用较为明显。同时，从社会评价的角度来看，性格是有好坏之分的。人们总是把正直、诚实、勤劳、勇敢、谦虚、认真等看成是良好的性格特征；而把阴险、狡诈、懒惰、怯懦、骄傲、马虎等看成是不良的性格特征。气质没有好坏之分，在评定人的气质时，不能说什么气质是好的，什么气质是不好的。因为，每一种气质都有其积极的方面和消极的方面。例如，多血质的人情绪丰富、工作能力强、容易适应新的环境，但注意力不稳定，兴趣容易转移。抑郁质的人感情比较细腻、做事审慎小心、观察力敏锐、善于察觉到别人不易察觉的细小事物，但耐受能力差，容易感到疲劳，容易产生慌张失措的情绪。粘液质的人容易养成自制、镇静、安宁、不急躁的品质，但也容易对周围事物冷淡、不够灵活。胆汁质的人精力充沛、态度直率，能以极大的热情投入工作，但易暴躁，在精力殆尽时易失去信心，情绪易转为沮丧。

气质类型相同的人，当然容易形成相同的性格倾向，但也可以形成不同的性格倾向。气质类型不同的人，既易形成不同的性格倾向，也可以形成相同的性格倾向。例如，胆汁质的人，既可以是热情、积极、朝气蓬勃的人，也可以是鲁莽粗暴、不能忍耐、爱发脾气的人。多血质的人，既可以是活泼、亲切而有生气的人，也可以是轻率肤浅而轻举妄动的人。粘液质的人，既可以是恬静、沉着、稳重的人，也可以是懒惰、萎靡不振、对一切事物漠不关心的人。抑郁质的人，既可以是情感深刻而善解人意的人，也可以是孤僻羞怯而郁闷的人。

通常，一个人的气质在童年期表现得比较明显。随着年龄的增长，积累的生活经验日益丰富，人的某种气质特点也就更多为后天获得的个性特征所掩盖。在成人身上，气质和性格往往是有机地交织在一起的，表现为一个人特定的态度体系和行为模式。在日常生活中，往往很难把气质和性格严格区分开来。

2．性格与气质的联系

性格与气质的联系是相当密切而又相当复杂的。相同气质类型的人可能性格特征不同；性格特征相似的人可能气质类型不同。具体地说，二者的联系有以下三种情况。

其一，气质可按自己的动力方式渲染性格，使性格具有独特的色彩。例如，同是勤劳的性格特征，多血质的人表现出精神饱满，精力充沛；黏液质的人会表现出踏实肯干，认真仔细。同是友善的性格特征，胆汁质的人表现为热情豪爽，抑郁质的人表现出温柔。

其二，气质会影响性格形成与发展的速度。当某种气质与性格有较大的一致性时，就有助于性格的形成与发展，相反会有碍于性格的形成与发展。例如，胆汁质的人容易形成勇敢、果断、主动性的性格特征，而黏液质的人就较困难。

其三，性格对气质有重要的调节作用，在一定程度上可掩盖和改造气质，使气质服从于生活实践的要求。例如，战斗员必须具有冷静沉着、机智勇敢等性格特征，在严格的军事训练中，这些性格的形成就会掩盖或改造胆汁质者易冲动、急躁的气质特征。

（二）性格与能力

性格与能力是个性心理特征中的两个不同侧面。能力是决定心理活动的基本因素，活动能否进行与能力有关；性格则表现为人的活动指向什么，采取什么态度，怎样进行。性格与能力是在统一实践过程中发展起来的，二者之间相互影响、相互联系。

性格制约着能力的形成与发展。一方面，性格影响能力的发展水平。研究表明，两个智力水平相当的学生，其中勤奋、自信心强、富于创新精神的学生的能力发展较快，而懒惰、墨守成规的学生的能力就难以达到较高的水平。人对工作的责任感、坚持性以及自信、自制等性格特征，都关系着能力的发展。另一方面，优良的性格特征往往能够补偿能力的某种缺陷，“笨鸟先飞早入林”“勤能补拙”，就是说性格对能力的补偿作用。但不良的性格特征，也会阻碍能力的发展，甚至使能力衰退。

能力的形成与发展也会促使相应性格特征随之发展。例如，某干部在专业人员的培养和具体指导下，大量地阅读文学作品，注意观察周围环境和身边发生的事情，然后练习写作。经过这样长期的活动，不但发展了观察力、想象力和思维能力，久而久之也就形成了主动观察型、广阔想象型、独立思考型等性格的理智特征。

（三）气质、性格与能力

气质、性格与能力是个性心理特征的三个重要方面，其中，气质与性格的关系尤为密切。气质与性格二者有着相互渗透、彼此制约的复杂关系。气质的生理基础根据巴甫洛夫学派观点，就是人与高等动物中共有的高级神经活动类型；而性格则是高级神经活动类型或气质的先天特点与神经系统在外界环境作用下，后天形成暂时的联系系统或动力定型的“合金”。正如巴甫洛夫曾指出的那样：“一个人一面有着先天的品质，另一面也有着为生活情况所养成的品质，这是很显然的。这就是说，如果说到那些先天的品质时，就是指神经系统类型而言，如果说到性格的话，那就是指那些先天的倾向……与那些在生活期间受生活印象的影响所养成的东西之间的混合物了。”所以在性格的表现上，就不可避免地要涂上各种气质的色彩，也就是气质影响着性格的动力特征。

【思考与练习题】

1．什么是气质，四种气质类型的典型特征有哪些？
2．如何科学地对待自己的气质？
3．什么是性格，性格与气质的关系如何？
4．影响性格形成的因素有哪些？
5．分析自己性格的优缺点并采取有效策略予以完善。

第二篇 心理健康

第四章 消防官兵的心理健康

心理健康是一种持续的积极发展的心理状况，它不仅仅指没有心理疾病。心理健康状态下，主体不但能良好地适应生活，还能积极愉快地发挥身心潜能，并以此推动自身的成长。作为高度集中统一的战斗集体中的成员，消防部队中每一名官兵的心理健康状况对于部队内部凝聚力的提升和战斗力的发挥都起着至关重要的作用。因而，做好官兵的心理健康教育和心理训练，提高其心理健康水平，已经成为现代消防部队建设的一项重要任务。

第一节　心理健康概述

【学习目标】

1. 了解重视消防官兵心理健康维护的意义。
2. 掌握心理健康的含义和心理健康的标准。

健康是人快乐、幸福和成功的前提和基础。每个人都渴望健康，这是每个人一生都在追求的目标。健康是人生第一财富，只有身体健康，生活才能小康。关于健康内涵的认识，随着社会的发展以及人类自身认识的深化，发生着巨大的变迁。那种认为只要身体没有疾病就等于健康的观念，正在被新型的立体健康观念所代替。

一、健康概述

1948 年 4 月 7 日，世界卫生组织（World Health Organization，WHO）宣告成立，它的宗旨是使全世界人民获得尽可能高水平的健康。当时，世界卫生组织对“健康”作出的定义是：“健康，是一种在身体上、心理上和社会上的完美状态，而不仅仅指没有疾病或虚弱。”其后，世界卫生组织又进一步将“健康”界定为：“健康，不仅仅指躯体没有疾病，它的内涵还包括心理健康、社会适应良好和有道德。”

随着时代的变迁、社会的进步和人类思想观念的更新，人们对健康的理解呈现出广泛性、发展性以及多元化的特点。人们认为，现代人所谋求的是整体意义上的“健康”，它既包括躯体健康，也包括心理健康、社会健康、智力健康、道德健康、环境健康等多个方面的内容。

世界卫生组织（1978 年）指出，“一个健康的人，他（她）应当精力充沛，能够从容不迫地应付生活和工作”，具体地来说，包括十项标准（见表 4-1）。

表 4-1　衡量健康的十项标准

（1）处世乐观，态度积极，乐于承担任务，不挑剔
（2）良好的作息习惯，睡眠正常
（3）应变能力强，能适应环境的变化
（4）对一般的感冒和传染病有一定的抵抗力
（5）体重适当，体态均匀，身体各部位的比例协调
（6）眼睛明亮，反应敏锐，眼睑无发炎
（7）牙齿洁白，无缺损，无疼痛感，牙龈正常，无蛀牙
（8）头发光洁，无头屑
（9）肌肤有光泽，弹性良好，走路轻松，有活力
（10）足趾活动性好，足弓弹性好，肌肉平衡能力好，脚不疼痛，没有拇指外翻的情况

二、心理健康概述

（一）心理健康的定义

1929年，美国举行第三次儿童健康与保护会议，会上达成了对“心理健康”含义的共识，即“心理健康是指个人在其适应过程中能发挥其最高的智能，从而获得满足、感觉愉悦的心理状态，同时，在其社会中能谨慎其行为，敢于面对现实人生的能力”。

心理学家英格里希（H. B. English）认为，“心理健康是一种持续的心理状态，当事人在那种状态下能作出良好的适应，具有生命的活力，且能充分发展其身心潜能，这是一种积极的丰富的情况，而不仅是免于心理疾病。”

社会工作者波孟（W. W. Boehm）认为，“心理健康就是合乎某一水准的社会行为，一方面能为社会所接受，另一方面能为本身带来快乐。”

国内学者陈家麟认为，“心理健康是指旨在充分发挥个体潜能的内部心理协调与外部行为适应相统一的良好状态”。

樊富珉认为，“心理健康可以从广义与狭义的角度去理解。从广义上讲，心理健康是指一种高效而满意的、持续的心理状态，在这种状态下，人能作出良好的反应，具有生命的活力，而且能充分发挥其身心潜能；从狭义上讲，心理健康是指人的心理活动的基本过程内容完整，协调一致，即认识、感情、意志、人格、行为完整和协调，能适应社会。”

综合各心理学家的观点，本书认为，所谓心理健康，是指个体在适应环境的过程中，生理、心理和社会性等方面达到了协调一致，保持着一种良好的心理功能状态。

（二）心理健康的标准

对于心理健康评价，有没有一个统一的、具体的标准呢？这是一个比较复杂的问题。当人的躯体出现了疾病症状，可以通过测量体温、脉搏、血压或检查肝功能、心血管功能等途径来科学地判定其是否存在躯体健康问题，而对心理健康的评估则显得困难许多。迄今为止，人们所了解、掌握的心理现象及其规律还十分有限，尚有许多领域处于未知或知之不多的阶段。此外，一个人或者一个群体的心理健康状况如何，还会受到其社会文化背景、区域特征、民族特点、经济水平、意识形态以及学术思想、认知体系、价值观念等的影响。因此，时至今日，还没有得出一个能够被世界各国、各地区、各民族所共同认可的心理健康评价标准。对于人类心理健康的科学评价标准，诸多心理学流派和心理学专家从不同层面开展了大量的研究，其中，以下三类评价标准得到了国内外心理学界的广泛认同。

1．马斯洛和米特尔曼的心理健康标准

美国心理学家马斯洛（Maslow）和米特尔曼（Mittleman）提出的心理健康标准曾被人们认为是“最经典的标准”，它包括以下十个方面的内容。

（1）充分的安全感。安全感是人的基本需要之一，它涉及人们生活的方方面面，例如自然环境、社会环境、家庭结构、人际关系等等。当人们遭遇挫折性事件（如亲人离世、解除婚姻关系、失恋等）时，就有可能导致安全感的缺失，并由此引发心理健康问题的出现。

（2）充分了解自己，并对自己的能力作适当的估价。能否对自己以及自身的能力作出客

观正确的判断，对自身的心理状况会产生很大的影响。如果过高地估计自己的能力，勉强去做超越了自己能力的事情，常常会得不到想象中预期的结果，而使自己遭受失败的打击；如果过低地估计自己的能力，自我评价过低，会导致自信心不足，有时还会诱发抑郁情绪。

（3）生活目标切合实际。生活的目的要合理，无论在什么样的工作岗位或生活环境下，都要树立积极、合理又符合实际的生活目标。

（4）与现实环境保持接触。一个心理健康的人，能够面对现实，接受现实；可以做到去能动地适应现实进而改造现实，而不是选择逃避现实；能客观地认识和评价周围的事物与环境，并能与现实环境保持良好的接触；怀有“高”于现实、“远”于现实的理想，不会沉湎于不切实际的幻想与奢望。心理不健康的人往往会用幻想来代替现实，没有足够的勇气去接受现实的挑战；总是抱怨自己“生不逢时”，责怪社会环境对自己不公而怨天尤人，无法认识和适应现实环境。

（5）能保持人格的完整与和谐。心理健康的人，其人格结构所涵盖的气质、能力、性格和理想、信念、动机、兴趣、人生观等各个方面能实现平衡地发展。他们思考问题的方式是适中且合理的，待人接物常常采取恰当灵活的态度，对外界刺激不会出现极其偏激的情绪或行为反应，能够与社会发展的步调保持一致，并与身处的集体积极地融为一体。

（6）具有从经验中学习的能力。现代社会知识更新的速度非常快，为了适应社会发展，实现个人抱负，人们必须不断学习和汲取新知识、新技术以及新视点。心理健康状态下，人能理性地思考、总结过去的经验和教训，重拾信心与热情，积极、乐观地工作和生活。

（7）能保持良好的人际关系。人际交往活动能反映出个体的心理健康状况，和谐的人际关系是衡量心理健康的重要标准之一。人际交往中，和谐的人际关系一般具有以下特点：心理相容，互相接纳、尊重，而不会互相排斥或贬低；对他人情感真挚、善良，而不会冷漠无情、伤害别人；懂得奉献，以集体利益为重，而不会损人利己。

（8）适度的情绪表达与控制。心理健康还包括一个重要的方面——善于协调、控制自己的情绪和情感。当感受到不愉快的情绪时，适度地释放或宣泄是绝对必要的，但不能发泄过分，否则，既可能影响自己的生活，又可能使原有的人际关系冲突进一步加剧。

（9）在不违背社会规范的条件下，对个人的基本需要给予恰当的满足。当个人的需求得到了一定程度的满足时，会产生愉快感和幸福感。但“满足”的前提很重要，即必须在法律与道德的规范下来实现个人需求的满足。

（10）在不违背集体利益的前提下，能实现有限的个性发挥。

2．郭念峰的心理健康标准

（1）心理活动强度。指对于精神刺激的抵抗能力。

（2）心理活动耐受力。指长期经受精神刺激的能力。

（3）周期节律性。人的心理活动在形式和效率上都有着自己内在的节律性。如果一个人心理活动的固有节律经常处于紊乱状态，他的心理健康水平下降的可能性会比较大。

（4）意识水平。思想不能集中的程度越高，心理健康水平就越低，由此还可能造成其他方面的影响，例如记忆水平的持续下降。

（5）暗示性。易受暗示的人，有时会表现为意志力薄弱。

（6）康复能力。从创伤性刺激中恢复到往常水平的能力，称为心理康复能力。康复水平较高的人恢复得较快，每当再次回忆起这次创伤时，他们会表现得较为平静，原有的情绪色彩也很平淡。

（7）心理自控力。当一个人的身心健康水平较高时，他的心理活动会十分自如，情感的表达也恰如其分，辞令通畅，仪态大方，不过分拘谨，不过分随便。

（8）自信心。盲目的自信，是对自己估计过高；盲目的不自信是对自己的估计过低。前者容易产生失落感或抑郁情绪；后者则更易产生焦虑不安的情绪。

（9）社会交往。人类的精神活动之所以能够产生和维持，重要的支柱就是充分的社会交往。社会交往的剥夺，会导致精神崩溃，出现种种异常心理。人处在抑郁状态下，社会交往受阻的情形很常见。

（10）环境适应能力。当生活环境条件突然变化时，一个人能否很快地采取各种办法去适应，也能反映出他的心理健康水平。

3．王登峰的心理健康标准

（1）了解自我、悦纳自我。一个心理健康的人能体验到自己的存在价值，既能了解自己，又能接受自己；具有自知之明，即对自己的能力、性格、情绪和优缺点能做出恰当、客观的评价，对自己不会提出苛刻的非分的期望与要求；对自己生活日标和理想的定位也能切合实际，因而对自己总是满意的；努力发展自身的潜能、即使面对自己无法补救的缺陷，也能安然处之。一个心理不健康的人则缺乏自知之明，并且总对自己不满意；由于确定的目标和理想不切实际，主观和客观的距离相差太远而总是自责、自卑；总是要求自己十全十美，而自己却又总是无法做得完美无缺，于是就总是和自己过不去，使自己的心理状态永远无法平衡。

（2）接受他人，善与人处。心理健康的人乐于与人交往，不仅能接受自我、也能接受他人，悦纳他人，能认可别人存在的价值。他能为他人所理解，为他人和集体所接受，能与他人相互沟通和交往，人际关系协调和谐，在集体中能融为一体，乐群性强，既能在与挚友间相聚之时共欢乐，也能在独处沉思之时而无孤独之感。与人相处时，积极的态度（如同情、友善、信任、尊敬等）总是多于消极的态度（如猜疑、嫉妒、敌视等），因而在社会生活中具有较强的适应能力和较充足的安全感。一个心理不健康的人，总是自别于集体，与周围的环境和人们格格不入。

（3）热爱生活，乐于工作和学习。心理健康的人珍惜和热爱生活，积极投身于生活，在生活中尽情享受人生的乐趣。他们在工作中尽可能地发挥自己的个性和聪明才智，并从工作的成果中获得满足和激励，把工作看做是乐趣而不是负担。他能把工作中积累的各种有用的信息、知识和技能储存起来，便于提取使用，以解决可能遇到的新问题，能够克服各种困难，使自己的行为更有效率，工作更有成效。

（4）能够面对现实、接受现实，并能够主动地去适应现实，进一步地改造现实，而不是逃避现实。心理健康的人对自己的能力有充分的信心，对生活、学习、工作中的各种困难和挑战都能妥善处理。心理不健康的人往往以幻想代替现实，不敢面对现实，没有足够的勇气去接受现实的挑战，总是抱怨自己“生不逢时”“怀才不遇”，或者责备社会环境对自己不公而怨天尤人，因而无法适应现实环境。

（5）能协调与控制情绪，心境良好。心理健康的人愉快、乐观、开朗、满意等积极情绪状态总是占据优势的，虽然也会有悲、忧、愁、怒等消极的情绪体验，但一般不会太长久。

他能适当地表达和控制自己的情绪，喜不狂、忧不绝、胜不骄、败不馁、谦逊不卑、自尊自重；在社会交往中既不妄自尊大也不畏缩恐惧；对于无法得到的东西不过于贪求，对于自己得到的一切感到满意，心情总是开朗的、乐观的。

（6）人格和谐完整。心理健康的人，思考问题的方式是适中、合理的，待人接物能采取恰当灵活的态度，对外界刺激不会出现偏颇的情绪和行为反应，能与集体融为一体。

（7）智力正常。智力是心理健康的重要标准，是人的观察力、记忆力、想象力、思考力和操作能力的综合。一个人如果智力低下，不能算是心理健康。

（8）心理行为符合年龄特征。在人的生命发展的不同年龄阶段，都有对应的不同的心理行为表现，从而形成了不同年龄阶段独特的心理行为模式。心理健康的人应具有与同年龄段大多数人相符合的心理行为特征。如果一个人的心理行为经常严重偏离自己的年龄特征，其心理健康水平值得关注。

三、重视消防官兵心理健康维护的意义

消防官兵了解和掌握一定的心理健康知识，拥有关注自身和他人心理健康的意识，不论对于其日常业务活动的开展和遂行任务的完成，还是其身心健康的维护与个人成才，都具有极其深远的意义。目前，消防部队所应对的火灾与其他灾害的形势越来越严峻，对消防官兵应当具备的心理素质提出了更高的要求。

（一）重视消防官兵的心理健康维护，才能确保部队日常军事活动的开展和遂行任务的成功

消防官兵心理健康水平的高低直接影响着他们“平时”学习训练成绩的提高与生活质量的提升，也会影响“战时”部队战斗力的充分发挥。现代社会中，各种应急救援和灭火战斗任务明显加重，火灾、事故造成大批人员伤亡，这样的情况对消防官兵的心理健康有极其严重的冲击和影响，有时会使他们产生强烈的恐惧情绪。突发的任务和复杂的情境容易使官兵处于强烈而持久的紧张状态，导致他们出现各种不良的心理反应。由于消防官兵承受着高强度的心理负荷，因此，关注他们的心理健康维护非常重要。

（二）重视消防官兵的心理健康维护，才能预防官兵精神疾病、心身疾病以及事故案件

精神疾病的发生与人的心理健康水平密切相关。社会多变、环境迁移以及任务复杂等因素使消防官兵随时都面临着来自各个方面的心理应激。重视他们的心理健康问题，可以帮助他们更好地处理各种矛盾，提高其心理承受能力，拥有足够的心理准备应对挫折，并积极采取有效的措施，预防精神疾病的发生。

心身疾病是指心理因素在病症的起因中占据重要地位的病症，如冠心病、高血压、溃疡、某些肿瘤疾病等等。情绪不稳定，易大喜大怒，过于争强好胜，长时间的焦虑不安，不易满足等心理特点都很容易导致心身疾病的产生。重视心理健康问题，可以使人有效地抵御各种消极诱因的作用，矫正不良的心理和行为反应，有效地预防心身病症的发生。

近年来部队频发的各类事故案件中，有许多起都与当事者的心理健康状况有关。心理健康

水平较低的官兵，很容易产生无法控制的愤怒情绪，以至于控制不住自己，出现严重的越轨行为。从消防部队安全工作的角度来说，提高官兵的心理健康水平可以有效预防事故案件的发生。

（三）重视消防院校学员的心理健康维护，才能提升教育质量和帮助学员顺利成才

健康的院校氛围和良好的个人心理健康状况是消防院校学员接受思想政治教育、掌握科学文化知识的前提，是在军校就读期间能够正常学习、交往、生活以及发展的基本保证。如果一个人经常地、过度地处于焦虑、郁闷、孤僻、自卑、犹豫、暴躁、怨恨、猜忌等不良心理状态中，是不可能充分发挥其个人潜能、取得成就，并实现人生抱负的。

院校学员目前所承担的学习任务和未来承担的社会责任与职业使命都相当艰巨，所面临的任务类型也比较复杂，因此，是否拥有过硬的心理素质和稳定的心理健康水平是他们克服困难、不断拼搏的“硬件”。当前，消防部队日新月异的发展使基层部队对人才素质的期待值较高，要成为复合型基层指挥“人才”，应具备过硬的知识技能和良好的心理素养。作为培养和塑造消防人才的摇篮，院校教育必须普及心理健康知识，深化院校学员的心理健康意识，努力提高学员的心理健康水平。

【思考与练习题】

1．简述衡量健康的十项标准。

2．什么是心理健康？简述马斯洛和米特尔曼提出的心理健康标准。

3．简述重视消防官兵心理健康维护的意义。

第二节　心理健康水平的评定

【学习目标】

1．了解异常心理的评定标准。

2．熟悉心理健康水平的三种状态和判定心理健康的三项指标。

3．掌握军人心理健康状况的评定标准。

人的心理怎样才算是健康的？正常心理与异常心理的差别在哪里？可以参照哪些标准去对它们进行衡量或判别？这些都是消防官兵在学习心理学知识和开展具体心理工作的过程中，迫切需要了解的实际问题。

一、心理健康水平的三种状态

按照心理“健康”的程度，可以将心理健康水平划分为以下三种状态。

（一）正常状态

正常状态即人们常说的“常态”，指个体的心理没有受到较大困扰时的心理状态。此时，个体的心境比较平稳，个体所表现出的常态行为与其价值观、道德水平和人格特征相一致，

具体表现包括心情常常很愉快，适应能力强，善于与别人相处，能够较好地完成同龄人发展水平应可以完成的活动，具有调节情绪的能力等等。这种状态下，个体的心理健康水平较高，心理健康状况良好。

（二）不平衡状态

不平衡状态即人们常说的“偏态”，指个体的心理处于焦虑、恐惧、压抑、担忧、矛盾、应激等状态。个体会运用心理防御机制来进行调节，如果无效，需要他人来加以疏导，帮助个体恢复到正常状态。具体表现包括不具有该年龄应有的愉快，与他人相处时略显困难，生活自理有些吃力等等。这种状态下，个体容易出现心理问题。

（三）不健康状态

不健康状态即人们常说的“变态”，包括神经症、人格障碍、性变态、精神病性障碍等，需要医疗部门进行心理治疗和药物治疗。具体表现包括严重的适应失调，不能维持正常的生活和工作等等。这种状态下，个体可能会出现心理疾病。

从“心理健康”到“心理疾病”，并不是突变的，其间要经历一个链锁的、渐进的发展过程：最健康→健康→较健康→心理缺陷→较轻的心理疾病→严重的心理疾病。在这个过程中，还存在着许多过渡状态。个体在每一个发展阶段所表现出来的情绪失衡、行为变化等情况，还可能会与它之前或者之后的其他阶段出现一些重叠，例如，处于不平衡心理状态（偏态）的个体，也可能出现不健康状态（变态）下的“适应失调”等症状。

这里还需要强调一个问题：对于心理健康状态的科学评定，严格依照相关的判别标准是基础，但要注意克服评定过程中的简单化、割裂化、孤立化以及片面化的倾向。换句话说，要怀着严肃的科学精神来审视和评定人们的心理健康状态，而决不能仅凭一时或一事的表现就武断地得出结论。

二、评定心理健康的三项指标

1988 年，许又新教授提出了具体评估心理健康时运用的三项指标。

1．“体验”的指标

指一个人的主观体验和内心世界的状况。主要包括是否有良好的心情、恰当的自我评价等等。

2．“操作”的指标

指通过观察、实验或测验等方法来考察一个人心理活动的过程和效应，其核心是效率。主要包括个人心理活动的效率、个人的社会效率、社会功能等等。

3．“发展”的指标

指对人的心理发展状况进行纵向的考量与分析。

许又新认为，对人们的心理健康状况进行科学评估时，不能仅仅只运用其中的某一项指标，而要把这三项指标都联系起来综合地加以运用，以此实现考察与衡量的客观性和科学性。

三、异常心理的评定标准

让我们来看看下面的事例:

① 在街上见面时，一位男性与另一位男性相互亲吻。

② 一位女性低着头，在低声自语。

③ 一位青年在用力砸碎一座塑像。

④ 一位女孩连续多日拒绝进食。

⑤ 一位中年男性披头散发、手舞足蹈地大声叫喊。

请问，上述事例中哪一项或者哪几项属于异常的心理或行为表现？

怎样得出了这些结论？

在心理学领域中，专门研究异常心理的学科称为异常心理学（Abnormal Psychology，亦称病理心理学或变态心理学）。它是医学心理学中一个重要的基础性分支学科，主要研究人们出现的异常心理活动或病态行为，具体内容包括病理心理与行为发生、发展及其变化的原因、规律与机制等等。消防官兵掌握一定的异常心理学常识，对于深入理解心理学知识、科学鉴别与处置基层部队官兵中存在的异常心理问题、深化经常性思想政治工作的实效以及有效预防事故案件的发生，具有特殊的意义。

根据中华医学会对精神病学的分类，异常心理分为器质性精神障碍、精神活性物质障碍、精神分裂症及其他精神病性障碍、心境障碍、癔症、应激相关障碍、神经症、心理因素相关生理障碍、人格障碍、习惯与冲动控制障碍、性心理障碍、精神发育迟滞与童年和青少年心理发育障碍、童年和少年多动障碍、品行障碍、情绪障碍等十五种类型。生活中出现了异常心理的个体，常常会有焦虑心理、歇斯底里、强迫倾向、疑病倾向、幻觉、自言自语等表现。

对人们的异常心理进行评定时，由于各个国家、地区之间存在着巨大的社会文化差异，所以很难制定出一个统一的标准。在我国，心理学家和精神病学家最常使用的标准主要包括以下四类。

（一）经验标准

经验标准指评定者凭借自己的临床经验和人们对心理障碍的日常经验以及求助者的主诉去判断他人的心理活动正常与否。

不可否认，这种方法的主观性很大，在很大程度上会受到医务人员和研究者体验、经验的影响，因此，经验标准的运用需要丰富的临床经验。通过专业知识的学习和临床实践的辅助，评定者能够形成大致清晰的判断标准，并能判别出求助者心理异常与否及其实际发展的程度。

值得引起注意的是，求助者或心理障碍者本人的主观经验常常是一个具有参考价值的指标。当他们感到忧郁、不愉快，或不能控制自己的某种情绪或行为时，能主动寻找心理评定人员的帮助，或在心理评定人员的帮助下了解到自己确实存在问题，尚属于心理障碍者，也就是说，求助者在主观上有“自知之明”。还有一种情况，求助者已经失去了正常的生活能力，却坚决否认自己“不正常”，这种主观经验缺失的例外情形经常发生在存在严重心理障碍的人身上。

（二）统计学标准

统计学标准来源于对人们存在的各种心理特性进行的心理测量。心理测量结果通常是呈正态分布的（见图 4-1），处于平均数正负两个标准差区间的人数约占总人数的 95%，通常来说，将这 95%的人群定义为正常，而把远离平均数的两端视为异常。

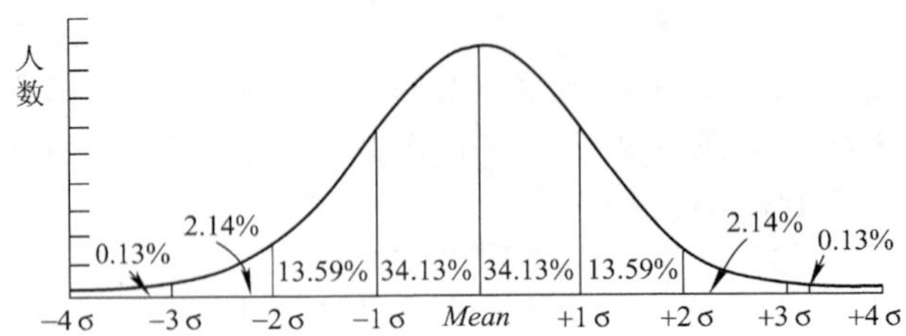

图 4-1　心理测量（智力测验）的正态分布示例

简言之，判别一个人的心理是正常还是异常时，可以考虑运用其心理特征偏离群体平均值的程度作为判断的依据。但是，统计学标准也存在一定的缺陷，例如，具体的统计结果往往只反映了当前的心理波动状况，而无法显示出以往的心理健康水平。所以，运用统计学标准时要兼顾其他因素的影响，尤其是社会文化、社会常模以及社会适应情况对人的心理健康状况造成的影响。

（三）社会适应标准

与其他几种标准相比较，社会适应标准是运用得最频繁的标准。社会适应标准用“社会准则”来衡量人的心理活动是否与其社会环境相适应，大多数情况下，它通过个体对社会、集体、人际关系以及自我的态度与其习惯的行为方式来观察个体的心理健康状况。

实践中，这个标准简单有效，因此很多专业人员非常推崇这个方法的应用。但要注意各个不同的领域对“适应”的界定，例如，大多数教师认为，儿童的“适应不良”主要会表现出偷窃、手淫、逃学、欺骗、鲁莽等特点；心理学家则认为退缩、孤独、怀疑、抑郁等是儿童“适应不良”的典型行为。

（四）医学标准

医学标准也称症状标准、病因学标准。医学标准来源于医学诊断方法。它是指运用“病因与症状是否存在”来判断人的心理健康水平。对于因器质性病变而引起的心理异常，使用这一标准进行判断是有效的。但难点在于，大部分心理障碍可能没有明显的器质性变化，至少在目前还很难找到脑部病变或其他器质性原因。

四、军人心理健康状况的评定标准

总的来说，判别军人心理是否健康的标准与普通人群并没有太大的差异，但显著的职业特点和遂行任务的具体要求使军人的心理健康评定标准具有一定的特殊性（见表 4-2）。

表 4-2 军人心理健康的标准

（1）智力中等或中等以上，能保持高效的工作状态
（2）能适应军事生活，对军事事件有良好的应变能力
（3）人格健全，积极向上，精力充沛，心胸开阔，热爱军事集体
（4）有正确的人生观和价值观，乐于奉献
（5）意志坚定，毅力持久，行为果断，有较好的自制能力和自控能力
（6）情绪稳定，乐观开朗，具有一定的应对应激的能力
（7）充分了解自己，有自尊心，奋斗目标切合部队实际
（8）乐于交往，善于合作，能够保持和发展融洽的战友情谊

当实际评定一个人的心理健康水平时应注意如下几个问题。

1．“绝对健康者”不多

现实生活中，一个人只要基本符合了上述心理健康的特征就可以被认为是心理健康者。如果要在世界上找到完美无缺的、符合上述各类标准中全部内容和条件的人是不多的，正如要在世界上找出一个毫无躯体疾病的“绝对健康者”非常困难一样。一方面，评定心理健康的标准给人们提供了相对的、可供比较的概念；另一方面，它给人们指出了提高心理健康水平的可操作、可努力的方向，每一个人只要在现有的基础上作出努力，都可以使自己的心理健康水平向更高层次跃升。

2．“健康”不是一成不变的状态

一名罹患心理疾病的患者，如果病好了，就认为他恢复了心理健康；而没有罹患心理疾病的人，经过自我修养的提升也可以生活得更加快乐、更加健康。

3．“心理不健康”不等同于“有不健康的心理和行为表现”

心理不健康指的是一种较持久的不良状态，心理健康者偶尔也会出现一些不健康的心理和行为，例如自卑、不自信、嫉妒……，但是他能够较快地调整和恢复到健康状态上来。

4.“心理健康”与“心理不健康”不是泾渭分明的对立面

心理存在缺陷者的发展和变化取决于个人的心理防卫功能、接受心理健康教育程度和自我心理保健水平，一定条件下心理健康与心理不健康可以实现转化。

【思考与练习题】

1．简述心理健康水平的三种状态。
2．简述许又新提出的评定心理健康的三项指标。
3．简述评定异常心理时运用的四类标准的涵义及其局限性。
4．简述评定军人心理健康状况的八项标准。
5．论述评定心理健康水平时应注意的问题。

第三节　消防官兵的心理健康调适

【学习目标】

1. 了解消防官兵常见的心理健康问题。
2. 掌握消防官兵进行心理健康调适应当把握的重点问题。

随着社会的发展、时代的进步和知识信息共享空间的扩大，越来越多的人在主动了解心理学知识、关注心理健康问题，心理健康的神秘面纱正在被一层层地揭开。很大程度上，人们不再排斥或者否定心理健康问题的存在，对心理健康问题的积极关注已经成为社会文明的指征之一。

社会中的各类群体由于生活环境不同，所面临的压力情境也有极大的差别，由此，他们所感受到的或者出现的心理健康问题也就千差万别。当前，部队官兵压力大、应激困境多、心理问题爆发频率高已经成为了部队推进思想政治工作和心理工作的难点问题之一。

一、消防官兵常见的心理健康问题

消防官兵常见的心理健康问题主要表现在以下几个方面。

（一）心理成熟的程度滞后于生理成熟

按照健康发展规律，生理成熟与心理成熟和谐共生。但据研究分析，青年消防官兵存在生理发育成熟超前，而心理成熟度却相对滞后的特点。部队服役初期，其道德观、价值观、人生观尚未形成，其生活能力、自控能力以及人际交往能力有待加强。随着服役期的增长，源于这种不平衡而产生的心理冲突会不断加剧，一旦缺乏有效的应对策略，通常表现离群索居、行为乖张，情绪表现郁郁寡欢、易怒、烦躁、人际冲突频发等现象。

（二）现实的心理压力过强而自身的心理承受能力较弱

对于军人而言，良好的心理承受能力是重要的履职能力之一。消防职业所具有的特殊性要求一名合格的战斗员不仅要拥有良好的身体适应能力，还需具备较强的心理承受能力。每一名官兵，自入伍开始，学技术、考学、入党、立功、转改士官等现实问题接踵而至，到了服役的中后期还会面临恋爱、婚姻、家庭等问题，如果自身的心理承受力较弱，就容易被困扰，容易产生烦躁、悲观等不良情绪，这些失衡状态不仅仅对官兵的身心健康极为不利，对部队战斗力的形成和提高也会有很大的消极影响。

（三）交往需求强烈而活动极其有限

军队不同于地方，军人不同于老百姓，军队是一个高度集中，组织严密的集体。消防官兵处在人生的活跃期、事业的发展期，主观上希望广交朋友，扩大自己的交往圈，但是在相对封闭的军营里，官兵们渴望与社会成员交往的愿望无法完全实现。

（四）期望值过高而挫折承受能力不足

目前，青年官兵的入伍动机五花八门，功利色彩也越来越浓厚。由于部分官兵的目的性过强，期望值过高，加之应对困难和挫折的思想准备不足，对自己、对战友、对领导、对单位的要求过于急切，在部队容易受挫，一旦受挫，他们就手足无措，万念俱灰，从而产生强烈的失落感。

（五）智力发展较快而个性发展不够完善

客观地说，当代消防官兵的文化素质较以前有普遍提高，整体的智力水平发展也比较快，但是在智力发展的同时，个性的发展却不完善，会出现性格急躁、缺乏自信、一味埋怨社会和他人、缺乏主动思考能力等种种表现。

二、消防官兵的心理健康调适

新时代的消防官兵应当学习一定的心理学知识，结合自身实际，掌握科学有效的心理调适和心理疏导的方法，加强心理卫生教育，这样既有利于提高自身的心理健康水平，促进个人的全面协调发展，也有利于提高自身的人文修养和人际交往水平，以健康合理的方式服务人民，造福社会。

（一）认知方面的调适

所谓认知调适，就是使人了解焦虑和痛苦感的来源，通过重新演释引发焦虑和痛苦的条件来有效缓和自己遭受的威胁感。

1．树立“知足常乐，正确理解自身幸福，活在希望之中”的调适理念

学会调节认知的关键就在于改变评价。要想方设法地用正确的观念来反驳自己不合理的观念，继而进行逻辑推理，最终产生积极的调节效果。

改变认知的同时，还要注意理解幸福的相对性。幸福没有统一的衡量标准，每个人对幸福的认识和体验幸福的感觉也是不一样的。人要抱着希望才能活得好，才能让生活更美好、更健康、更有活力。

2．学习正确地认识自我

斯芬克斯之谜

斯芬克斯是希腊神话中一个长着狮子躯干、女人头面的有翼怪兽，它常常坐在忒拜城附近的悬崖上，给过路的人出一个谜语：“什么东西早晨用四条腿走路，中午用两条腿走路，晚上用三条腿走路？”如果过路的人回答不出来就会被吃掉。后来，俄狄浦斯猜中了谜底——“人”，斯芬克斯羞惭地跳崖而死。

人对自己的认识并不是一种抽象的概念，它本身就带有一种情感和态度，伴有自我评价的因素。俗话说“不识庐山真面目，只缘身在此山中”，因此，能接纳自己的缺点，看到自己的优点，客观地评价自己，是非常难做到的。一个心理健康的人能够体验到自己存在的价值，既能了解自己又能接受自己，有自知之明，即：对自己的能力、性格和优缺点都能做出

恰当的、客观的评价；对自己不会提出苛刻的、非分的期望与要求；对自己的生活目标和理想也能制定得切合实际，因而对自己总是满意的；同时，努力发展自身的潜能，即使对自己无法补救的缺陷，也能安然处之。

3．重视精神内守，常保心灵充实、和谐

应该学会对自己的意识、思维活动及心理状态进行有意识地自我锻炼，提高自我控制与自我调节的能力，并使之与机体、环境保持协调平衡而不紊乱。精神的安定对人体健康有重要作用，因此，应重视精神调节，要积极地进行情绪调节，做到喜怒有节，作息有常，修习气功、打太极拳、参禅悟道、阅读等都是有效的方法。

4．遵守弹性的生活原则，警惕无谓地将痛苦放大

一个鸡蛋

从前，有位农妇不小心打破了一个鸡蛋。这本是一件再平常不过的事，但这位农妇却沿着这样的思路往下想：一个鸡蛋，经孵化后就可以变成一只小鸡，小鸡长大后又成了母鸡，母鸡又可下很多蛋，蛋又可孵化出很多母鸡。最后，农妇大叫一声：“天哪！我失去了一个养鸡场。”可以想象，农妇将会一直痛苦下去。

为了实现人与社会、环境的和谐，作为社会主体的人，应该有一个弹性的生活原则，即因地制宜，因人制宜，弹性地运用时间和环境。实际生活中，许多人总觉得活得很累，总有无限的痛苦，此时应该学会放下，把一些无谓的痛苦扔掉，快乐才有了更大的空间。人生中挫折与失误时常有之，遭遇了挫折与失误，不应该一味地放大痛苦，让其充塞心灵，而应该学会调适心弦，坦然面对，才能获得快乐的人生。

5．具有宽泛的价值观，对人对事有适度的期待

痛苦和盐

印度有一个师傅对于徒弟不停地抱怨这抱怨那感到非常厌烦，于是，有一天早上派徒弟去取一些盐回来。当徒弟很不情愿地把盐取回来后，师傅让徒弟把盐倒进水杯里喝下去，然后问他味道如何。徒弟吐了出来，说：“很苦。”师傅笑着让徒弟带着一些盐和自己一起去湖边。他们一路上没有说话。来到湖边后，师傅让徒弟把盐撒进湖水里，然后对徒弟说：“现在你喝点湖水。”徒弟喝了口湖水。师傅问：“有什么味道？”徒弟回答：“很清凉。”师傅问：“尝到咸味了吗？”徒弟说：“没有。”然后，师傅坐在这个总爱怨天尤人的徒弟身边，握着他的手说：“人生的苦痛如同这些盐有一定数量，既不会多也不会少。我们承受痛苦的容积的大小决定痛苦的程度。所以当你感到痛苦的时候，就把你承受的容积放大些，不是一杯水，而是一个湖。”

在多元的社会下，价值观的取向也应该多元化。尽人事，听天命。人在世上，不要总是在乎别人的眼光。竞争的时候，争取赢，准备输。对自己不苛求，对他人也不要期望过高。人给自己或他人制定的目标应该是恰当的，通过努力是能够实现的，而不能仅仅凭借良好的愿望和热情，盲目地确立一些脱离实际的目标，更不能盲目地参与不切实际的竞争，应该把目标和要求定在自己能力范围之内，懂得欣赏自己已取得的成就，否则很容易产生挫败感。

6．专注于脱离困境的方法

井底的驴

一天，一个农民的驴掉到了枯井里。那只可怜的驴在井里凄惨地叫了好几个钟头，农民在井口急得团团转，就是没办法把它救起来。最后，他断然认定：驴已经老了，这口枯井也该填起来了，不值得花这么大的精力去救驴。农民把所有的邻居都请来帮他填井。大家抓起铁锹，开始往井里填土。驴很快就意识到发生了什么事，起初，它只是在井里恐慌地大声哭叫。不一会儿，令大家都很不解的是，它居然安静下来。几锹土过后，农民终于忍不住朝井下看，眼前的情景让他惊呆了。每一铲砸到驴背上的土，它都作了出人意料的处理：迅速地抖落下去，然后狠狠地用脚踩紧。就这样，没过多久，驴竟把自己升到了井口。它纵身跳了出来，快步跑开了。在场的每一个人都惊诧不已。

在现实中，当你受到挫折时，应该暂时将烦恼放下，去做你喜欢做的事，待心境平和后，再重新面对自己的难题，思考解决的办法。不要一味地沉浸在痛苦之中不能自拔。

7．随着时代的变化更新观念

当今社会是知识经济时代，学习的重要性对每个人来说都不言而喻。古人云：“非学无以广才，非志无以成学。”要多读书、多学习。学习是增强知识，更新观念，提升心理承受能力的重要手段，也是能够保持不与社会脱节的有效途径。

（二）行为方面的调适

1．健康饮食，发展兴趣爱好

没有营养就谈不上健康。在饮食上，多食用牛奶、乳酸、鱼等含钙多的食物，这些食物具有安定情绪的作用。许多富含维生素 B 的食物，例如动物内脏、猪肉、鸡蛋、水产品等，有助于减轻人的焦虑、疲乏、失眠。发展各种兴趣爱好，积极参加各种文体娱乐活动，避免心身疲劳。生活中接受适当的娱乐，音乐、书籍包括人际间的交流等都可以调节情绪，舒缓压力，增长新的知识和乐趣。

2．接受他人，主动与他人交流，善于倾听

接受他人，提高人际交往能力，积极适应社会变化，不要忽略自己的社会支持系统，包括家庭、邻居、朋友、战友、同事、单位、老师、同学、学校、社会团体等。学会与他人沟通，认真地倾听。

3．合理使用金钱，倡导健康的生活方式

“只有自己才是自己最好的医生。”在生活中，金钱是买不来健康的。要立足现状，合理使用你已拥有的金钱，注重实际，量体裁衣，树立合理的消费观念。此外，生活方式不健康也容易导致疾病的发生。医学研究发现，在慢性疾病的诱因中，遗传因素占 15%，社会因素占 10%，气候因素占 7%，医疗条件占 8%，而个人的生活方式能占到 60%。因此，我们倡导军人更要建立健康的生活方式和健康的生活意识。

4．努力工作，加强学习，与时俱进，与职俱进

工作能使生活充实，使人活得有意义、有价值。随着人口数量的增多，人口素质的提高，

机械化、科技化、信息化的普及，失业、下岗的现象日益严重，求职越来越困难……。有工作是一种幸运，有工作可干是一种幸福。为了适应社会的发展，为了跟上时代的步伐，部队官兵需要加强学习，提高自己的履职能力。正如一位学者所说的："人一生中要努力完成好三件事，第一件事就是要搞好学习，因为学习的过程是求知和积累经验的过程；第二件事就是要干好工作，因为工作是你的饭碗，如果工作不好将会摔破你的饭碗；第三件事就是组建好婚姻家庭，因为那里是你最终的归属。"

5．接纳挫折，超越挫折

商人与山匪

一位商人在翻越一座山时，遭遇了一个拦路抢劫的山匪。商人立即逃跑，但山匪穷追不舍。走投无路时，商人钻进了一个山洞，山匪也追进了山洞。在洞的深处，商人未能逃过山匪的追逐——黑暗中，他被山匪逮住了，遭到一顿毒打，身上所有钱财，包括一把准备着为夜间照明用的火把，都被山匪掳去了。

幸好山匪并没有要他的命，之后，两个人各自寻找着洞的出口。这山洞极深极黑，且洞中有洞，纵横交错。两个人置身洞里，像置身于一个地下迷宫。山匪庆幸自己从商人那里抢来了火把，于是他将火把点着，借着火把的亮光在洞中行走。火把给他的行走带来了方便，他能探清脚下的石块，能看清周围的石壁，因而他不会碰壁，不会被石块绊倒。但是，他走来走去，就是走不出这个洞。最终，他力竭而死。

商人失去了火把，没有照明，他在黑暗中摸索行走得十分艰辛，他不时碰壁，不时被石块绊倒，跌得鼻青脸肿。但是，正因为他置身于一片黑暗之中，所以他的眼睛能够敏锐地感受到洞口透进来的微光，他迎着这缕微光摸索爬行，最终逃离了山洞。身处黑暗的人，磕磕绊绊，却最终走向了成功。眼前光明一片，却让人迷失了前进的方向，终生与成功无缘。关键不在于是否拥有火把，而在于持火把前进中的人的态度、信念与思维方式。

人生在世，绝不可能事事如愿，挫折是我们每个人一生中都会频繁遇到的情境。当遇到挫折的时候，要接受挫折的存在，美国著名成功学家威廉·詹姆斯说过："我们这一代人的最大发现是人能改变心态，从而改变自己的一生。"因此，无论遇到了什么令人失望的事情，也不必灰心丧气，而是应该想办法解决问题，超越挫折所带来的各种负性情绪和心理冲击。

6．适当地做做美梦

当生活的节奏慢下来或心中的焦虑情绪淤积时，部队官兵可以尝试着调节一下心理活动的节奏，偶尔做做白日梦，想想自己尚未达成的愿望，一幅积极的生活图景可以分解我们的焦虑情绪和压力感，暂时转移注意力。通过积极的心理暗示可以增强自信，重新鼓起奋斗的勇气。

（三）情绪方面的调适

1．注重健全人格特征功能的发挥，控制冲动

人格（个性）是一个人在长期的生活经历中所形成的独特的个性心理特征的总和，它包含性格、气质、能力、兴趣、爱好等要素，是在不同的时空背景下影响人的外显与内隐行为

模式的心理特征，也是影响人的身心健康的关键性因素之一。健全人格特征发挥出应有的作用和功能是促进个体心理健康的有效途径，也是心理健康的集中表现。当负性情绪出现时，人很容易陷于一时冲动，要认识到“冲动”仅仅是一种激情，有时还会铸成大错，酿成对自己不利，甚至危及家人或他人的生命、安全的后果，因此要尽量理性地加以控制。

2．做自己情绪的主人，及时缓解负性情绪

生活是无常的，人们不可避免地要面对环境变化、社会变化、经济生活变化、文化潮流变化以及个人的愿望与现实之间的落差……，从而感受到痛苦、哀伤、沮丧、绝望、紧张、焦虑、抑郁、苦闷等强烈的情绪反应。此时应该尽快冷静下来，及时分析情况，理性行事，学会用宽容和善意来治愈心理创伤，缓解心理压力。

3．理智看待公平，保持知足与不知足之间的平衡

公平永远是一个相对的定论，没有绝对的公平。每个人的社会角色和处境不同，对事物的看法和评价自然会有差别，在对事物的解释和评价过程中带有明显的自我价值保护倾向也是极其正常的。所以，必须用发展的、辩证的眼光看待问题，理智地看待公平与不公平。

4．正视适当地倾诉和宣泄

倾诉是一种感情宣泄，也是一种调节自我心理的有效方法，适当的倾诉有利于心理健康。“人生不如意之事十之有八九”，遇到烦恼、苦闷、气愤时，如果长时间不宣泄，而将这些不良情绪都积压在心里，久而久之就会损害自己的心身健康。因此，部队官兵都应该学会倾诉，敞开封闭的心扉，将压抑在心头的愤懑、痛苦乃至委屈都痛快地倾诉出来，在获得别人理解的同时，消除心头上的阴影，重新获得心理上的平衡。

（四）心理防御方面的调适

“心理防御机制”是弗洛伊德精神分析学说的基本概念之一，是指个体处于挫折与冲突的紧张情境时，对自己的心理具有解脱烦恼、减轻内心不安、恢复情绪平衡与稳定的一种适应性倾向，是人心理活动的一种应激状态。其中，有利于身心健康的心理防御机制为良性心理防御机制，反之，就是不良心理防御机制。

1．运用“利他”的心理防御机制

运用“利他”的心理防御机制即通过建设性地为他人服务使自己从中获得心理上的满足，也就是人们常说的“双赢”。当你用诚心、爱心去关爱别人，同时又不损人利己，在这种情况下，人的心灵是净化的，心理也就不会有负担，所有的内心矛盾、冲突和痛苦就会被化解掉。

2．运用“补偿”的心理防御机制

运用“补偿”的心理防御机制指当个体因为生理或心理上的缺陷而使自己的目的不能达成时，选择改以其他方式来弥补这些缺陷，以减轻其焦虑，建立其自尊心。补偿可以分为消极性的补偿与积极性的补偿。消极性的补偿是指个体使用的弥补缺陷的方法对个体本身没有带来帮助，有时甚至还会带来更大的伤害。所谓积极性的补偿是指用适宜的方法来弥补缺陷，如果一个目标没能实现，就用其他目标来加以弥补，“失之东隅，收之桑榆”即是积极补偿的例证。

3．运用“压制”的心理防御机制

压制，不同于我们常说的“压抑”，它并不否定人的欲望和自主状态。当意识中出现想解决矛盾和冲突的冲动时，为了更好地解决问题，人们有时会选择在意识或潜意识中暂且压制这种冲动，延迟行动。例如，当有让人愤怒的事情发生时，如果不压制可能就会导致大爆发，还有可能引起拳脚相加，而能够压制得当的话，可以避免一时的混乱与麻烦，等心态稍微平静下来以后再去思考问题的解决。

4．运用“合理化”的心理防御机制

运用“合理化”的心理防御机制即为自己找借口。个人遭受挫折、或无法达到所追求的目标以及行为表现不符合社会规范时，会下意识地给自己找一些有利的理由来进行解释。虽然这些解释并不常常都是正确的，甚至在第三者看来是不客观或不合逻辑的，但本人却“坚信”这些理由，其实就是用一种能为自己所接受的理由来替代真实的理由，以避免精神上的苦恼，平衡自己失衡的心理。

5．运用“幽默”的心理防御机制

幽默的力量

德国著名诗人歌德在公园散步，走到一条小路上，巧遇一位尖锐批评自己作品的评论家。“我从不给笨蛋让路。”评论家傲慢地说。“我正好相反。”歌德笑到，并让出路来。

脾气暴躁的夫人

大哲学家苏格拉底有位脾气暴躁的夫人。有一次，当他在跟一群学生谈论学术问题时，听到叫骂声，随着他夫人担一桶水来，往他身上一泼，弄得人全身都湿透了，在场的人都很尴尬。可是苏格拉底只是一笑，说：“我早知道，打雷之后，一定会下雨。”本来很难为情的场合，经此幽默，事情也化解了。

幽默不是回避问题，也不是插科打诨。弗洛伊德认为，通过幽默，可以使敌人变小、变弱，变得可鄙、可笑，将以一种迂回的方式获得愉快并战胜他。幽默会使人更具吸引力。幽默也是一种积极的精神防御机制的形式，是较高级的适应方法之一。当一个人遇到挫折时，常可以幽默来化解困境，维持自己的心理平稳。

【思考与练习题】

1．简述消防官兵常见的心理健康问题。

2．结合自身实际，谈谈如何科学地维护自己的心理健康。

第五章　消防官兵的人际关系

和平时期，置身于非战争军事行动情境下的消防部队，担负着抢险救援、危机控制与处置的任务和使命。“战时”情境与“平时”情境中，消防官兵遇到的人际关系难题主要表现在人际关系的认知与调适等方面。本章首先介绍人际关系的含义、人际关系的行为模式以及主要的人际关系理论；梳理人们建立、维持以及增进人际关系的主要影响因素；结合消防部队官兵在现实生活中的人际交往特点，共同探讨影响官兵发展亲密人际关系的主要心理要素。

第一节　人际关系概述

【学习目标】

1. 了解人际反应特质理论。
2. 熟悉人际关系的行为模式与结构。
3. 掌握人际关系的概念、人际激励理论——需要层次理论。

从历史上看，人际关系是与人类起源同步发生的一种极其古老的社会现象。人际关系的外延很广，包括朋友关系、夫妻关系、亲子关系、同伴关系、师生关系、同事关系等等。人际关系的建立受生产力发展制约，它渗透到社会关系的各个方面，是社会关系的横断联结，对社会关系具有反作用。

一、人际关系的概念

从心理学的视野来看，人际关系（Interpersonal Relation）是指人与人在相互交往过程中所形成的心理关系。它包含三层含义：

第一，人际关系表明了人与人相互交往过程中心理关系的亲密性、融洽性和协调性的程度。更近一步说，人际关系主要指人与人之间的心理关系，属于社会心理学的范畴。

第二，人际关系由一系列心理成分构成，其中既有认知成分、情感成分也有行为成分。

第三，人际关系是在彼此交往活动的过程中建立和发展起来的。纷繁复杂的人类社会，是人际关系耦合的网络系统，而交往则是联结社会之网中个人与他人、个人与群体、群体与群体之间的桥梁。离开了人际交往，也就无所谓人际关系。不仅如此，人际关系建立后，还需要通过不断的交往加以巩固和发展。

二、人际关系的心理学研究

最早的人际关系思想及其相关的理论、观点可以一直追溯到古希腊。走过漫长的岁月，直到今天，对人际关系的探讨和研究还一直是心理学领域的热点。

（一）人际关系的行为模式

人际关系是人与人在相互接触交往的实践活动中所形成的心理关系。一定的人际关系会表现出一定的人际行为模式，它对于人际关系的形成和巩固有着重要影响。一般的人际关系行为模式的规律是：一方表示的积极行为会引起另一方相应的积极行为；同样，一方表示的消极行为亦会引起另一方相应的消极行为。

1．利兰的归纳

美国社会心理学家利兰（M.Leland）运用心理统计的方法，从几千份人际关系的研究报告中，归纳出以下八类人际关系的行为模式。

（1）由一方发出的管理、指挥、指导、劝告、教育等行为，导致另一方的尊敬、服从等反应。

（2）由一方发出的帮助、支持、同情等行为，导致另一方的信任、接受等反应。

（3）由一方发出的同意、合作、友好等行为，导致另一方的协助、热情等反应。

（4）由一方发出的尊敬、信任、赞扬、求援等行为，导致另一方的劝导、帮助等反应。

（5）由一方发出的害羞、礼貌、服从、屈服等行为，导致另一方的骄傲、控制等反应。

（6）由一方发出的反抗、怀疑等行为，导致另一方的惩罚、拒绝等反应。

（7）由一方发出的攻击、惩罚、不友好等行为，导致另一方的敌对、反抗等反应。

（8）由一方发出的激烈、拒绝、夸大、炫耀等行为，导致另一方的不信任、自卑等反应。

这项研究是对人际关系行为模式的总结，说明人际关系受到许多社会因素的制约，单纯的行为模式是很少发生的，一方的刺激必然会引起另一方的若干反应，人际关系双方是相互作用、相互制约的。

2. 莱维特的归纳

莱维特（Levitt）为了探讨人际关系中个体相互作用的交往模式，对正式群体中各个成员的沟通网络进行了实验研究，提出了四种有代表性的沟通网络模式。

（1）圆形沟通。在这一模式中没有核心，信息传递过程中，群体的各个成员之间处于平等的距离（见图 5-1）。它的优点是能提高全体成员的士气，调动他们的积极性，使群体中各个成员都能产生满意感，群策群力地解决面临的复杂问题；缺点是解决问题的速度慢，正确性差，领袖人物或领导者不能很好地发挥作用。

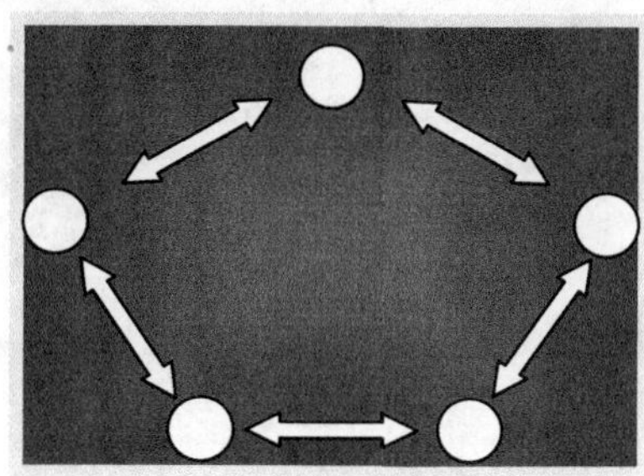

图 5-1 圆形沟通（圆形传递）

（2）轮式沟通。这种沟通模式以一个成员或信息为中心，向四面八方传递（见图 5-2）。它的优点是解决问题的速度快，领导者能有效地发挥作用，沟通中成员判断的正确性高；缺点是很难发挥各个成员的积极性，成员的主观能动性受到限制。

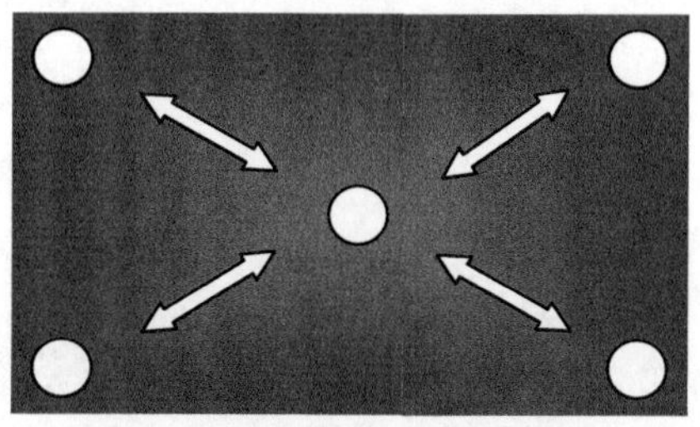

图 5-2 轮式沟通（轮式传递）

（3）链式沟通。在这个模式中信息一个接一个地进行传递（见图 5-3）。它的优点是解决问题的速度快，领导者效能显著，正确性高；缺点是成员士气低，成员的反应大多是被动作出的。

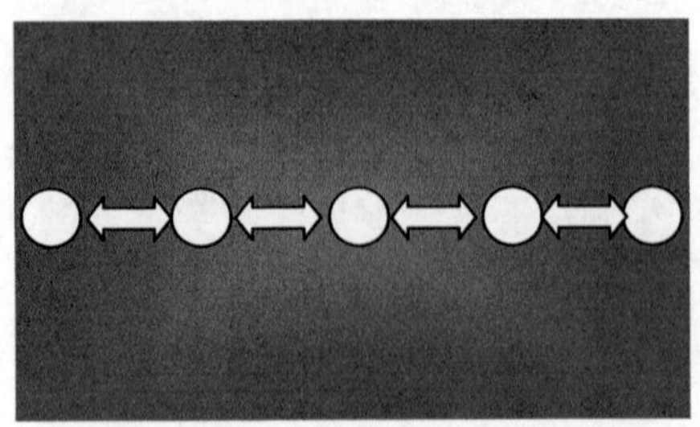

图 5-3　链式沟通（链式传递）

（4）Y 式沟通。在这个沟通网络中先是进行链式传递，然后发生变化（见图 5-4）。它的优点是工作效率高，速度快；缺点是容易抑制个体成员的主动性和创造性。

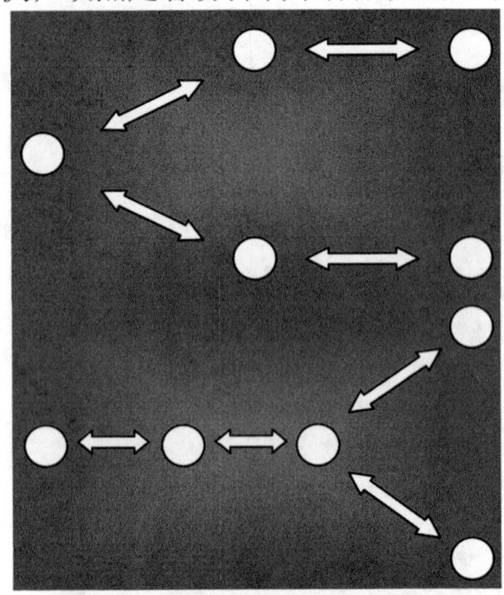

图 5-4　Y 式沟通（Y 式传递）

如果要提高解决问题的速度和正确性，可以考虑采取轮式传递的广泛交往模式；如果要发挥个体的创造性，提高积极性，可以考虑采取圆形传递的交往模式。但各种交往模式都有其优点和缺点，在现实生活中应当综合运用，扬长避短。

3．戴维斯的归纳

戴维斯（K.Davis）对非正式群体的人际关系交往模式进行了实验研究，他发现在非正式群体中存在着四种交往模式。

（1）单线型。单线型的传递方式是通过一连串的人，把信息传递给最终的接受者，每一个传递的人都进行了沟通（见图 5-5）。它的优点是传递速度快，容量大，个体的主观影响明显；缺点是传递过程中容易发生信息失真的情况，从而影响到传递内容的正确性和完整性。

（2）集中型。集中型的传递方式是把信息有选择地告诉自己的朋友或有关的人，是一种藤式的沟通传递（见图 5-6）。它的优点是传递的信息量大、渠道宽、速度快、对信息有选择性；缺点是主观色彩浓厚，受个人情感影响很大，容易产生消极影响。

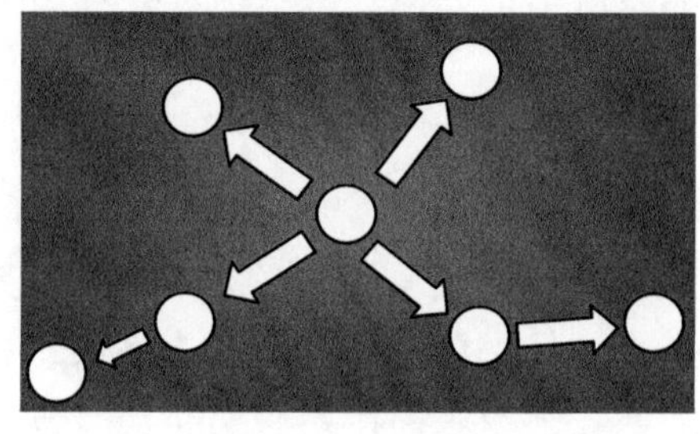

图 5-5 单线型

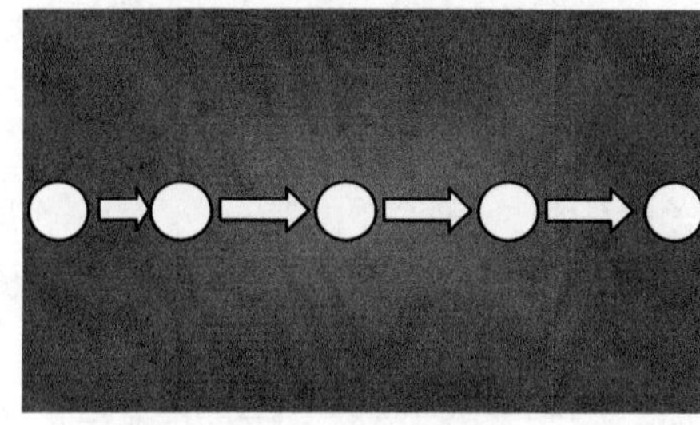

图 5-6 集中型

（3）偶然型。偶然型的传递方式是按偶然的机会来传播信息，有些人可能会收不到信息，这与个体的交际面有关系（见图 5-7）。它的优点是传递面积广，信息量大；缺点是偶然性大，个体不易掌握，交往的主体不能发挥作用，从而影响其积极性的发挥。

（4）流言型。流言型的传递方式是一个人主动将信息传播给与他交往的人（见图 5-8）。它的优点是传递速度快，面积广；缺点是传递的信息不可靠，易受主体传播者的影响。谣言的产生往往遵循这一模式。

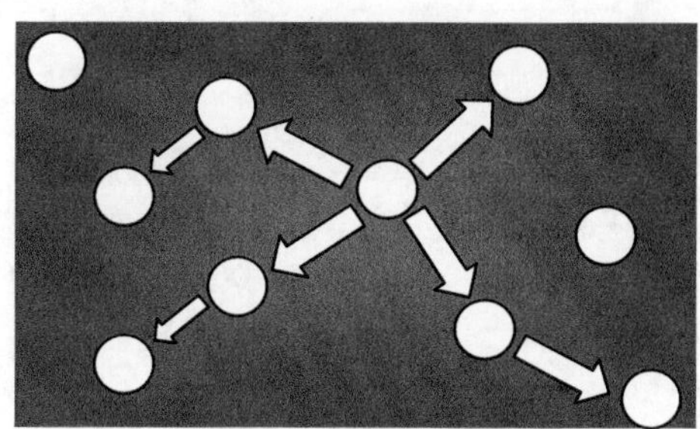

图 5-7 偶然型

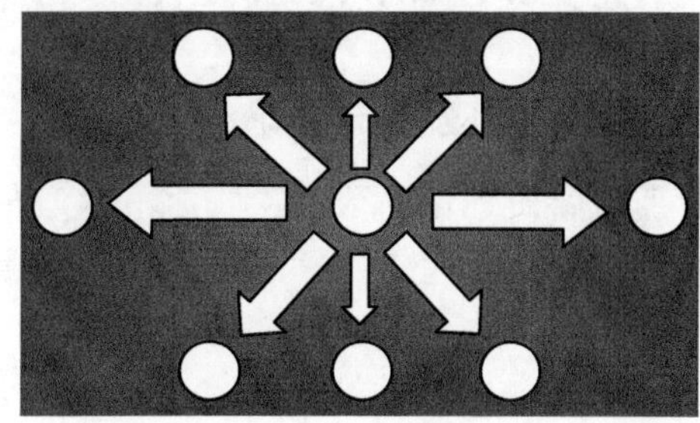

图 5-8 流言型

（二）人际关系的结构

在人际交往活动中，人与人之间建立了不同形式、不同规模和不同程度的联系，这种联系形成的桥梁就是人际关系的结构。

1．美国心理学家纽科姆的研究

美国心理学家纽科姆经过研究发现在人际关系中存在以下特点。

（1）群体中的人际关系不是一成不变的，而是不断地随着时间、情境、地点的变化而发生变化，能从始至终维持良好关系的人仅占少数。

（2）在群体形成初期，外表富于吸引力的成员占有优势；相互熟悉后，这种吸引力将减弱，优势也会被其他人取而代之，取代他们的人往往具有内在素质的吸引力。

（3）在群体形成初期，会形成许多（四个人以上）的小群体；等到大群体稳定后，则以二人小群体的结合居多。

（4）随着时间的流逝，人与人之间的了解日益加深，人际结构的变化会越来越复杂。最初的结合群体可以容纳多种特征的人，群体内人的个性呈多样性；最后的结合群体往往排除了多样性而变得单一化。

（5）群体内有少数孤立者，他们既不主动参加其他结合群体，一些结合群体也不会主动联系和容纳他们。

2．人际关系构成的分类

国内学者们将人际关系的构成分为以下几类。

（1）生活型。以共同生活的标准来组成人际关系。例如旅游团中游客的人际关系。

（2）劳动型。以共同工作的标准来组成人际关系。例如车间中工人的人际关系。

（3）休息型。以共同休息的标准来组成人际关系。例如人们在休假期间外出活动时，与同伴形成的人际关系。

（4）学习型。以共同学习的标准来组成人际关系。例如学校中的师生关系、同学关系。

（5）活动型。以共同活动的标准来组成人际关系。例如参加比赛的对手之间形成的人际关系。

不同类型的人际关系结构，会导致不同的行为，并因此对人们的工作、学习、生活等实践乃至社会政治、经济、军事等领域产生重大影响。

三、主要的人际关系理论

（一）人际反应特质理论

人际反应特质理论的代表人物之一是心理学家舒茨（W.C.Schutz，1958）。舒茨认为，每一个人都有与别人建立人际关系的愿望和需要，这种需要是与他人建立心理相容的人际关系的基础，是人际关系得以建立的内在动力。通常情况下，人们具有三种不同类型的需要，并由此构成了三种不同形式的人际关系。

1．包容的需要（inclusive need）

这种需要表现为希望和他人交往、交际，有与别人建立并维持良好人际关系的愿望。愿望得到满足后产生的行为特征是沟通、相容、相属、参与、出席等；反之，其人际反应特质为孤立、退缩、疏离、排斥、忽视等。

2．控制的需要（dominance need）

这种需要表现为有要求控制别人的愿望。愿望得到满足后产生的行为特征是使用权力、权威、超越、影响、控制、支配、领导他人等；反之，其人际反应特质为抗拒权威、忽视秩序、受人支配、追随他人等。

3．感情的需要（need for affection）

这种需要表现为在爱情和友谊上同别人建立并维持良好关系的愿望。愿望得到满足后产生的行为特征是喜爱、亲密、同情、友善、热心、照顾等；反之，其人际反应特质为憎恨、厌恶、反感、冷漠等。

舒茨根据不同的人际反应特质，还将人际关系取向划分为两种：主动型和被动型（A 型和 B 型），进而细分出六种基本的人际关系倾向（见表 5-1）。

表 5-1　不同需求的基本人际关系倾向

需要性质 \ 行为表现	A 型	B 型
	主动型	被动型
包容需要	主动与他人往来	期待别人接纳自己
控制需要	主动支配他人	期待被别人领导
感情需要	主动对他人表示亲密	期待别人对自己表示亲密

根据舒茨的观点，这三种需要对人际关系的影响表现为：

（1）如果包容需要强烈，行为主动、积极，会喜欢与别人交往，愿意积极参与各种社会活动。

（2）如果包容需要强烈，且感情需求强烈，会处处关心别人、爱护别人、尊重别人，在人际关系中得心应手，重视情谊，受人爱戴。

（3）如果只有控制需要，没有感情需要和包容需要，会热衷于争权夺利，使人憎恨、厌恶，从而容易导致紧张的人际关系。

除了舒茨之外，心理学家霍妮（K.Horney）根据个人与他人的关系，将人们相互作用形成的人际关系划分为三种类型（见表 5-2）。

表 5-2　霍妮的人际关系类型

人际关系类型	行为特征
逊顺型	“朝向他人”。该类型的人无论遇到什么人，在什么场合下，都会首先想到“他/她喜欢我吗？”得到肯定或否定的答案后，再采取适当的行动。这类人在交往中往往处于被动境地。
进取型	“对抗他人”。该类型的人总想窥探交往对方力量的大小，或其他人对自己的用处，进而采取交往对策。这是一种自我中心主义的表现。
分离型	“疏离他人”。该类型的人经常想躲避别人的影响或干扰，不愿意主动与人交往。这类人往往自命清高，易陷入空虚、孤独的心境。

根据这一模式，霍妮又总结出这三种人际关系类型与其职业发展之间的关系。她认为，逊顺型的人多从事社会工作，例如医学、教育等与他人有直接接触和交往的职业；进取型的人多从事金融、商业、法律以及科研方面的工作；而分离型的人则多从事艺术、雕塑或美术等工作。

（二）人际激励理论——需要层次理论

20 世纪 20～30 年代以来，心理学家、社会学家与管理学家们一直致力于从不同角度探讨应当怎样激励人，即怎样调动人们的积极性、处理好或改善人际关系等问题，并形成了许多关于激励的理论。不同类别的人际激励理论关注不同的核心问题，其中以马斯洛的需要层次理论最为著名。在马斯洛的需要层次理论中，人的需要层次具有以下特征。

（1）人最迫切的需要是激励人的行为的直接原因和动力。某一时期内最重要的“需要”的强烈程度，取决于这种需要在需要层次中所处的位置，以及在需要层次上低于它的需要是否得到了满足。

（2）需要的激励处于一种动态水平，且会依次发生变化。当前最为迫切的需要决定着人的行为，当较低层次的需要得到满足后，就会自然而然地上升到较高层次的需要。只有高级需要的满足能够产生令人满意的主观效果。

（3）需要的满足具有从低至高的次序。在需要满足的过程中，如果因为人的个性和教育的作用，这种次序发生了颠倒或超越，也是正常的。

（4）在人的心理发展的不同阶段，需要的满足具有不同的特征。每个人都具有五种需要，但在不同的时期和年龄阶段，特定需要所表现出来的强烈程度并不完全一样。

马斯洛认为，低层次的需要是人和动物所共有的，而高层次的需要却为人所特有。高级需要的实现与人格形成有关联，这与传统心理学中的人兽不分形成了鲜明的对照，确实是难能可贵的。后续研究中，马斯洛进一步识别出追求自我实现过程中的 14 种特性（14 种存在-价值，B-Values），这 14 种特性更进一步地阐述了“自我实现”的内涵（见表 5-3）。

表 5-3　马斯洛的 14 种存在-价值（B-Values）

活力（Aliveness）	希望成为周围世界的一部分并享受生活
自主（Autonomy）	对指导自己生活的需求
美丽（Beauty）	倾向于将自己置于美丽、愉悦的环境中
完成（Completion）	希望坚持不懈并一直看到任务的结束
省力（Effortlessness）	偏爱采用直截了当的、有实效的方法来解决问题
善良（Goodness）	容忍他人，相信所有人的价值
幽默（Humor）	嘲笑自己和生活的境况，不贬低他人的能力
公正（Justice）	相信公平、民主的原则
完美（Perfection）	希望正确地完成工作，而不是草草了事
简单（Simplicity）	偏爱自然的、真实的生活方式
总体（Totality）	需要将自身置于社会背景中；对他人怀有非利己的兴趣
真实（Truth）	易于接受新奇的观念；更好地容忍不明确性
独特（Uniqueness）	希望领导自己的生活，而不是跟随社会传统或时尚
整体（Wholeness）	接受好的也接受坏的，接受自身所有方面的能力

【思考与练习题】

1. 简述人际关系。
2. 简述戴维斯提出的非正式群体中人际关系的四种交往模式的主要内容。
3. 简述马斯洛的 14 种存在-价值（B-Values）理论的主要内容。

第二节　人际关系的形成与发展

【学习目标】

1. 了解建立和发展良好人际关系所要经历的三个阶段。
2. 熟悉不同心理发展阶段人际关系的特点。
3. 掌握青年期人际关系的特点。

人与人之间相互关系的形成与发展，要经历一系列错综复杂的变化过程。这个过程既可能指向正向的发展（即人际关系的优化），也可能指向反向的发展（即人际关系的恶化）。

一、人际关系的形成过程

（一）良好人际关系的形成过程

一般情况下，良好人际关系的形成与发展，会经历一个从表层接触到亲密融合的过程。交往伊始，彼此可能还未意识到对方的存在，此时，双方的关系尚处于零接触阶段。只有当一方开始注意到另一方，或双方相互注意时，交往关系才开始正式确立，交往活动也才开始全面展开。这时候，如果彼此的情感不断卷入和融合，双方共同的心理领域就会不断扩大，那么一段时间以后，良好的人际关系就水到渠成了。人际关系状态及其相互作用水平见表 5-4。

表 5-4　人际关系状态及其相互作用水平

（其中“●”符号代表交往者）

图　解	人际关系状态	相互作用水平
●　　　●	零接触	弱 
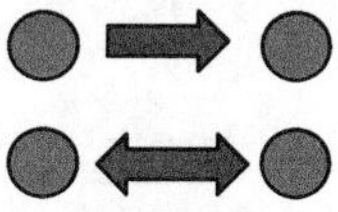 ●➡● ●⬌●	单向注意 双向注意	↓
 ●●	表层接触	↓
 (部分重叠)	轻度卷入	↓
 (较多重叠)	中度卷入	↓
 (大部重叠)	深度卷入	强

人与人之间的关系从开始时的无关到最后的良好状态，需要经过不断的积累和演化，彼此相互作用的水平由低级向高级发展，由弱逐渐变强。从人际交往由浅入深的发展历程来考查，一般可以将良好人际关系的建立和发展划分为三个阶段。

第一，注意阶段，即由零接触过渡到单向注意或双向注意的定向阶段。在这个阶段，注意的选择反映出交往者的某种需要倾向、兴趣特征和个性心理特征，是良好人际关系的开端。在注意阶段，交往的双方都希望给对方留下一个良好的第一印象，试图为彼此人际关系的发展获得一个良好的定向。该阶段具有短暂性和偶然性，但却是人际关系形成的必经阶段，是人际关系的准备阶段、起步阶段。

第二，接触阶段，即由注意向情感探索、情感沟通的轻度心理卷入阶段转向，此时开始建立初步的心理联系。在这个阶段，交往双方开始角色性接触，目的在于探索彼此的共同情感领域，双方自我暴露的深度和广度有所增加，但未进入对方的私密性领域或隐秘敏感区。此时，双方虽然相处友好，却没有建立强烈的吸引力，仍属于普通的人际关系阶段。一旦情感卷入的程度有所加强，交往的频率和深度有了新的进展，人际关系也就进入到了第三阶段。

第三，融合阶段，即由接触导致情感联系不断加强，心理卷入不断扩大，进入稳定交往阶段。随着交往双方接触频率的增加，彼此间了解不断加深，情感联系越来越密切，心理距离越来越小，在心理上逐渐有了依恋和融合，这标志着人际关系的性质已经发生了实质性变化。一旦分离或发生冲突，会出现焦虑、牵挂和烦躁的情绪。

（二）人际关系的恶化过程

表 5-5　人际关系的恶化过程

图　解	人际关系状态	相互作用水平
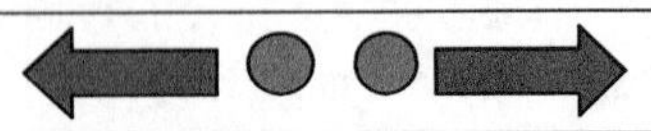	漠视	强 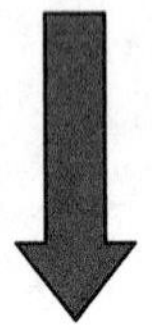
	冷淡	
	疏远	
	分离	弱

一般来说，人际关系的恶化大多是人际冲突和人际侵犯的结果。根据冲突和侵犯的性质与程度，可以将人际关系的恶化过程划分为三个阶段（见表 5-5）。

第一，冷漠阶段。交往的一方把交往视为一种负担，在心理上形成一种压力，伴随着交往活动会产生一种痛苦的情绪体验。人际关系的恶化始于冷漠，可以表现为对交往者持漠不关心的消极态度，严重的情况下，甚至会表现为否定性的评价和行为。

第二，疏远阶段。交往者在痛苦情绪体验的基础上，产生一种对交往双方人际关系的厌恶和反感情绪。在这个阶段，双方表现出互不理睬、避免接触、相互嘲弄、挖苦、讽刺、表情呆板、脸部肌肉僵硬、人际距离扩大、举手投足生硬等远离或零接触状态，表明双方的人际关系已经很难再维持下去了。

第三，终止阶段。交往双方冷漠、疏远的心理会带来人际关系的结束，双方将处于完全失去联系的状态。在这个阶段，交往者彻底终止人际关系。人际关系的终止，可能是自然形成的，但更多的情形是人为造成的。必须指出的是，某种人际关系的结束，并非都是有害的或是不道德的，对此要具体情况具体分析。

二、不同心理发展阶段的人际关系

（一）儿童期的人际关系

儿童的人际关系，最早是从父母或抚养人开始的。尽管此时的人际关系仅仅是一种情绪性交往，但他会从别人的态度中逐渐积累一些感受，开始形成对他人的态度。许多研究表明，婴儿与母亲的关系是以后诸多社会关系形成的基础，母婴关系在很大程度上影响了婴儿未来人际关系的形成。父亲与婴儿的游戏也有助于促进婴儿的社会交往，脱离这种交往，形成和发展人际关系就会出现困难。

婴幼儿的同伴交往也很重要。婴儿的同伴交往有助于促进其获得社交技能与策略，并推动社交行为向友好、积极的方向发展，这是他们日后建立良好人际关系的基础。

儿童的人际关系以垂直关系为主。学前期关系最密切的是父母，进入小学后对教师（特别是班主任）的信任会超过父母，学习成为儿童与成人交往的主要形式。这个时期的儿童的人际关系极不稳定，常常会因为一点小事就“闹翻”，但很快又会言归于好。友好、亲社会、有反应和积极交往等特点使儿童易于被同伴所接纳。

此外，小学阶段的儿童开始形成明确的集体意识。随着年龄的增长，小学生选择集体行为动机的人数比例会逐年增加。到了小学高年级，儿童已经具有较强的集体荣誉感，关心集体和同伴，对教师和同伴都有一定的评价标准，在择友上也持有自己的看法。

（二）少年期的人际关系

“成人感”的出现，使少年的人际关系开始发生质的变化。此时，少年想尽量摆脱垂直型人际关系的束缚，在人际关系方面表现出新的需要。

第一，获得权力与尊重的需要。这是少年学习和接受教育的基础，也是他们“成人感”的主要表现形式之一。但这种权力和尊重在与成人的人际交往中获得的可能性，要比在与同龄人的人际交往中获得的可能性要小，所以少年特别向往与同龄人建立亲密关系。

第二，强烈的独立和自主的需要。少年的人际关系处于一个半成熟与半幼稚、独立与依赖共存的错综复杂的时期。

第三，与同伴建立亲密友谊的需要。少年具有强烈的求知欲和好奇心，少年们因为彼此相似的需要、愿望、兴趣、体验和活动而互相吸引。一般地，少年会将周围的同龄人分为三类群体，即一般的同学、谈得来的朋友和知己。少年特别重视人际间的忠诚与亲密，虽然他们对忠诚的理解有时候是片面的。

（三）青年期的人际关系

到了青年期，少年时代人际关系的特点继续发展着，但青年期的人际关系还是呈现出一些质的变化，例如：从精神上脱离了对父母或成人的依赖；新的友伴关系（特别是异性关系）的协调和适应；自我意识的进一步发展和完善；对成人权威的抵触和反抗；竞争和对抗的激化等等。青年期的人际关系具有广泛性、自主性、易变性和异性敏感性等特点。

在这个阶段，无论是大学生或非大学生，对于他们的生活来说，一件非常重要的事情就是恋爱和结婚，即建立良好的人际关系，或走入家庭生活。他们的情感焦点从幼年生长的家庭转向朋友，如果人际关系状况不好（例如关系紧张），就有可能产生孤独寂寞的心理体验。同时，必须意识到，这个阶段的人际关系发展包括了一种自我同一性的融合，人际关系中的每一个伙伴都有明确的自我意识。由于青年的生活更丰富了，他们站在人生的十字路口，要在德（品德）、识（见识）、学（学问）、体（体魄）等方面走向成熟，建立使命感和社会责任感是这一时期青年社会性发展的主要特点。出于职业准备、求偶、建立家庭等的需要，青年必须同各种各样的人打交道，建立不同层次的人际关系。他们不再像少年期那样有意疏远父母，而是对父母变得关心和体贴。总的来看，青年人际交往的内容正由游乐型向知识型转化，人际交往对象也由玩伴向志同道合的生活之友发展。

（四）成年期的人际关系

青年期向成年期过渡，是不可抗拒的自然规律。这个时期处于平均生命期的中点，是人生重要的转折时期。在这个阶段，人际关系主要渗透于家庭生活和职业生活两大领域；家庭互动关系中，突出的表现形式集中于代际关系和夫妻关系。

成年人的代际关系包括两个层次：其一是与孩子的关系，其二是与父母的关系。无论哪种关系，其影响都是双向的。研究表明，老、中、小三代组成的家庭中，对于饮食、健康锻炼、政治态度和儿童教育等问题的看法是相互影响的。此时的亲子关系仍然很密切，青年需要父母在经济上的接济，也需要父母帮助照看孩子，而父母也会从中体验到满足感和乐趣。

成年人的职业生活是为人类创造物质文明和精神文明的过程。职业生活中的人际关系，是为获得创造感、避免停滞感而形成的。在成功事业的追求过程中，成年人不仅仅是劳动者，同时也是“导师”，他们不但要与同行发展良好的人际关系，还要与“受教育者”形成融洽、愉快的人际关系。强烈的事业心、荣誉感和竞争性，使成年人的人际心理波动更加突出，人际关系带来的情感体验也更加深刻。

此外，关注老年期的人际关系具有特殊意义。对于老年人来说，“丧失感”引起的强烈情绪体验和“老之将至”的感受极易引发心理失衡和人际关系问题，因而，需要了解他们的心理健康状况，并对其人际交往进行适度的调适。老年人热爱生活、心情愉快、性格开朗是维持良好人际关系的保证。同时，由于生活阅历和知识、经验、思想的积淀，以及社会交往机会的减少，比起其他心理发展阶段，老年人对人际关系已经有了更加深刻的认识。他们深深地体会到，在人际交往的过程中，人际关系的质量远比交往的频率更重要。

【思考与练习题】

1. 简述良好人际关系的形成过程。
2. 简述人际关系的恶化过程。
3. 简述青年期人际关系的特点。
4. 简述成年期人际关系的特点。

第三节　影响人际关系走向的因素

【学习目标】

1. 了解归因和偏见对人际关系的影响。
2. 熟悉刻板印象对人际关系的影响。
3. 掌握内隐人格、首因效应、突出特征对第一印象形成的影响。

和谐的人际交往可以协调人们的认识、情感、行动，增进人们的了解，形成团结一致的群体规范，有利于个体的身心健康及其个性的良好发展。生活中，有的人左右逢源，灵活应变，人缘广结；而有的人则捉襟见肘，处处受制，举步维艰，人际关系十分紧张。到底是什么因素决定了人们的人际关系走向呢？

一、第一印象对人际关系的影响

当人们第一次与他人相遇，会在极短的时间内形成对他人的印象，这种倾向即为第一印象。形成印象对人们来说是快速而又轻而易举的，但更重要的是，人们对第一印象的判断将促进或阻滞未来可能进一步发展的任何关系。

印象形成（impression formation）是一个复杂的社会互动过程，它是指个体对认知对象的某些属性作出判断或对其总体特征形成印象的过程。虽然人们在社会生活中努力通过各种渠道获取信息，但具体到第一印象的形成，人们总是以自己的片面判断或印象作为判断标准。

（一）影响第一印象形成的因素——内隐人格

一直以来，研究者们都在努力运用科学原理来研究丰富、复杂的人际互动现象，这个领域的第一位涉足者是心理学家阿希（S.Asch，1907—1996）。与许多研究人员不同，阿希尝试将以往众多的研究方法结合起来加以运用，例如实验与本质主义观察、本性与教育、行为主义与心理分析等等，得出了许多令人振奋的结论。

阿希认为，当人们与他人第一次相遇时，并没有有意识地保留这位新认识的人的信息碎片，而是习惯于使用头脑中早已“储备”的“历史资料”来加以处理，这些“历史资料”即内隐人格（特征）。在印象形成的过程中，人们常常运用内隐人格来建立特质间的关联——凭借这些已经拥有的信息作出解释和推论。可以说，这种趋向是人们对不同特质间关联性的预期，即哪些特质可以结合在一起，而哪些特质却不适宜。例如，人们通常认为足球俱乐部的成员身强力壮、活泼直爽，或认为慈善团体中的成员态度温和、心地善良，……。这样的推测或结论很多时候并不一定正确，甚至还会误导人们发展其人际关系，原因就在于人们拥有内隐人格的思维定势。为了更快、更容易地对交往对象进行分类，人们会依照这一思维定势来贴标签。当然，在社会交流实践中，运用内隐人格来形成印象也具有积极意义，它可以快速地处理社会线索和形成人际判断。

（二）影响第一印象形成的因素——首因效应

心理学家曾经做过一个实验：将实验的参与者分为两组，给第一组参与者提供了一份写有性格特征的清单，清单上以“智慧”开头，以“嫉妒”结束；给第二组参与者也提供了这样一份清单，与第一组的清单相比较，中间部分列出的关于性格特征的词语都相同，只是将“智慧”和“嫉妒”的顺序颠倒了一下，示例如下：

（清单一）	**智慧**	热情	善良	冲动	勤劳	诙谐	**嫉妒**
（清单二）	**嫉妒**	热情	善良	冲动	勤劳	诙谐	**智慧**

接下来，请实验参与者们分别描述对一位虚拟的具有清单中所列性格特征的对象的总体印象时，描述的结果显示，显然，与第二组参与者相比较，第一组参与者对这个虚拟对象拥有更加积极、良好的印象。

与其他没有依据现实信息就来推断人们性格的误区一样，印象形成过程中还存在一个潜在的错误倾向—— 首因效应。首因效应是指人们形成印象时，最初所获取的第一次信息比后来交往中所获取的其他信息具有更加强大的影响。首因效应可能会使我们形成的印象发生偏离。

心理学家们认为，最早获取的信息会给人们后来得到的资料涂上更加浓重的色彩。当我们试图去了解别人时，如果我们了解到的他人的第一件事或第一个信息是积极的，我们会更倾向于用积极的眼光去看待后来的信息（或者完全相反），并形成协调一致的印象。在日常人际间的第一次交往中，许多人会刻意表现出良好的人格特征，其缘由和意义即在于此。

（三）影响第一印象形成的因素——突出特征

突出特征对形成完整的他人印象也起着非常重要的作用。突出特征或行为就是能够在特定的环境中引起他人注意的特征或行为，例如能帮助我们对他人的年龄、种族、性别、身高等形成印象的诸多身体特征。

虽然人类关于美的概念一直在随着时间的变化而变化，且不同地域的文化传统也会影响人们对美的评价，但身体特征却常常与大量特定的人格特质相联系。研究显示，我们总会期望相貌好的人比相貌不够好的人更加聪明、风趣、温和或出众。与长相有联系的期望对职业也有影响，这种影响在很大程度上对男性有利而对女性不利。在一次有趣的研究中，参与者被分为四组，要求根据照片来评价一位虚构的公司决策人。研究人员给第一组一张相貌迷人的男性照片，给第二组一张相貌狰狞的男性照片，给第三组一张相貌迷人的女性照片，给第四组一张相貌平平的女性照片。他们发现，参与者们在作出评价时，大多认为相貌迷人的男性决策人可能比相貌狰狞的男性决策人更有能力。而对于女性正好相反，参与者们似乎达成了共识——相貌平平的女性可能能力更强；如果相貌迷人的女性成为了公司的决策者，她很可能是因为外表而并非能力赢得了成功。

美丽并不是唯一的能够激发积极期待或印象的身体要素，某些表面特征模式也可能发挥这种效应。20 世纪 80 年代中期，戴安·百丽和 L·麦克阿瑟的研究发现，那些眉骨高、眼睛大而圆、下巴小且长有一张娃娃脸的成年男性一贯被认为具有积极人格；长着娃娃脸的男性与外表特征更加成熟的男性相比，被认为更诚实、友善、开朗、谦恭和温和。

建立和发展人际交往时，不能否定突出特征所带来的影响。但是，对某些突出特征，尤其是相貌等身体特征的过分关注，会歪曲对特定人际关系的认知、评价和期待，从而导致非理性人际关系的纵深发展或理性人际关系的终结。

二、刻板印象对人际关系的影响

心理学家阿希和安德森（C.A.Anderson，1965）都发现，某些固有的人格趋向在一定程度上得到了整个社会的认同。也就是说，如果提供了相同的个体信息，任何一个特定团体中的大多数成员均会做出相似的推断，这种现象就是刻板印象（social stereotypical impression）。它是人们对某一事物或群体形成的一种概括而固定的看法，是对某一个人或社会群体的人格特征形成的共同信条。社会学家和人类学家们称它为社会地图。

卡茨（Kartz，1933）、吉尔伯特（Gilbert，1951）和卡林基（Karlins，1969）等人对民族群体的性格特质进行研究时发现，虽然实验数据的采集都间隔了 18 年，但人们对各个群体的认知或印象没有呈现出极其显著的变动。人们在对人际交往对象进行判定时，由于文化和经验的影响，会自动使用“类别同化”的认知模式来审视交往对象以及与其建立的人际关系，这种认知模式会被迅速固定下来，刻板印象也由此应运而生（见表 5-6）。

表 5-6 对民族性格特质评定的百分数

民族 \ 年代	1933	1951	1969
美国人			
勤劳的	48%	30%	23%
智慧的	47%	32%	30%
实利主义的	33%	37%	67%
进取的	33%	21%	42%
进步的	23%	5%	17%
爱尔兰人			
好斗的	45%	24%	13%
易怒的	39%	35%	43%
诙谐的	38%	16%	7%
诚实的	32%	11%	17%
虔诚的	29%	30%	27%
意大利人			
爱好艺术的	53%	25%	30%
冲动的	44%	19%	28%
热情的	37%	25%	44%
易怒的	35%	15%	58%
爱好音乐的	32%	22%	9%
犹太人			
聪明的	79%	47%	30%
唯利是图的	49%	28%	15%
勤劳的	45%	29%	33%
贪婪的	34%	17%	17%
智慧的	29%	37%	37%

（摘自：Karlins，Coffman & Walters，1969）

刻板印象一旦形成，具有较高的稳定性，很难被改变。虽然刻板印象简化了人们的认知过程，使人们能够迅速地对于对方的情况有所了解，有利于人们应对复杂的周围世界。但是，刻板印象也极易导致认知偏差，促使人们用群体性标签对他人作出错误的假设，例如所有女性的驾驶技术都没有男性娴熟，所有黑人男子都具有潜在的暴力倾向，所有残疾人都存在不同程度的智力低下等等。有时，还会带来一系列无法估量的消极后果，例如对少数民族形成的刻板印象可能会造成种族歧视。

总之，刻板会使人们在形成印象的过程中产生不合理的认知，而这种不合理的认知也将决定人们的人际关系状况或与交往对象发展的走向。人们在人际交往和社会认知的过程中，应当有意识地克服不合理的刻板印象，从而对社会、对人或对具体的事物形成更加准确、深入、细致的认知。

三、归因和偏见对人际关系的影响

（一）归因和归因偏差

1．归因

在社会心理学领域，归因（attribution）是指对自己或他人的行为进行分析，进而推断其原因的过程。归因作为社会认知中一个十分活跃的研究领域，现已形成了多种归因理论，在教育心理学、临床心理学和工业管理心理学等领域具有广泛的应用价值。

对归因的开创性研究始于海德（F.Heider）。1944 年，海德和同事在一个有关外显行为的实验研究中发现，“行动者作出判断的方式与对于活动起因的归属倾向密切相关”。在海德的归因（attribution）研究中，涉及一个基础领域即朴素心理学（或通俗心理学，naive psychology），它主要研究人们通常理解与推断周围事件及其意义的方法。朴素心理学受现象学的影响很深，非常关心各类现象本身以及现象之间的因果关系。在海德看来，如果认真聆听一个人对他人的看法，就能够大体上了解到这个人如何去理解他人行为的模式；如果一个人聆听了许多人对他人的看法，那么，他可以总结出一个因果推论的方案。

海德认为，人有两种强烈的动机，其一出于理解周围环境的需要，其二出于控制环境的需要。要满足这两种需要，人们需要有能力去分析和预测他人行为的原因。海德试图从人们的内外归因中去解释一个人的行为，尤其强调行为人内部因素的重要意义。如果某种行为是由内在的个人因素引起的，那么，这个人在同样情况下发生的行为将不会有太大的变化。进行归因分析的主要目的是预测行为人未来的行为动向。

维纳（B.Weiner，1972）在海德等人归因理论的基础上，专门研究了个体的成就归因模式（achievement attribution model）。他提出，人们对于成功和失败一般是按照努力、任务难度、能力和运气这四种因素进行归因的。如果再结合稳定性-不稳定性、内因-外因、控制-不可控制这三个维度来考查上述四个因素，可以得出这样的结论：能力和努力是内因，运气和任务难度属于外因；能力和任务难度是稳定的，努力和运气是不稳定的；能力和运气是不可控制的，任务难度和努力是可控制的（见表 5-7，表 5-8）。

表 5-7　个体成功行为决定因素分类

稳定性	支 配 原 因	
	内在的	外在的
稳定	能力	任务难度
不稳定	努力	运气

表 5-8　维纳的归因模型

可控性	内　部		外　部	
	稳　定	不　稳　定	稳　定	不　稳　定
可控制	努力	暂时努力	偏见	偶然认为
不可控制	能力	情绪	工作性质	运气

维纳研究时发现，当过去的结果（成功或失败）与目前的结果（成功或失败）一致时，人们倾向于将其归因为稳定的因素；反之，则倾向于归因为不稳定的因素。而相似的结论在临床心理学和教育心理学等实践领域也有所验证，例如对归因和抑郁的关系研究（见表 5-9）也取得了一定的进展。

表 5-9 归因和抑郁的关系

<table>
<tr><td rowspan="2">正常的人</td><td>肯定的结果</td><td rowspan="4">归因于</td><td>内部、持久的原因</td></tr>
<tr><td>否定的结果</td><td>外部、暂时的原因</td></tr>
<tr><td rowspan="2">抑郁的人</td><td>肯定的结果</td><td>外部、暂时的原因</td></tr>
<tr><td>否定的结果</td><td>内部、持久的原因</td></tr>
</table>

2. 归因偏差

总的来看，各种归因理论对归因过程的解释，均建立在“人是理性的”这一假设之上，并用符合逻辑的方式进行归因。然而事实上，人们的归因并非总是完全理性的，在一定的情况下，人会受到情绪等的影响，从而不可避免地出现归因偏差，甚至出现归因错误。

第一，从归因的对象来看，表现为对他人的归因偏差和对自我的归因偏差。对他人的行为进行归因时，人们往往会将他人的行为归因于态度或人格等内在特质，而忽视了引起行为的外部情境因素，这一归因现象被称为“基本归因错误”（fundamental attribution error，FAE）。当归因者对自己的行为进行归因时，往往倾向于将肯定的结果归因于内部原因，而将否定的结果归因于外部原因，这一现象被称为自我服务的归因偏见。这种归因机制在现实生活中很常见：当两个人共同完成某项任务时，如果进展顺利，往往认为是自己努力的结果；如果进展不顺利，则常常倾向于责备合作者。

第二，从归因者的动机来看，表现为非动机性偏差和动机性偏差。非动机性偏差是指在归因过程中，由于信息资料和认识上的原因而导致的误差，这种偏差并非来源于某种特殊动机，是归因主体主观上造成的。动机性偏差则指在归因过程中，由于归因主体的某些特殊动机或需要，而在加工资料时所产生的误差。动机性偏差实质上是一种防御性归因机制，其目的大多指向利己。例如，人们对自己的成功进行归因时，倾向于归因为能力、努力等内部因素；而对失败进行归因时，则倾向于归因为任务难度、运气不佳等外部因素。

第三，从“公平世界”信念的归因来看，现实生活中，人们有时会持有一种抱怨受害者的倾向，认为“善有善报”“恶有恶报”。

（二）人际交往中的偏见

人们均生活在一定的群体中，在社会网络中进行形形色色的人际互动，而在人际交往的过程中，人们必然会形成一定的看法和态度，它们中就包括了偏见。偏见（prejudice）是人们脱离客观事实建立起来的对人和事物的消极认识和态度。从本质上看，偏见是一种态度，是个体不够宽容的体现，它包含认知的、情感的和行为的成分。它既可以是内隐的，也可以是外显的，最为典型的外显行为表现即人们常说的歧视（discrimination）。社会生活中，从带有感情色彩的表情性言语交往或社会交往中的故意回避、种族歧视或性别歧视、暴力行为乃至种族灭绝或宗教性屠杀，都是典型的社会性歧视现象。一般来说，偏见具有以下四个特征：

第一，偏见来源于有限的或错误的信息。人们常常倾向于根据少数人的表现来推断他们所属群体全体成员的特性，或根据道听途说的传闻来形成对某一群体的整体印象。例如，在某个城市有过受骗经历，就会认为这个城市的人都很坏；听说某个部门存在腐败现象，就认定这个部门所有的人都很腐败等等。

第二，偏见的认知成分是刻板印象。例如，人们生活在一个大男子主义至上的社会中，在性别角色社会化过程中，人们倾向于将男性和女性的角色看做是特定的、有限的，例如女性的角色认定多集中于家庭、婚姻和孩子，这样的偏见使女性在获得更高的社会地位或选择职业时受到了明显的限制。

第三，偏见有过度类化的倾向。一个持有偏见的人常常会产生类似于晕轮效应或光环效应的倾向。如果他讨厌某个人，就会倾向性地认为那个人各方面都不好（C.N.Macrae & A.B.Milne，1994），也会因为某个人属于他不喜欢的群体，而把附加于该群体所有不好的评价都附加到这个人身上。偏见的认知、情感和行为反应都有过度类化的倾向，会使人们在审视关系时忽略了个体差异与主客观条件的差异。

第四，偏见含有先入为主的判断。人们经常会在资料尚未收集齐全之时就断然作出结论，对他人印象的形成亦是如此，特别是负面的偏见，在印象形成过程中会很自然地凸显出来。与正面信息比较而言，人们对负面信息具有更大的敏感性，研究证明，这种倾向具有一定的大脑神经基础。

对于如何减少和消除偏见，社会心理学家们提出了许多方法。美国社会心理学家奥尔波特（G.Allport，1954）指出，增加群体在追求共同目标过程中的平等交往，可以减少偏见。此外，使群体间有共同的命运与合作性奖励，使人们以同等的地位相互接触，发挥大众媒体的积极作用，熟悉对方的独特性等方法，都对减少或消除来自个体和群体的偏见大有裨益。总之，消除偏见既有赖于个体全面深入地探知事物的真相，也有赖于环境是否能够充分提供全面的信息，二者缺一不可。

【思考与练习题】

1．简述人际交往中，影响第一印象形成的主要因素。
2．简述刻板印象如何影响人际关系的走向。
3．简述偏见的特征，以及如何减少和消除偏见。

第四节　消防官兵人际交往

【学习目标】

1. 了解消防官兵人际交往的特点。
2. 熟悉人际吸引的概念，以及消防官兵实现和维持人际吸引的因素。
3. 掌握消防官兵发展亲密人际关系的心理要素。

随着改革开放和市场经济的发展，消防部队的人际关系也在发生广泛而深刻的变化。

如何引导新时期的消防官兵发展积极的人际交往，是当前部队思想政治工作亟待解决的重要课题。

一、消防官兵人际交往的特点

（一）以集体活动为中心的人际交往

部队是一个高度集中、组织严密的集体，它具有明确的组织目标和共同的理想、信念以及世界观。从心理学的角度来看，人与人之间的地理位置越接近，就越容易发生人际交往；人们相互交往的次数越多、频率越高，就越容易形成共同的经验、话题和感受，由此，也就越容易建立密切的人际关系。在所有社会群体中，军人以集体活动为中心的人际交往具有显著的高密度特点。共同的生活和社会环境为军人的人际交往营造了时空上无限接近的有利条件。

（二）以地缘情感为纽带的非正式交往

非正式交往即同乡交往或老乡交往，部队存在这一普遍现象。同乡或老乡之间有共同的思维模式、地缘情感、地方方言以及风俗习惯，在感情上更易于交流和沟通，他们属于部队中一种特殊的非正式群体。同乡型非正式群体既可能对部队的建设和发展发挥积极作用，也可能会为部队战斗力和凝聚力的提升带来消极影响。因此，此类交往模式应把握适度的原则。

（三）官兵一致的平等性交往

在部队，不论职务、警衔高低，不论是干部还是士兵，在政治、人格和尊严上是平等的。军人的人际交往需要遵循尊重、真诚和宽容的原则，需要明确集体利益高于个人利益的准则，更需要官兵之间相互理解和对彼此相互支持。日常生活中，官兵们应当敞开胸怀，互敬互爱，学会管理情绪和调适失衡的心理。通过良好人际关系的建立和发展，提高每一位成员的归属感和主观幸福感，激发高水平的职业成就动机。

（四）一切行动听指挥的服从性交往

伴有严密的组织体系和铁的纪律，是部队人际关系区别于其他群体人际关系的一个显著特征。部队官兵的交往，有很大一部分是上下级之间的交往，这种交往既要体现民主和平等，也要体现集中和服从。因而，从这层意义上来说，如果离开了服从的特性，官兵之间不可能建立起积极的人际交往。

军人的服从性交往和平等性交往之间并不是对立的。服从性主要体现在以工作为核心的人际交往领域中，是组织意义上的等级关系，是非情感性的交往；而平等性交往的立足点是个体的人格和态度，包含了政治上的平等和情感上的相容。要明确的是，军人的服从不是被动性的。士兵和下级只有觉察到在政治上与首长和上级完全平等，在人格上受到尊重，才会自觉地服从命令、听从指挥。首长和上级持有热情、关怀、支持的态度，能赢得士兵和下级的尊重、好感与拥护。首长和上级与士兵和下级之间如果缺乏人际沟通和感情相容，不利于官兵之间建立良好的人际关系。由此可见，部队建设中提出的尊干爱兵的要求是有心理学依据的。

二、消防官兵建立和发展良好人际关系的难点——实现和维持人际吸引

众所周知，人际关系的主要成分是情绪和情感因素，人际交往的效果也是通过对他人的喜欢或厌恶表现出来的。人的情感发展的旅程从一出生就开始了，而幼儿期和儿童期是其发展的重要阶段，期间所形成的众多认知和思维模式决定了个体未来的人际关系水平。

在复杂的网状社会结构中，每一个人都会站在特定的结点上去建立和经营自己的人际关系，“获得——满足”“丧失——痛苦”的人际关系体验几乎伴随人们一生。如前所述，在人生的每一个阶段，都需要建立不同类型的、满足不同需要的人际关系，人们在每一段人际关系中都会遭遇相似的困扰：究竟具有什么特征的人才会被他人喜欢和接纳？个体的哪些特征影响到了他的人际吸引？怎样才能赢得期待的人际喜欢和人际吸引？怎样才能逃离由人际关系丧失所带来的痛苦？……要解答这些问题，首先要了解什么是人际吸引。

（一）人际吸引的概念

人际吸引（interpersonal attraction），又称人际魅力，是指人与人之间在感情方面相互喜欢和亲和的现象，即一个人对他人所持的积极态度。人际吸引表现为一种在情感上占优势的特殊的人际关系形式。社会心理学中，人际吸引属于人际知觉的一个领域，它使个体处于一种积极的心理状态，对于满足个体的人际需求以及建立良好的人际关系均具有不可忽视的指导意义。

（二）影响部队官兵实现和维持人际吸引的因素

1．情境因素

情境是人际关系的有效载体，反映了人际关系的结构与性质。包括人际间的交往距离、交往中的结群性以及个体的情绪体验等。

（1）时空距离。时空距离是影响人际吸引的一个重要因素。个体与个体之间、群体与群体之间的距离越接近，交往的频率可能就越高，就越容易建立良好的人际关系。

1）距离。人们交往的次数与距离的远近呈反比关系，住得越近越容易成为朋友。临近性能提高喜欢的程度，容易建立和发展良好的人际关系。

2）交往频率。交往频率是指人们互相接触次数的多少。一般说来，人们彼此之间交往的频率越高，刺激对方的机会越多，“重复呈现”的次数越多，就越容易形成较亲密的关系。交往的频率增多，容易形成共同的经验，找到共同的兴趣和话题，激发共同的感觉。对于素不相识的人们来说，交往频率在人际关系形成的初期具有重要作用。

（2）结群性或集群性。人际交往过程中，如果两人的物理距离比较接近，而且都有结群的需要，交往的机会便可大大增加，双方都会表现出交往的渴望、主动性和积极性，交往时热情地应答对方，使对方也沉浸在交往的热烈气氛中，这样容易建立轻松、愉快、和谐、融洽的人际关系。

（3）情绪体验。人际吸引中的情绪体验主要表现在交往者对交往对象所持的态度上，例如印象的好坏、个人的好恶、情绪的状态等等。研究表明，情绪状态在很多时候能影响人际吸引。实验研究证明，个体的情绪体验是决定人际吸引的主要因素。不良的情绪感受容易使

人们形成嫌恶的关系。

2．个人特质因素

据有关资料显示，近年来部队发生的重大事故案件中，约有40%来源于婚恋困境。决定部队官兵婚恋心理的因素很多，集中起来看，主要有爱情的价值定向、求美、爱情错觉、排他、求新、理想化等六类。其中产生的许多交往误区都涉及了对个人特质的寻求。

（1）外表和容貌。应当强调的是，外表和容貌等因素的重要作用只应当发生在初次交往或人际交往的初期，因为随着交往的深入，外貌的作用会逐渐削弱，加深人际吸引的更多的是其他内在特质。否则，如果始终将外貌作为建立人际吸引的前提的话，不可能发展任何持久的、和谐的人际关系，个体也会陷入不断求新求美但缺乏安全感的恶性循环中难以自拔。

（2）才华和能力。尽管外貌吸引力是一个显著的信号性因素，但最终决定人际关系走向的可能是个体的才华和能力。能力非凡可以使一个人具有吸引力。有趣的是，犯过错误会使个体与他人更加接近，使他的吸引力又增加了一层（见表5-10）。

表5-10　能力与吸引力

能力高低	吸引力高低
甲能力高超	20.8分
乙能力高超　有小差错	30.2分
丙能力平庸	17.8分
丁能力平庸　有小差错	−2.5分

（3）个性品质。个性品质具有其他特质无法比拟的吸引力，这种吸引力持久、稳定、深刻。通常来说，男性吸引人的个性品质包括勇敢、冒险、创造、坚韧不拔、不屈不挠、宽宏大量、襟怀坦白、不拘小节、理智、正直、忠诚、有思想、思维灵活、事业心强、期望水平高等；女性吸引人的个性品质包括温柔、体贴、善解人意、富有同情心、为人随和、情操高尚、有正义感、待人真诚、信赖、开朗活泼、可靠等。心理学家们持有共识的是，无论男性还是女性，最具有吸引力的个性品质是真诚，与此相对的，最具有排斥力的则是虚伪。

表5-11　个人品质受到喜欢的程度

值得高度喜欢的	介于积极作用与消极作用之间的喜欢	最不值得喜欢的
真诚	固执	作风不正
诚实	循规蹈矩	不友好
理解	大胆	敌意
忠诚	谨慎	多嘴多舌
真实	追求至善	自私
信得过	易激动	目光短浅
理智	文静	粗鲁
可靠	好冲动	自高自大
有思想	好斗	贪婪
体贴	腼腆	不真诚
……	……	……

此外，待人热情是决定吸引力的另一个特别重要的品质。在交往中，人们为了展现热情，常常会主动地去喜欢对方，对他们持肯定的态度，由衷地赞美和称颂他们，而不是轻视、厌恶或者说他们的坏话，从而诱发双方的积极反应，提高人际吸引。

3．相似与互补

能够影响人际吸引的，除了上述因素之外，还有相似和互补因素。交往对象的熟悉程度、态度的相似、兴趣爱好价值观的一致、需要与个性的互补、相互尊重、相互愉悦等，都影响着人际吸引的深度和强度。

（1）相似性。生活中，相似性（similarity）吸引可以表现在许多方面，例如，人们喜欢态度、信念、兴趣、爱好、价值观等相似的人；同年龄、同性别、同学历以及同经历的人容易相处；行为动机、立场观点、处事态度、追求目标、个人嗜好等一致的人容易相互支持；具有共同信念、情投意合的人容易建立亲密的人际关系；同阶级、同民族、同宗教、同行业、同国籍的人容易产生好感等等。根据调查，已婚夫妇中，夫妻相似的程度越大，生活就越幸福，离异的可能性也就越小。总之，人们喜欢与自己相似的人，因为人们总习惯用自己的模式或标准去要求别人。

（2）互补性。人们需要（个性）的互补性（complementarity）是指双方在交往过程中获得互相满足的心理状态。这种情境下容易形成强烈的吸引力。

一般而言，人际吸引中的互补作用多发生在交情较深的朋友、恋人或夫妻之间。研究表明，初次交往时，距离因素、外貌因素与社会资源等都是构成人际吸引的重要因素，但建立一定的人际关系后，双方的态度、信仰、价值观、人生观、世界观等是否相似变得重要起来。在友谊或婚姻的前期阶段，双方在人格特质和需求上的互补具有举足轻重的作用，如果双方均有互补的需要，又各自从对方那里获得了需要的满足，就会形成彼此相依的人际情形，增强人际间的吸引力。

三、消防官兵发展亲密人际关系的心理要素

现实生活中，部队官兵在处理恋爱、婚姻等亲密关系时凸显出了许多问题，爱情至上、爱情理想化、爱情享乐化、爱情功利化等不正确的婚恋观在官兵群体中随处可见。青年官兵在建立和维持健康的、良好的亲密人际关系时，应当把握以下心理要素。

1．价值观的一致

价值观是指一个人对客观事物的是非判断及其重要性的估计。一段亲密的人际关系由双方的内在特质（如个人修养、双方兴趣、理想和追求等）决定，其中涵盖了双方的价值观、人生观、世界观、思维模式、文化背景、成长经历、文化程度等许多方面。

2．心理相容

心理相容是指不同人格类型的人相互理解包容，配合适宜。心理相容是爱情成功的心理背景。一对恋人、一对夫妻心理相容，就能体会到欢乐、幸福与美好；如果心理不相容，则会感到惆怅、痛苦和失望。在思想和情感上的交流与融合是巩固心理相容的基础。

3．性意向一致

性意向是性爱与非性爱的本质区别。性意向是构成爱情心理结构的主要组成部分，它包括两性关系的选择取向与行为倾向等。性意向的协调水平在一定程度上也会影响到感情的交流。因性意向产生矛盾和冲突而导致感情不和、婚姻破裂的例子是屡见不鲜的。正确对待和协调好性意向是巩固爱情、稳定家庭的重要因素。

4．忠贞

忠贞是爱情成功的基础。青年男女之间的爱情是一种纯真的爱恋之情。爱情应当挚笃专一、忠贞不二，绝对不能三心二意、盲目攀比。男女之间的爱情本身也包括性爱的成分，而性爱本身即具有排他性与忠贞的心理需求，这与中国社会的伦理准则是相符合的。

5．尊重

尊重也是爱情成功、家庭和美的必要心理因素。恋人之间的尊重是恋爱关系深化的基础，夫妻之间的尊重是婚姻关系维系的前提。爱情是相互之间的爱恋之情，由彼此美好的、彼此尊重的人格特质来联结。真正意义上的爱情不是一方对另一方的占有，而是建立在相互尊重基础上的情感共鸣和身心融合。

6．自尊

在爱情的心理结构中，尊重与自尊是相辅相成、缺一不可的。自尊的前提是对自我正确的评价和适当的情感体验。没有自尊，就不可能带来对方的尊重；而缺少对于对方的尊重，其自身正常的自尊水平必然也会很低。

【思考与练习题】

1．简述消防官兵人际交往的特点。

2．简述实现和维持人际吸引的因素。

3．论述消防官兵如何建立和发展亲密人际关系。

第六章　消防官兵的情绪调节

人们每天都在体会着各种各样的情绪。如亲友团聚时的喜悦和快乐，朋友吵架时的愤怒和难受，失去亲人时的悲伤和痛苦，面对危险时的紧张和恐惧。这些情绪变化都是伴随着心理活动的产生而产生的，真切地反映着我们的心理状态，可以把情绪当做判断自己和他人心理状态的晴雨表。美国心理学家丹尼尔（Daniel）所提出的“情商”理论认为，使一个人成功的因素中智力因素只占20%，而情绪因素占80%。能够认识自己的情绪并正确运用情绪来帮助自己，是情商中很重要的一部分。

第一节　情绪概述

【学习目标】

1. 了解情绪调节的必要性。
2. 熟悉情绪对身心健康的影响。
3. 掌握情绪管理的五种能力。

对于一个消防员来说，无论是在灭火救援的现场，还是在训练工作、生活中，能保持良好的情绪状态，是十分重要的心理品质，也是一个人心理健康的重要标志。

一、消防官兵情绪调节的必要性

战斗在灭火一线的消防官兵长期处于高危工作环境之中，由于现代火灾以及抢险救援的特点，消防官兵随时面临着各类火场、救援现场生与死的考验。消防官兵的情绪会随着环境、事件、刺激、心境等的改变而发生各种变化，一旦情绪产生波动，个人会表现愉快、气愤、悲伤、焦虑或失望等各种不同的内在感受。假如负面情绪经常出现而且持续不断，就会对个人产生负面的影响，从而影响身体机能的协调和合作，影响消防官兵智能、技能的发挥，会对消防官兵的战斗力、消防部队的集体凝聚力产生巨大的影响。

（一）情绪影响生理健康

每个人都会有情绪，人人都知道不良情绪会致病，会伤害身体健康，但他们往往不知道，就算是正面情绪，若情绪变化过频、过度，也可能会损害到健康。中医认为：频繁持续而过度的情绪变化，会影响脏腑的生理功能，在中医上称之为“七情内伤”。中医所说的七情是指喜、怒、忧、思、悲、恐、惊。《黄帝内经》也明确记载：“怒则气上，喜则气缓，悲则气消，恐则气下，惊则气乱，思则气结。”

研究指出，一个人常常有负面或消极的情绪产生时，如愤怒、紧张，人体内分泌亦受影响，并导致内分泌不正常，而形成生理上的疾病，西医称之为“心身疾病”。

（1）情绪能影响胃脏。易怒的人多数有胃病。

（2）情绪能影响大肠。如果一个人的情绪失常，则大肠内壁的分泌作用，不是停止，就是加速，停止则可能患秘结，加速则可能患腹泻。

（3）情绪能影响心脏。心脏的神经十分敏感，只要情绪上略有改变，便立即发生反应。例如，情绪经常性跌宕起伏的人，易得冠心病。

（4）情绪能造成高血压。脑部血管的舒缩中枢与脑部管理思想及情绪活动的神经是密切关联的。因此，一切紧张情绪都会刺激血管舒缩中枢。恐惧、焦急、渴望等，均能提高血压，尤以长期的情绪紧张，能造成慢性高血压，逐渐变成“特发性高血压”。

（5）情绪能影响内分泌器官。内分泌器官，比如胰脏中的胰岛，其分泌的“胰岛素”控制血糖。愤怒及忧郁，能阻碍胰岛素的产生，而导致糖尿病。不良的情绪，可以造成肾功能失常，形成各种肾脏病。

现代心理学、医学、生理学、生物学等科学发展之后证明，情绪与生理机能有关，已知的不良情绪与癌症、风湿病、月经不调等疾病的发生、发展有着密不可分的关系。

（二）情绪影响心理健康

人是情绪的主体，喜、怒、哀、乐每个人都有，有研究表明，许多心理问题都与情绪调节有关，因此，情绪的调适与心理健康关系最为密切。正常的情绪反应，不论是积极的（愉快的）还是消极的（不愉快的），都有助于个体的行为适应和心理健康。但是，若不良的情绪长期存在，不及时地疏导，轻则败坏兴致，重则使人走向崩溃。

（三）情绪影响人际关系

人际关系与一个人情绪表达是否恰当密切相关。情绪的外部表现主要有面部表情、体态表情、言语表情，可以通过情绪的这些外部表现进行传情达意，作为一种具有特定意义的信号，成为人际信息交流的重要手段。准确地表达自己情绪以及了解他人感受，是提高人际交流能力，改善人际关系的重要途径和手段。

积极情绪能使别人更喜欢接近自己，比如，常面带微笑、多赞美他人、以亲切态度与别人和谐相处，能有助于建立良好的人际关系。倘若常在他人面前任由负面情绪的宣泄，不加控制，很难与他人建立正常的人际关系。

（四）情绪影响人的认知和行为

情绪和认知过程具有明显的交互作用。认知影响情绪，有些坏心情不是源于事件的发生，而是对事件的认知导致的结果。在生活中，常有一些不合理的信念，例如人应该得到生活中所有对自己是重要的人的喜爱和赞许；有价值的人应在各方面都比别人强；任何事物都应按自己的意愿发展，否则会很糟糕；一个人应该担心随时可能发生灾祸；情绪由外界控制，自己无能为力等，这些不合理的认知会导致各种负性情绪的出现。

情绪也会对认知和行为产生重要影响。比如，在情绪良好时，思维开阔，工作效率较高，创造性高。情绪低落时，思维迟缓，学习工作效率低下。

因此，在实际生活中可以通过对情绪的认知和控制以实现更好地管理自身的情绪，减少负性情绪对心理和身体健康的影响。

二、消防官兵情绪管理的五种能力

情绪管理就是适时适地，对适当对象以恰当的方式表达情绪。由于消防官兵职业的特殊性，提高消防官兵情绪管理的有效性和实用性，是增强官兵心理调节能力，维护心理健康的重要举措，这不仅有利于保持部队稳定、提高灭火救援的效能，更是有利于提高部队的战斗力和协调能力。

戈尔曼教授系统地阐述了情绪管理的表现，并把它概括为以下五种能力。

（一）情绪的自我觉察能力

情绪的自我觉察能力是指了解自己内心的一些想法和心理倾向，以及自己所具有的直觉能力。

自我觉察，即当自己某种情绪刚一出现时便能够察觉，它是情绪智力的核心能力。一个人所具备的、能够监控自己的情绪以及对经常变化的情绪状态的直觉，是自我理解和心理领悟力的基础。如果一个人不具有这种对情绪的自我觉察能力，或者说不认识自己的真实的情绪感受的话，就容易听凭自己的情绪任意摆布，以至于做出许多遗憾的事情来。

（二）情绪的自我调控能力

情绪的自我调控能力是指控制自己的情绪活动以及抑制情绪冲动的能力。

情绪的调控能力是建立在对情绪状态的自我觉知的基础上的，是指一个人如何有效地摆脱焦虑、沮丧、激动、愤怒或烦恼等因为失败或不顺利而产生的消极情绪的能力。这种能力的高低，会影响一个人的工作、学习与生活。当情绪的自我调控能力低下时，就会使自己总是处于痛苦的情绪旋涡中；反之，则可以从情感的挫折或失败中迅速调整、控制并且摆脱而重整旗鼓。

（三）情绪的自我激励能力

情绪的自我激励能力是指引导或推动自己去达到预定目的的情绪倾向的能力，也就是一种自我指导能力。它是要求一个人为服从自己的某种目标而产生、调动与指挥自己情绪的能力。一个人做任何事情要成功的话，就要集中注意力，学会自我激励、自我把握，尽力发挥出自己的创造潜力。这就需要能对情绪进行自我调节与控制，能够对自己的需要延迟满足，能够压抑自己的某种情绪冲动。

（四）对他人情绪的识别能力

这种觉察他人情绪的能力就是所谓同理心，即能设身处地站在别人的立场，为别人设想。越具同理心的人，越容易进入他人的内心世界，也越能觉察他人的情感状态。

（五）处理人际关系的能力

处理人际关系的能力是指善于调节与控制他人情绪反应，并能够使他人产生自己所期待的反应的能力。能否处理好人际关系是一个人是否被社会接纳与受欢迎的基础。在处理人际关系过程中，重要的是能否正确地向他人展示自己的情绪情感，因为，一个人的情绪表现会对接受者即刻产生影响。如果你发出的情绪信息能够感染和影响对方的话，那么，人际交往就会顺利进行并且深入发展。

【思考与练习题】

1. 简述情绪对身心健康的影响。
2. 简述情绪管理的五种能力。

第二节 消防官兵不良情绪

【学习目标】

1. 了解什么是不良情绪。
2. 熟悉不良情绪的种类和表现形式。
3. 掌握消防官兵常见的不良情绪及特点。

不良情绪是指一个人对客观刺激进行反应之后所产生的过度体验。无论人们对客观刺激抱有什么态度，自身都能直接体验到，体验是情绪的基本特征。

不良情绪主要包括两种情绪体验形式：一种是持久性的消极情绪体验，它是指在引起悲、忧、恐、惊、怒、躁等消极情绪的因素消失之后，主体仍长时间地沉浸在消极状态中，不能自拔；另一种是过度性的情绪体验，它是指心理体验过分强烈，超出了一定限度，如狂喜、过分激动等。持久性的消极情绪体验和过度性的情绪体验都有严重的危害性，危害的程度因人而异。

消防部队是一个执行特殊任务的部队，作为长期处于应激状态的消防官兵，由于职业的特殊性，任务的艰巨性和生活的紧张性等特点，常会引发军人的不良情绪。情绪状态的起伏和变化，会直接影响到工作效率和部队的凝聚力和战斗力。

一、消防官兵常见的情绪障碍

（一）焦虑

焦虑是由几种情绪混合而成的负性情绪体验，指一种对未来某种可能发生的可怕情境即时的不愉快情绪体验。因为预期到某种可怕的情境将会发生，又感到自己无法采取有效的措施加以预防和解决，从而感到害怕、提心吊胆、忧心忡忡、紧张不安、烦躁、易激惹、坐卧不安，继而产生失眠、食欲缺乏、疲倦乏力等生理症状。

焦虑包含三方面特征：一是紧张、害怕；二是烦躁不安、心神不宁；三是担心、忧虑。

焦虑不同于恐惧。恐惧是由危险导致的，当事人清楚知道恐惧的对象和情境；而焦虑是由当事人面临的潜在性威胁所引起，造成焦虑的因素可能发生，也可能不发生。如战士考学前焦急的等待状态，可能产生焦虑情绪。焦虑的程度主要取决于当事人对情境的主观评价、人格特征、既往经验以及对未来结果的估计等等。

焦虑产生后，常出现交感神经活动机能亢进现象，诸如脉搏加快、血压升高、呼吸加深、出汗、四肢震颤、烦躁、坐卧不宁等。进一步发展可出现副交感神经活动增强的征象，如腹泻。焦虑在心理方面的表现很复杂，还常出现失眠、头痛、伴手足心出汗、注意力不集中、内心忐忑不安、犹豫不决、易受激惹等。

适度的焦虑可以提高人的警觉水平，引起人的紧迫感，促使人采取合适的方式及行为对付应激，以实现预期目的，有益于适应环境。如考核前适度的焦虑可促使我们对考核重视，激励我们做好一切必要的准备。当焦虑持续存在，过度、持久的焦虑则影响人的认知能力，妨碍人们准确地认识和考察自己所面临的挑战与环境条件，难以作出理性的判断和决定。部队官兵的焦虑往往产生在工作压力、职务晋升、立功受奖、考学提干、入党、学技术、复转去留等现实问题面前。

（二）抑郁

抑郁是一种复合性负性情绪。在令人忧伤或悲痛的情境中，每个人都有过抑郁的体验，其主要表现为情绪低落、心境悲观、对各种事情缺乏兴趣、回避与他人交往。但在抑郁严重发展的情况下，它又能转化为病态情绪，使人饱受困扰。抑郁的体验和反应比单一的负性情绪更为强烈、持久，带给人的痛苦更大。

抑郁情绪的正常与异常之间的界线是难以截然划分的。一般来说，处于抑郁状态的人，如能对其所遭遇的现实和自身的处境作出恰当的分析，对自身行为的控制与调节符合社会常规，并有足够的自信与自尊，虽然体验到抑郁，但无行为异常，即属于正常的情绪反应。但是，如果抑郁状态导致对情境不能作出如实的判断，便会产生偏离社会常规的行为，或行为适应不良。例如，由于过度的压力感而情绪低落与绝望，失去兴趣，不能胜任正常工作，甚至产生自杀企图等极端意念和行为，就属于异常的范畴了。因此，当心情低落达到使心理功能下降或社会功能受损害，且持续一定时间（至少两周以上），可作为一种病态情绪对待，应考虑向心理医生或精神科大夫求助。

病态抑郁有以下六个方面的主要表现：

第一，兴趣减退甚至丧失。对往常感兴趣的事也会表现出厌烦、冷淡、无动于衷。不愿与他人接近，回避社会生活。

第二，对前途悲观。似乎生活、工作、学习都前景暗淡，事情已经无可挽回和不可收拾，严重者可感到绝望。

第三，无助感。感到对自己的不幸和痛苦无能为力，别人对自己也爱莫能助。

第四，精神疲惫。似乎精力已经耗尽，想振作也振作不起来，至少无法持久。

第五，自我评价下降。常会觉得自己不如别人，别人也看不起自己，生活毫无意义，伴有强烈的自卑、自责，甚至自罪感。

第六，感到生活或者生命本身没有意义，对生活缺乏兴趣，认为活着还不如死了好，有自杀念头甚至自杀行动。

抑郁情绪是一种比较常见的不良情绪困扰。性格内向、不爱交际、孤僻、多疑的人或遭受亲人去世、意外灾害和身患重病时，容易出现病理性抑郁情绪。

消防官兵由于部队严格的制度和生活作息以及高强度、高压力的工作等实际情况，在婚姻、恋爱、家庭以及提干、入学、人际关系等敏感生活、工作事件中，容易遭受抑郁情绪的困扰，而且其情绪体验比普通人更为深刻而复杂。

抑郁情绪的最坏结果是自杀。当事人长期受严重抑郁情绪困扰，人生态度低沉悲观，极度自卑，部分人会表露自杀意念。研究表明，抑郁症候群与自杀之间存在着明显的正相关，相当多的抑郁症患者有自杀意念，较多的严重抑郁症患者采取过自杀行为。因此，抑郁情绪是评定自杀危险性的重要指标。对于官兵长期表现出的悲观、绝望情绪，尤其是曾经表露过自杀念头或有过自杀行为者，应该予以即时的关注，并积极向专业机构和专业人员寻求帮助。

（三）愤怒

愤怒是正常人的一种基本情感成分，是当客观事物与主观愿望相悖时而习惯使用的一种情绪反应。愤怒的引起决定于达到目的的障碍被当事人意识的程度。怒，从程度上可分为不满、气恼、愤怒、暴怒、狂怒等。

心理生理学研究表明：愤怒情绪越强烈，对于自己的身体伤害越大。盛怒之下，正常的生理平衡被打破，身体出现高度紧张状态。愤怒时会出现心跳加快、血管扩张、心律失常，严重时还可导致心脏停搏甚至猝死。愤怒是危害人类健康的情绪杀手，它可导致心脏病、高血压、胃溃疡、皮疹、失眠等一系列疾病。

愤怒还对心理和行为存在负面影响。当人们被愤怒的激情控制时，人们的认识范围就会缩小，理智分析的能力受到抑制，思维阻塞，大脑皮层对行为的控制能力减弱。在愤怒情绪控制下，人们常常会做出损物伤人等过激行为，甚至因一时冲动，行为失控而犯罪。一旦平静下来，人们又常常为自己愤怒时的所作所为懊悔不已。愤怒还会破坏人际关系，人们在愤怒情绪支配下，往往不顾及他人尊严，不给别人面子，常严重地损害他人的情感与自尊，造成人际间难以弥补的鸿沟。

（四）自卑

自卑是因对自己评价过低而产生的压抑、羞愧情绪体验，是自我意识中自我情绪体验形式之一。自卑的人自我评价过低，评价不符合自身实际情况，因而会轻视自己，或者看不起自己，对自己没有信心，在社会生活中表现出胆怯、退缩，担心不被他人尊重，对他人的评价异常敏感，为了避免受到进一步的心理伤害，尽量不与人接触，把自己封闭起来。

军人的自卑主要表现在：敏感和掩饰，自暴自弃，逃避现实，自傲，封闭以及逆反心理。产生自卑感的原因很多，主要是不能正确地面对现实。大多数官兵未入伍之前，在家生活无忧，受到家长的宠爱，自我感觉良好，进入部队后，突然失去了被关注的感觉，这种地位的变化和心理的落差产生了自我评价失调，造成自卑的心理。部分官兵缺乏某些个人专长，在人才济济的部队，就会产生一种不如别人多才多艺的自卑感，觉得自己平平庸庸和默默无闻。或是由于婚恋的受挫，将恋爱失败的原因归于自身条件如身高，相貌或其他方面的能力“配不上人家”，因而产生比较严重的自卑心理。还有少部分官兵由于性格内向，不善于言语、不善于表达自己、腼腆、交际能力差，难以适应新的环境，因而产生严重的自卑感。

（五）恐惧

当人们面对危险时会产生不同程度的恐惧情绪，这是正常的心理反应。但当危险过后恐惧心理难以消除，或对并不可怕的事物产生过分的恐惧心理，或自知恐惧不必要、不正常，却难以自控，感到不安、痛苦、害怕，即是恐惧情绪障碍。

在平时，军人中最常见的恐惧是人际交往恐惧。比如有的战士想好了的话在集体面前讲不出来，过后又感觉自己无能并很痛苦；还有的军人与战友、领导、异性交往时不知所措，尤其是在与异性交往中更是极度紧张、畏惧。这些情绪反应主要表现为面红耳赤、不自然、不敢与别人的视线相对，害怕别人从自己的视线中看出自己的内心世界，由此产生敏感的想法。有人际交往恐惧的人也常常表现明显的焦虑和回避行为，当他们意识到将要接触恐怖的交往情境时，最先产生紧张不安、心慌等现象，为了避免产生进一步的恐怖情绪，他们便主动回避与这类情境接触。

还有的新战士对夜间站岗感到恐惧。其实新兵夜间站岗感到害怕是一种正常的心理反应。有些人害怕的时间持续长些，程度严重些，但是只要注意加强心理调节和锻炼，是完全能够逐步调整过来的。

二、辩证看待情绪

焦虑、紧张、愤怒、沮丧、悲伤、痛苦、难过、不快、忧郁等情绪均属于不良情绪。据研究发现，许多病人不是因病而死，而是因情绪低落或暴怒而死。

一般而言，消极的情绪体验都属不良情绪的范畴，但如果消极体验是一时性的、短暂的，其对当事人的身心及工作不会造成大的损害。若消极体验长期存在，其危害性则是不容忽视的。消极的体验属不良情绪的范畴，而积极的体验则未必都属良好的情绪范畴。当一个人的积极正向情绪超出一定限度时，如狂喜、过分激动等，这种积极情绪也会变成不良情绪，导致身心受损。持久性的消极情绪体验和过度性的情绪体验都有严重的危害性，危害的程度因人而异。对于同一个刺激，不同的人可能会产生不同的体验，即使是同一个人对待同一个刺激，在不同的时间、场合也可能产生不同的体验。有的人有较强的耐受力，不良情绪只会影响其人际关系和工作效率，不会对其身体健康造成很大损伤；而有的人经受长期的不良情绪之后，不仅人际关系和工作效率受到严重的影响，而且心理上的痛苦还会转变成身体上的疾病，严重影响身体健康。

对不良情绪及其危害性应该有足够的认识。消防官兵掌握应对不良情绪的方法，学会预防和调控不良情绪，对维护军人的身心健康、稳定部队、提高战斗力有巨大作用。

【思考与练习题】

1．不良情绪的情绪体验有哪些？
2．简述消防官兵常见的情绪障碍。
3．简述病态抑郁的主要表现。

第三节　消防官兵情绪的调节

【学习目标】

1. 了解情绪状态与健康的关系。
2. 熟悉情绪与心理健康之间的关系。
3. 掌握情绪调节的方法和措施。

情绪状态与人的健康密切相关，情绪状态所引起的生理反应将会影响到人的身体健康。因此，要加强情绪管理，提升心理健康水平。

一、情绪与健康

现代医学证明，许多疾病的发生不是由于病毒或有害的物质刺激而导致器质性的病变，而是由于精神状态不佳、情绪异常所导致的。情绪状态与人的健康密切相关，情绪状态所引起的生理反应将会影响到人的身体健康。

健康的情绪包含以下几个标准：

（1）情出有因。情绪、情感的产生与发展必须由一定的原因引起。无缘无故的喜、怒、哀、乐，莫名其妙的悲伤、恐惧，就不是情绪健康的表现。

（2）表现恰当。一定的刺激会引起一定的情绪反应，反应和刺激应该相互吻合。

（3）反应适度。情绪表现的持续时间和强烈程度都应适当，不能无休无止地没完没了，如果微弱的刺激引起强烈的情绪反应，则是情绪不健康的表现。

（4）情绪稳定。情绪反应开始时比较强烈，随着时间的推移，反应逐渐减弱。如果反应时强时弱，变化莫测，经常处于不稳定状态，则是情绪不健康的表现。

（5）心情愉快。以愉快的心境为主，积极情绪多于消极情绪。如果一个人经常情绪低落，愁眉苦脸，心情郁闷，则是心理不健康的表现。

（6）能自我控制。健康的情绪是受自我调节和控制的。情绪健康的人，应是情绪的主人，可把消极的情绪转化为积极的情绪，也可把激情转化为冷静。

情绪成熟的标志就是能控制自己的情绪，用理智而不是用感情来指导自己的行动。如果处理一切事情都完全依赖于自己的好恶，那种情绪就是不成熟的。因此，检验情绪成熟和健康最主要的标准就是稳定。

当你处于某种情绪状态下，首先需要敏感地觉知到自己所处的情绪状态，只有在正确认识自己情绪所处状态时，才能有选择如何处理情绪的余地，或是约束、控制自己的情绪，或是直接宣泄情绪。这种认识自我情绪的能力对含蓄的中国人来说并不容易，我们很少意识到“我现在很焦虑”“我很伤心”“我正在大动肝火”等。一些人往往总是不能自主地分析判断情绪感受。情绪智力高的人，可以很好觉察到自己和他人的情绪状态，并能有效调节和控制自己的情绪。

二、情绪管理的措施和手段

当今社会环境较为复杂，消防官兵对自身情绪的控制与调节能力，成为衡量消防官兵成熟与否的重要标志。加强和提高消防官兵情绪管理能力，对于提高军人的身心健康水平，维护部队稳定，提升部队战斗力有重要作用。

（一）调整认识

心理学家认为，一切情绪状态都具有暂时性及主观性，决定情绪主要的作用是人的认识。现实中，人们情绪上的困扰并不一定是由诱发事件直接引起的，而是由人们对事件的不合理的认识和评价所引起的。合理的认识产生合理的态度，不合理的认识产生不合理的情绪和行为反应。

（1）调整对自己不合理的认识。以自己的某一件事、某个言行来对自己进行整体评价的方式，只可能使人自我否定，陷入消极情绪的深渊。要注意摒弃一些不合理的观念和认知，比如绝对化，过分概括化。因此，人们要摆脱那种以某事的成败为标准对自己进行整体评价的不合理的思维方式。要就事论事，不能因为一件事而否定一个人的整体价值。世界根本不存在十全十美的完人，所以不能自我否定，更不能自我轻视。

（2）调整对他人不合理的认识。如“人们必须善待我，支持我，喜欢我”，这种认识中存在着对他人的绝对化要求。合理的认识应该是：我们无权对他人提出绝对的要求，要求别人按自己的意愿行事是错误的，也是不可能实现的。理性的人们会尊重他人，不要求他人按自己的意志行事。

（3）调整对周围环境及事物的不合理认识。世界上各种事物都有其各自的规律性，不可能为个人意志所左右，若不认识到这一点，最终会在生活中遭受挫折，陷入情绪困扰。理性的人们会尝试去改变或改善周围的环境，如果不可能做到这一点，就努力学会接受这种现实。

（二）改变固有的行为模式

行为改变是一个连续、动态、逐步推进的过程，改变人的行为是一项复杂而艰巨的工作。长期以来，人们在生活中会形成各种固有的行为模式，人们通过改变不利于健康的行为，以达到调整心理和调节情绪的目的。

（1）确定奋斗目标，学会接受自己目前的状态，悦纳自己的成绩、性格。目标符合自己的实际。不要过分关注眼前的利益，不要过分关注别人的事，不要过分关注得与失。

（2）改变知识的构架。知识的改变是行为改变的一个必要的条件。可以通过读书、学习和信息交流等途径来改变人的知识结构，使人认识到改变行为的必要性。

（3）改变习惯性态度。态度是人们对事物的评价倾向，与人们的认识是不可分割的。态度中往往带有强烈的情感成分。态度的改变还常常受到集体、亲友等外界态度的影响。要经过一个服从、认同、同化的变化过程，才能达到把原有的否定性态度向肯定性态度转变。

（4）建立恰当的情绪表达方式。情绪表达指的是人们用来表现情绪的各种方式。作为在社会中生存的社会人，情绪的表达应以不伤害别人、不伤害自己等符合社会规范的方式恰当表现，因此，应学习建立恰当的情绪表达方式，学习符合规范的疏解情绪方式。

（三）掌握情绪调节的方法

1．自我鼓励法

可以用某些哲理或某些名言安慰自己，鼓励自己同痛苦、逆境作斗争。自娱自乐，会使情绪好转。

2．语言调节法

语言是影响情绪的强有力工具。如悲伤时，朗诵滑稽、幽默的诗句，可以消除悲伤。用“制怒”“忍”“冷静”等词语进行自我提醒、自我命令、自我暗示，也能调节自己的情绪。

3．环境制约法

环境对情绪有重要的调节和制约作用。情绪压抑的时候，到外边走一走，能起调节作用。心情不快时，到娱乐场做做游戏，会消愁解闷。情绪忧虑时，最好的办法之一是去看看滑稽电影。

4．注意力转移法

可以利用活动转移注意力。当处于情绪困境时，暂时将问题放下，从事所喜爱的活动以转变情绪体验的性质，把注意力从消极方面转到积极、有意义的方面来，达到调控情绪的目的。

事实证明，音乐和美术、书法对于缓解情绪有巨大的作用，欢快有力的节奏使情绪消沉者振奋，轻松优美的旋律让紧张不安者松弛。挥毫舞墨的书画也可陶冶人的情操。体育和旅游活动也是转移调控情绪的良好方法。当情绪状态不佳时，游山玩水、打球下棋都是极好的情绪调控手段，体育活动既可以松弛紧张情绪，又可以消耗体力，使消沉者活跃，激愤者平静，实现平衡情绪的目的。

5．情绪疏泄法

适当的情绪疏泄方法是指当处于较激烈的情绪状态时，应以社会可以允许的方式直接或者间接地表达其情绪体验。对不良情绪可以通过适当的途径排遣和发泄。消极情绪不能适当地疏泄，容易影响心身健康。所以，该哭时应该大哭一场；心烦时找知心朋友倾诉；不满时发发牢骚；愤怒时适当地出出气；情绪低落时可以唱唱欢快的歌。

情绪疏泄方法也有“度”的问题，不能把合理的情绪疏泄理解为疯狂式的情绪发泄。如以暴力或其他不恰当的方式发泄情绪，其后果往往很严重，不仅不利于问题的解决，反而会引发新的问题。所以情绪疏泄的方法应强调其合理性，情绪的发泄不得损害其他人的利益。

（四）主动体验情绪，做最好的自己

1．主动体验积极的情绪

改变注意焦点，努力尝试调整自己的内心，承认情绪的客观性，承认情绪是人本身的一部分，表达自己的情感是正常的、正当的。同时，要学会适度表达。适度表达自己的情绪有益于身心健康。

2．合理宣泄，学会倾诉

宣泄、倾诉对释解压抑、焦虑、伤心、悲痛等情绪有奇效。人的情绪处于压抑状态时应加以合理的宣泄，这样才能调节机体的平衡，缓解不良情绪的困扰，恢复正常的情绪、情感状态。遇到情绪困扰的时候，告诉能帮助你的人。也可以通过记日记、写作文的方式倾诉内心的感受。还可以找一个无人处痛痛快快地哭一场，或者找亲朋好友倾诉一番，或者去心理咨询机构倾诉。但应该注意掌握适度，并注意方式和对象。

3．转移注意力

当情绪不佳时可以做一些自己感兴趣的事情，比如看书、听音乐、散步、参加体育锻炼、旅游、看电影等。切不可钻牛角尖，沉浸在不良情绪中不能自拔。

4．积极热情地对待他人

用积极热情、善良、友好的态度对待别人，给自己创造一个良好的生活氛围。古语有云：己所不欲，勿施于人。你如何对待别人，别人就如何对待你。学会不再埋怨，选择自己的态度，寻找每个人身上最好的东西，合理地归因。

5．心怀必胜、积极的想法，并努力付诸行动

有些事情不是因为难以做到，我们才失去自信，而是因为我们失去了自信，才显得难以做到。但是，无论任何时候，应该心怀必胜、积极的想法，并努力付诸行动。

6．用健康、积极的暗示来帮助自己

用积极的情绪感染你周围的人，是一种自我调节情绪的方法。暗示对人的情绪乃至行为有奇妙的影响，既可用来松弛过分紧张的情绪，也可用来激励自己。例如在训练学习成绩落后、恋爱失败、生理上有缺陷或交往技巧缺乏等情况下，要使自己振作起来，进行积极的自我调整和改变，此时积极的心理暗示是很有必要的。可以在心中经常默念“别人能行，我也一定能行”“我能做好，我有信心”“别人不怕，我也不怕”等，努力挖掘自己的长处及优点，在很多情况下此法能驱散抑郁、焦虑、怯懦和恐惧，使自己恢复快乐和自信。

【思考与练习题】

1．简述情绪与健康之间的关系。

2．简述调节情绪的方法。

第七章 消防官兵的挫折与压力应对

“人有悲欢离合，月有阴晴圆缺，此事古难全。”生活中，尽管人们希望能一帆风顺、万事如意，但挫折却总是不可避免的。成功固然可贵，失败也并非毫无意义。消防部队作为社会中的一个群体，使消防官兵产生心理压力的外界因素和个体因素同样也会存在其中。因此消防官兵十分有必要掌握挫折与压力应对方法。

第一节　挫 折 概 述

【学习目标】

1. 了解挫折理论的形成。
2. 了解挫折与个人发展之间的关系。
3. 掌握挫折的定义、条件，影响挫折的因素。

一、挫折的涵义

（一）挫折的定义

在社会心理学和行为科学中，挫折指一种情绪状态，是人们在某种动机的推动下，为实现目标而采取的行动遭遇到无法逾越的困难障碍时，所产生的一种紧张、消极的情绪反应、情绪体验。挫折包括三个方面的涵义：一是挫折情境，即指对人们的有动机、有目的的活动造成的内外障碍或干扰的情境状态或条件，构成刺激情境的可能是人或物，也可能是各种自然和社会环境；二是挫折认知，即指对挫折情境的知觉、认识和评价；三是挫折反应，即指个体在挫折情境下所产生的烦恼、困惑、焦虑、愤怒等负面情绪交织而成的心理感受，即挫折感。其中，挫折认知是核心因素，挫折反应的性质及程度，主要取决于挫折认知。

一般来说，挫折情境越严重，挫折反应就越强烈；反之，挫折反应就轻微。但是，只有当挫折情境被主体所感知时，才会在个体心理上产生挫折反应。如果出现了挫折情境，而个体没有意识到，或者虽然意识到了但并不认为很严重，那么，也不会产生挫折反应，或者只产生轻微的挫折反应。因此，挫折反应的性质、程度主要取决于个体对挫折情境的认知。

挫折反应和感受是形成挫折的重要方面，个体受挫与否，是由当事人对自己的动机、目标与结果之间关系的认识、评价和感受来判断的。对某人构成挫折的情境和事件，对另一人不一定构成挫折，这就是个体感受的差异。

（二）挫折的条件

挫折是一种消极的心理状态。它是在自我评价倾向性的推动下，根据社会期望、自我抱负水平对自我行为的过程和结果进行评价时产生的。

1. 有行动动机和明确的行动目标

动机是推动个体去行动以达到一定目标的内在动力，没有一定的动机和目标，挫折的产生也就无从谈起。

2. 有满足动机和达到目标的手段或行动

个体所感受到的现实的挫折是在其采取一定手段，为满足一定的需要、实现预期目标的实际行动中产生的。没有满足需要和达到目标的手段与行动，即使目标再高远，动机再强烈，也不会产生挫折感，或只能产生想象中的挫折感。

3．有挫折的情境发生

如果动机和目标能顺利获得满足或实现，就无所谓挫折。如果在实际生活中，虽然实现目标过程中受到阻碍，但通过改变行为，绕过阻碍达到目标，或阻碍虽不能克服但能及时改变目标与行动方向，也不会产生挫折。只有在实现目标的道路上受阻但又不能逾越时，才构成挫折情境。没达到的结果发生即构成挫折情境，只是尝试而没达到则不构成挫折情境。

4．主体必须对目标受阻有知觉

个体在实现目标的行为受到阻碍而产生挫折时，必须有所知觉和认识。如果客观阻碍存在，但人们主观上并无知觉，就不会构成挫折。

5．必须有对知觉和体验产生紧张状态和情绪反应

具体来说，行为主体在受挫后往往有焦虑、恐惧、紧张、愤懑等情绪反应。

通过图 7-1，可以进一步认识挫折产生的机制。

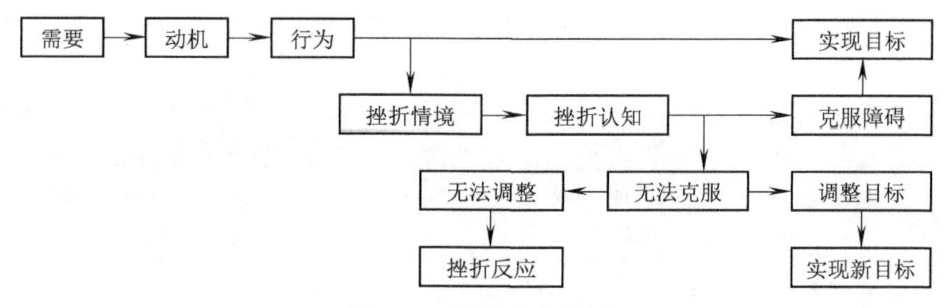

图 7-1 挫折形成机制

二、影响挫折感的因素

影响挫折感的原因很多，主要体现在以下方面。

（一）动机强度

挫折的产生与否和个体的需要、动机等因素有密切的关系。动机一旦产生之后便引导个体行为指向目标，但动机产生之后可能遭遇到的结果有四种：第一，动机无需特别努力即可达到目标；第二，动机的实现可能受到阻碍或延迟，但最终可以达到目标；第三，当一种动机正在进行之中，另一种较强大的动机出现，使个体放弃前一动机而选择后一动机；第四，动机行为受到干扰和障碍，使个体无法达到目标而感到挫折、沮丧、失意。只有第四种情况是挫折。因而，需要越迫切、动机越强烈，受挫后，挫折感越强。

（二）自我期望值

对任何事物的自我期望与现实都可能有一定的差距，如果不从实际出发，只考虑主观愿望，人为拉大二者之间关系，就会产生挫折感。

（1）期望值绝对化——自己只能成功，不能失败。有的官兵将生活中的不快乐、失恋，学业中的失利等都看做不应当发生的，认为生活应当是圆满而理想的，因而缺乏足够的心理准备，当遭遇失败与挫折时，变得束手无策，痛苦不堪。

（2）过分概括化——以偏概全，只见树木不见森林，即使是喜忧参半的事情，看到的只是消极的一面。例如，经历一次评优失利就认为整个评优体系有问题，从而只看到消极的一面，看不到积极的一面。

（3）无限夸大后果——有些人遇到一些小挫折，却把后果想象得非常糟糕、可怕。夸大后果的结果是使人越想越消沉，情绪越陷越恶劣，最后难以自拔。例如，出现一次工作失误，就对自己全面否定，否定自己的工作能力，然后无限引伸。

（三）个人抱负水平

抱负水平是指按一个人对自己所要达到目标规定的标准。规定的标准高，即抱负水平高，规定的标准低，即抱负水平低。抱负水平高的人比抱负水平低的人易产生挫折感。常遇这种情况：甲乙丙三名战士业务考核都是良，甲非常满意；乙觉得和自己预料差不多；而丙感到失败。丙抱负水平最高，乙次之，甲相比较最低。

（四）个人容忍力

个人容忍力是人们遇到挫折时适应能力的差别。个人容忍力不同，对挫折感受的程度也不同。有人能忍受严重挫折毫不灰心丧气；有人遇到轻微的挫折就会意志消沉；有人能够忍受别人的侮辱，但面对环境的障碍却会焦虑不安。心理学研究证明：人对挫折的容忍力受到人的生理条件、健康状况、个性特征、过去挫折的社会经验、个体对挫折的主观判断、对挫折质量的思想准备等因素的影响。

三、挫折理论

关于挫折，在西方一直是研究的热点，并产生了许多理论流派。代表性的有以下几种学说。

（一）挫折的本能学说

美国心理学家麦独孤（McDougall，W.）于 20 世纪初提出，个体受挫折而产生的种种行为，均起源于本能。他在《社会心理学引论》一书中给本能下的定义为：一个本能是一种遗传的或先天的心理倾向，决定那些有此倾向者感知和注意某一种类的客观，在感知时体验着某种特殊情绪的激动，以及对它做出某种特殊样式的动作或至少体验着这种动作的冲动。他还认为人和动物的行为都是有目的性的，只是目的性的程度高低不同。一切行为都是为达到一定的目的，而策动和维持这些行为的动力是本能。如果消除这些本能倾向及其有力的冲动，有机体将不能进行任何活动。此外，本能和情绪有着密切的关系，似乎每种本能都有其对应的特殊情绪。在麦独孤看来，人在活动中遭受挫折而产生的情绪以及由此而引发的各种挫折行为反应都是本能冲动的结果。

（二）挫折-攻击理论

美国耶鲁大学社会心理学家吉·多德拉等指出，攻击行为往往是挫折的结果。他们认为，攻击性行为的发生总是以挫折的存在为先决条件，同时，挫折的存在也总是要导致某些形式的攻击行为。他们曾经进行过“剥夺睡眠”的实验，实验结果表明，当被实验者被剥夺睡眠 24 小时，并被禁止自由活动及不给吃早点后，他们往往采用不友好的语调相互谈论，或以提出一些非难性问题等形式攻击实验者。挫折的这种作用可以在广泛的社会关系中充分体现出来。如当经济萧条或战乱之后，就容易产生个人的挫折心理；当人们找不到工作，买不到需要的物品，生活的各方面受到限制时，各种形式的攻击行为就会随处可见。

C.I.哈弗兰德等人作了历史考察之后提出了“挫折-攻击”原则：攻击行为的产生与其受挫折驱动力的强弱与范围，以前遭受挫折的频率，及对攻击行为后果的评估等因素相关。

1969 年，伯科威茨对“挫折-攻击”理论进行了较大的修正，他提出，应该区分“挫折”和“被剥夺”两个不同的概念。一个人不会单单因为某种东西而遭受挫折，只有当一个人在既定的情境中无法获得他想获得的东西时，才会遭受挫折。

（三）需要和紧张的心理系统理论

这一理论说明了需要与挫折的关系，其代表人物是著名的心理学家凯·勒温。他认为个体的需要若得不到满足，就会出现紧张、焦虑等心理状态，从而使心理失去平衡，产生失败的情绪体验，即挫折感。在他看来，个体心理环境中真正影响其心理状态的乃是非生理需要，这种需要是推动其行为的动力。个体在其需要压力下，会产生一种紧张的心理状态，激发起一种要求满足需要的动机，以求得心理平衡。当需要得到满足时，心理紧张就随之消除；否则就会产生挫折体验。因此，勒温认为，需要的满足是避免挫折的重要条件。

人的需要有很多种：正确合理的需要、健康的但不切实际的需要、不合理的过高的需要等。对于人们正当、合理的需要，社会应予以满足，以避免产生挫折反应，但对于不合理的、过高的需要则必须通过教育使个体的需要向健康方向发展，以减少其挫折体验。

（四）社会文化理论

这一理论强调文化和社会条件对个体的挫折的产生及其反应的影响，其代表人物是新精神分析学派的代表人物 H. 沙利文和人本主义心理学派的 C. 罗杰斯。这种理论重视社会环境和文化因素对个体行为和人格特征的影响，认为挫折的产生是由于个体“向上意向”“自我实现”受到压抑的缘故。为避免挫折的产生，新精神分析学派主张自我的整合和调节作用，强调个体的自尊以及对未来的乐观态度；人本主义心理学派强调尊重人的价值、发挥人的创造力、完善人际关系等。

（五）精神分析学派的挫折理论

精神分析学派创始人弗洛伊德认为，人的一切行为都是以性力（libido）为动力的。如果心理性欲的发展过程不能顺利进行，比如停留在某一阶段或遇到挫折而从高级阶段倒退到低级阶段等，都可能造成行为异常。因此，一切精神疾病的根源也就在于这种心理性欲受到压抑或阻碍，即挫折。

弗洛伊德的学生阿德勒则强调社会因素的作用，重视权力意志的实现。他认为人的一切行为都要受“权力意志”的支配，要求高人一等；人的一切行为动机都是指向追求征服、追求优越的。如果这种驱力受到挫折，就会形成自卑感。自卑感如果得不到补偿，则会产生反社会行为或精神病。

荣格则认为，每个人的人格总是不断向前发展的，一个人常常为未来的目标而奋斗不息，以求达到人格各方面的和谐完善。当一个人的自我实现不能满足时，就会产生挫折感。

四、挫折与官兵成长

“没有挫折就没有成长”。官兵在成长过程中，必定会遇到各种危机与挫折，这种危机与挫折在给人带来巨大的心理压力与情绪困扰的同时，也给人带来了成长的契机。挫折具有两面性，它可以给人带来痛苦与不幸，也可以使人在与困难的斗争中获得经验与信心。

（一）挫折能够增强一个人的聪明才智

失败是成功之母，错误是正确之母。化学家门捷列夫说过，一个人要发现卓有成效的真理，需要千百个人在失败的探索和悲惨的错误中毁掉自己的生命。大科学家爱迪生也说过，失败也是我们所需要的，它和成功对我一样有价值。只有在我知道一切做不好的方法以后，我才知道做好一件工作的方法是什么。当人们在遭遇挫折之后，总要反省自己，去认真总结经验教训，探究导致失败的原因，寻找摆脱困境的方法。因此，挫折的经历对军人来说是十分可贵的。挫折使经历过的人“吃一堑，长一智”，它使同志们学会反省、思考、总结、探索、创造，能使同志们不断提高认识、增长才智，变得更加聪明起来。

（二）挫折能激发官兵的进取精神

牛顿曾说过：如果你问一个善于溜冰的人如何学得成功时，他会告诉你，“跌倒了，爬起来，便会成功。”对于每一位有崇高理想和人生目标的消防官兵来说，挫折的发生，会唤起他的斗志，激发他的进取心。在复杂的现实生活中，成功和挫折、失败并不是绝对的，两者之间往往仅一步之遥，此时的失败可能连着彼时的成功。如果拒绝了失败，实际上也就拒绝了成功。因此，避免失败的最好方法，就是下决心获得成功。挫折是使人迈向成功的催化剂。每一次挫折的洗礼，就会激发同志们去懂得为人处世之道，掌握经纬世事之术，不断深化和提高对自我的认识，特别是对自我的错误与缺点的认识，在思想上和行为上走向成熟。

（三）挫折能增强官兵的耐受力

人们对挫折的耐受力大小与其过去生活中的挫折经验相关。目前部队年轻官兵大多是独生子女，从小倍受父母呵护，成长的道路往往一帆风顺，对挫折的容忍力较弱。只有“忍人所不能忍，为人所不能为”，才能获得成功。而且，挫折会对官兵的自傲心态进行无情的打击，使他们不得不对自己的过去进行检讨，从而去掉或降低傲气，变得比较谦逊一些，为人做事更谨慎一些，不再像以前那样自以为是，而是虚心向别人学习，善于汲取他人的长处。

（四）挫折能磨砺官兵的意志

从未经受过挫折的打击的人，往往在情感上是很脆弱的，一次微不足道的挫折也可能置其于死地。但挫折在给人打击的同时又给人以一定的压力，它能磨炼人的意志和毅力，造就人才。“自古英雄多磨难，从来纨绔少伟男”。历史上一帆风顺而又有大成就的人是少见的。真正出类拔萃的人，大都是那些历尽艰辛，在挫折中磨炼出坚强的意志，在逆境中不懈地奋斗的人。越王勾践卧薪尝胆，终报亡国之仇；罗斯福身有残疾，却凭借渊博的知识、睿智的头脑、自强不息的精神获得人民的拥护，连任四届美国总统；爱迪生 67 岁那年遭遇火灾，多年的研究成果付之一炬，但他并未伤心消沉，第二天又同往常一样，重新开始埋头于他的研制工作。

“人生不如意之事十有八九”。挫折是人生的一笔财富，只有当人们认真地反思自己的行为，反思自己过去的错误，找到错误发生的原因与纠正和预防错误的办法，才会少走弯路，最终攀上成功的峰峦。

【思考与练习题】

1. 简述挫折的涵义。
2. 简述挫折产生的条件。
3. 简述影响挫折感的因素。
4. 谈谈挫折与成长的关系。

第二节　消防官兵挫折分析

【学习目标】

1. 了解挫折产生的客观和主观原因。
2. 思考部队集体影响与官兵挫折感产生的关系。
3. 掌握影响挫折的个人因素。

引起官兵心理挫折的原因主要有三个：一是自我需求与现实条件不符合。许多官兵都是抱着个人愿望来到部队的，一旦这些愿望得不到满足，就容易产生挫折心理。二是个性不完善、不成熟。青年官兵兴趣广泛，勇于探索，富于创造，争强好胜，但有时情绪不稳定，容易偏激，缺乏刻苦努力精神，耐力不强。这种不完善的个性是形成挫折心理的温床。三是部队教育只治标不治本。军事变革时期的针对性思想教育未到位，使军人无法树立起正确的世界观、人生观和价值观，个人的心态不能及时得到调整。

一般来说，官兵挫折心理有两个方面的特征：一是客观因素。军事变革是一个复杂的系统工程，军人在工作、生活中遇到各种困难和挫折，面临一些艰难处境，走一些曲折的道路是正常的。有挫折必然产生挫折心理，这是普遍存在的客观心理现象。二是个人因素。个人生理和心理条件的限制、基础知识的薄弱、体力和智力上的不足，思想方法的片面和思维方式的局限性以及个人的动机冲突等，是引起军人心理挫折的主观原因。

一、客观因素

（一）自然环境因素

自然环境因素是指非人力所能控制的一切客观因素。例如台风、地震、酷热、洪水、疾病、事故等。对于个体来说，疾病、家庭遭遇自然灾害导致贫困等都可以导致挫折。如一名正当踌躇满志马上可以走上一个更好的工作岗位的同志，设想着美好的前程之时，一场突如其来的大病，使他不能赴任这一个岗位，从而丧失了在一个好的岗位发展的良机，进而便产生失落感。

（二）社会环境因素

我国既有的生活方式、价值观念、评价体系、行为模式等方面发生着很多的变化。这种深刻的社会发展与变革在客观上对当代军人的心理带来了深刻的影响。

首先，市场经济呼唤人的主体意识，承认个人利益的合理性，鼓励积极竞争和个人的发展，要求人们锐意进取、开拓创新，原先的安贫乐道、知足常乐的观念正受到挑战。面对这种变化，如何处理个人与他人、个体发展与社会发展、合作与竞争等等关系往往令个体不知如何应对。一方面，原有的价值观还在对其发生着影响；另一方面，人们又希望张扬自己的个性，施展自己的才华。这种冲突会增加官兵的挫折感。

其次，当代军人身处东西方价值观并存互相冲突的复杂环境中，各种外来思潮的涌入，直接影响军人的价值选择。在泛滥的多元文化刺激下，个体价值体系重新认知和整合，人们难以依据自己已有的认知经验，合理而准确地选择和认同一种社会价值观念，容易产生心理失调和挫折感。由于大多数青年官兵缺乏社会经验和锻炼，极有可能遇到挫折。

第三，随着社会经济改革的逐步深入，政治经济体制调整的力度日益增大，政府机关大量减员，“公务员难考、政府机关难进”，军人转业安置困难重重，这些社会因素很容易使官兵产生挫折感。

（三）集体影响

官兵的许多心理品质是在集体中形成的。连队的风气和舆论，集体的影响和监督，对官兵心理品质的形成起着重要的作用。一个思想舆论环境好的连队，可以改造官兵不良的性格，培养出良好的性格特征；一个风气不正的涣散的连队，可以使官兵沾染上许多坏习气。因此，发挥集体影响的作用对于培养官兵良好的性格具有重要意义。

第一，连队的风气要正。连队作为一个战斗的集体，最重要的是要形成积极向上、官兵团结的风气。团结紧密可以使官兵提高团结互助精神，鼓舞他们同困难斗争，提高组织性、纪律性和自制力。

第二，要形成强有力的正面舆论。集体的意见、集体的评价、集体的风范，对官兵有重要的教育作用。在一个连队，好人好事受到肯定和表扬，不良现象受到批评和抵制，官兵的行动就会始终处于集体的影响和监督之下，一些不良的性格表现就会受到约束，并潜移默化地得到改造。

第三，领导干部要有人格魅力。领导干部的性格对下属性格的影响很大。领导动辄发火，作风拖拉，说话不算数，部属就跟着学。正如俗语所说“兵熊熊一个，将熊熊一窝”。因此，领导干部应该加强心理素质修养，提高自身的性格魅力，发挥性格的示范效应。

（四）家庭影响

家庭的一些潜在或显性的条件，如家庭的自然结构、家庭的人际关系、家庭的教育方式、家庭的抚养方式以及家长的素质等对军人的心理挫折都有直接或间接的影响。有关研究表明，一个人的不少心理问题是与家庭生活的不良背景、早期不良家庭生活经历联系在一起的。自小娇生惯养和过分受保护、被溺爱的孩子进入部队后，更容易产生心理挫折。家庭贫穷、双亲不和或单亲家庭的孩子，由于父母对他们过分管制或放任不管，他们进入部队后，有些人表现得蛮横无理或做出一些违背部队规范的反常举动，有些人表现出内向、孤僻的性格，很少与人交往，不易表露感情，抑郁寡欢，也容易产生心理挫折。

家庭的社会经济状况对官兵的心理产生着潜在影响，家庭贫困的官兵除面对个人发展与就业压力外，还面临巨大的生活压力与经济压力，因为经济而影响其事业发展与个人发展会导致更多的心理冲突，而产生挫折感。

二、个人因素

（一）个体生理因素

生理因素是指个体与生俱来的身体、容貌、健康状况、生理缺陷等先天素质所带来的限制。例如，身体素质较差的人难于成为优秀士兵或干部；人际交往等社会活动中可能由于其貌不扬而处于劣势，往往无法在社交场合中潇洒自如、谈笑风生、展示自己的才能，甚至正常交友也受影响，使自己陷入孤寂境遇等等，都可能给官兵带来挫折感。

（二）生活环境的不适应

服役期青年官兵平均年龄在 18～22 岁之间，在生理上已发育成熟，但其心理仍带有一定的幼稚性、依赖性和冲动性特点。许多军人第一次离开家到一个全新的环境，一时难以顺利地实现角色转换，致使部分青年军人因为生活工作中遇到的一点困难或不如意的事情，便产生挫折心理，出现不良心理反应。同时，这个时期是人生由少年向成年过渡的阶段，他们的独立精神、自主精神还没完全成熟，许多青年官兵无法适应新的生活。如对军队的训练方式不习惯，不能适应部队紧张的训练及各种规范性的一日生活制度，缺乏自我管控能力。随着服役时间的增加逐渐感到工作持久紧张与竞争压力，以及是否留在部队还是退役的艰难选择。另一方面，得不到别人的理解和信任，或个人的才能无从发挥，也容易产生挫折感。

（三）自我认知偏差

青年官兵缺乏社会经验，往往不能正确地认识自我。当取得一点成功时，自我评价偏高；而当遇到挫折与失败时，就会产生失败感或焦虑苦恼的情绪而低估自己甚至自我怀疑与否定。如一位年轻人刚入伍就对自己提出了很高的要求：要当优秀士兵，立功受奖。然而因为不适应部队与地方在训练生活、学习方法、评定标准上的差异，以为只要自己苦学就行了，主观盲目地给自己制订了过高的目标，其结果当然是实现不了，这对这位刚入伍的新兵来说无疑是一次不小的挫折。另一方面，还有少数青年军人自我评价是消极被动的，一遇到困难、阻碍便觉得“一切都没有意思”，结果就会变得畏缩不前，错过成功在望的可能。

（四）人际交往不适

在部队这一特定环境之中，官兵具有强烈的归属感，对友谊、对战友有着热切的依恋和期望。由于交往经验与技巧的不足，交往过程中沟通不足、关系失调、人际冲突等现象时有发生，从而导致心理挫折。如不少青年官兵都感觉不知道如何与战友、老兵、领导交往。由于人际交往受挫，不少青年官兵便产生了“部队同事之间的交往怎么和地方不一样？”“在部队里没有知心朋友，感到孤独！”的悲叹。此外，在青年官兵的人际交往中，那些具有封闭性和攻击性性格的军人，很容易与他人在心理上产生距离，虽然他们终日周旋于人们之间，却感到缺少知心朋友。这些人在集体生活中往往不合群，受到周围人的排斥甚至孤立，人际交往中存在着对别人的冷漠、猜忌甚至敌意。

（五）动机冲突

动机冲突也是引起青年官兵挫折的重要原因。在现实生活中，人们常常会同时产生两个或两个以上的动机。如果这些同时并存的动机不能同时获得满足，并且在性质上又出现彼此相互排斥的情况，就会产生动机冲突的心理现象。充满挑战的部队生活和社会转型期带来的大好机遇，在为青年官兵的全面发展提供有利的条件和广阔的天地的同时，也给他们带来了选择的冲突，如在政治、经济、专业定向、社会交往、恋爱、择业诸方面的取舍问题。当若干个动机同时存在、难以取舍时，就会形成动机冲突。

动机冲突常使青年官兵感到左右为难，内心极易产生激烈的冲突和焦虑不安的情绪。有些官兵为此寝食不安、心情烦躁、训练成绩下降。随着社会的发展，青年官兵选择的自由度将会越来越大，而由此带来的动机冲突也必然增加。

（六）性与恋爱问题

青年官兵正处于向成人过渡的人生时期，他们有强烈的性生理和性心理的需要，但是由于社会文化、部队规章制度、法律的约束等因素的制约，他们的性需要不得不延迟到退役或达到一定的年龄及职务之后，通过婚姻的形式才能得以合法的满足，由此引起的挫折对青年官兵健康和发展的影响是极其深刻的。性机能的成熟、性意识的觉醒、性心理的发展与部队生活的封闭性，婚恋制度的严肃性的矛盾冲突引发的情感挫折是部队发生安全事故的隐患。与恋爱相关的问题如单相思、被动卷入恋爱、失恋等也会增加青年官兵的心理挫折感。部分官兵因性压抑、性幻想、性自慰而产生心理挫折。

【思考与练习题】

1. 简述官兵产生挫折心理的特征表现。
2. 简述部队集体影响与官兵挫折感产生的关系。
3. 简述影响挫折感的个人因素。

第三节　消防官兵挫折反应

【学习目标】

1. 了解个体受挫的行为反应原理，增强主观能动性。
2. 掌握积极心理防御的行为特点。
3. 学习如何避免消极心理防御的影响。

在挫折面前，青年官兵心理平衡遭到破坏。大多数情况下，他们感到困扰、不适应，甚至痛苦，这些都对其行为产生较大的影响。这种反应有的不明显，有的以变相的行为表现出来，有的以积极的方式反应出来。这些反应经过强化和重复，逐渐成为个体对待心理挫折的习惯表现方式。

心理防御机制是指个人在面对挫折与冲突的情境时，在其内部心理活动中具有的自觉不自觉地解脱烦恼，减轻内心不安，以恢复情绪平衡与稳定的一种适应性倾向。常说的“酸葡萄原理与甜柠檬效应”就是典型的心理防御机制。心理防御机制是人应对应激情境的自我保护，也为人自身构筑起一道心理防护墙与缓冲带。心理防御机制既有积极面也有消极面：积极的心理防御机制在缓冲心理挫折时，表现出自信、进取的倾向，有助于战胜挫折；而消极的心理防御机制则表现出退缩、冷漠、逃避的倾向，虽然能暂时缓解内心冲突，但从长远看，会阻碍个体面对现实，影响人生的健康发展。一般心理挫折的反应可以分为三大类：积极心理防御、消极心理防御和中性的心理防御。

一、积极心理防御

这种反应方式是正视挫折，承认挫折，正确分析挫折产生的主客观原因，总结经验教训，争取主动的行为方式。它主要表现为：坚持、表同、补偿、升华。

1．坚持

坚持指个体发现目标难以达到，要求自己加倍努力，并通过不断努力，使目标最终实现。美国电影《阿甘正传》中的主人公阿甘虽然智商不高，但他勇敢面对挫折并坚持不懈地努力，最后取得了事业的成功，收获了美好的爱情，也赢得了人们的尊重。

2．表同

表同指个体在现实生活中无法获得成功时，将自己比拟为某一成功者，借以在心理上减弱挫折产生的痛苦；或者迎合能满足自己需要的人，按照他们的希望去思想和行动，来冲淡自己的挫折感，并以此求得内心的满足。当一个人在没有获得成功与满足而遭遇挫折时，将自己想象为某一成功者，效仿其优良品质和其获得成功的经验和方法，能够使他的思想、信仰、目标和言行更适应环境和社会的要求，增强自信心，减少挫折感。

3．补偿

补偿即当个体行为受挫，或因个人某方面的缺陷而使目标无法实现时，往往以新的目标代替原有目标，以其他方面的成功来补偿因失败而丧失的自尊与自信。这就是人们常说的“失之东隅，收之桑榆”。

应该注意的是，补偿的行为反应并非都是积极的。由于个体要实现的目标有高尚与平庸之分，挫折后对补偿的选择也有进取与沉沦之别，因而补偿有积极与消极之分。如果补偿选择的新的目标和活动符合社会规范和人的发展需要，这时的补偿反应行为是积极的、有益的。如果补偿选择的新的目标和活动不符合社会规范或有害于心身，虽然使自己暂时获得了心理平衡和心理满足，也无助于心理健康发展，有时还会自暴自弃、甚至堕落犯罪，危害他人与社会。

4．升华

升华即用一种比较崇高的具有创造性和建设性的目标代替，借以弥补因受挫而丧失的自尊与自信，减轻痛苦。升华是最积极的行为反应，从古至今演绎出绵绵佳话。如古之文王拘而演《周易》；仲尼厄而作《春秋》；屈原放逐乃赋《离骚》；左丘失明遂写《左传》；孙膑跛脚始修《兵法》；司马迁虽受辱仍著成《史记》。不仅如此，升华还是一种富有建设性的行为反应。它使人在遭受挫折后，将不为社会认可的动机和不良的情绪移到有益的活动中去，使其转化为有利于社会并为他人认可的行为。如一些貌不惊人的青年军人最初在社交活动中受到制约，于是他们在训练成绩、学问、个体思想道德修养上下功夫，最终由于成绩出类拔萃，品德优秀，为同事所瞩目。

案例

这是一名毕业学员在校时的咨询信件：考试刚刚结束，我的心情很沉重，很难过，不知为什么很想哭，似乎觉得一切都和想象中的相差甚远，我甚至都不知找什么样的借口来安慰自己。我只想要求我想得到的，可为什么都觉得没有。我的感觉很不好，我准备了很久也自认为还可以，可不知为什么我做题的时候状态很不佳，我似乎开始对自己怀疑了，而且很怀疑。一生从未有过的感觉，似乎一点都不自信，从未有过的感觉！我感觉生活没有一丝的惊奇，没有一丝的期望。只感觉一切都像死灰一般，没有一丝的生机。追求确实是一个过程，必须要有回报，的确失败是成功之母，可成功也是成功之母。如果没有一丝的成功怎么再来期望成功呢？怎么再有奋斗的动力？我不知道成绩的结果，但感觉告诉我结果没有达到我的目标，每当我有一丝的放松的时候，我都会受到惩罚。我不明白为什么。想想我的军校生活，因为当兵恋爱失败、考试失利、评优受挫，我变得自卑、退缩、不敢相信自己了，我到底该怎么办？

这位有着梦想的学员，被挫折深深地包围着。在面询中，他谈到自己的过去基本是顺风顺水走过来的，父母为他安排好了一切，从来没有遇到过挫折，因而当挫折到来时，便有些束手无策。当考试揭晓后，结果也并不如他想象的那么不理想，从信中可见，他的自我期望很高，有着强烈的成就动机，当他认真面对自己的现状时，他也积极主动地调整自己的目标，并将学业坚持下来，最后战胜了挫折，又恢复了以往的自信与笑容。

二、消极心理防御

消极心理防御是指当青年官兵遭受挫折后所表现出来的带有强烈情绪色彩的非理性行为。常见的情绪行为方式有以下几种。

1．固执

当个体不断遭遇挫折，就会慢慢失去信心，失去随机应变的能力，进而形成刻板的反应方式，固执盲目地重复同样无效的行为。固执行为不同于意志力，在这种行为反应中，个体往往不能客观正确分析失败的原因，反而采用刻板的方式盲目地重复着某种无效行为，是一种极不明智的对抗形式。如某一战士因多次违反部队纪律受到批评教育，却固执地认为自己没错，屡教不改。在青年官兵中，固执行为往往容易发生在一些性格内向、倔强、看问题片面的同志身上，以及以情感为纽带形成的消极的青年官兵非正式团体中。固执是非理智性的消极的行为，它往往使人企图通过重复无效动作以对抗挫折压力，对青年官兵的成长极为不利。

2．退化

退化又称回归，是指当个体受到挫折时，往往表现出与自己的年龄、身份很不相称的幼稚行为，或盲目地轻信他人、跟从他人等。表现这种行为方式的青年官兵往往对自己缺乏信心，看不到自己的力量，像孩子一样依赖他人，多指大人小孩状。如某一女学员刚入校，参加某一学生干部竞选失败了，感到很委屈，无法进行理智分析和面对，上课不认真听讲，也不积极参加团体活动，成天消极混日子。

3．逆反

逆反用通俗的语言来说就是“你要我朝东我偏朝西”。一般来说，个人的行为方向和他的动机方向应当是一致的。但是，当个体遭到挫折后，如果不仅一意孤行，而且对正确的方面盲目地持反抗、抵制与排斥态度，这种行为便是逆反。如某战士因为训练时受到干部的批评，便采取装病或不理睬干部等方式来表现自己的不满。持逆反心理的人往往会采取一些不符合社会规范甚至是反社会性行为来发泄内心的不满。

4．攻击性行为

攻击性行为指青年官兵在遭受挫折后，在情绪与行动上会产生一种对有关人或物的攻击性的抵触反应，以消除来自挫折的痛苦。攻击是一种破坏性行为，这种行为可分为直接攻击和转向攻击。直接攻击是指一个人受到挫折以后，把愤怒的情绪直接发泄到使之受挫的人或物上，如部队里发生的打架斗殴、损害公物等现象。这主要发生在自控力较差、鲁莽的青年官兵身上。转向攻击是指一个人受到挫折以后，把愤怒的情绪指向其他的人或物身上去。如当受到领导批评时，把怒气发泄到别人或物品上。

5．轻生

轻生是受挫者受挫以后表现出的一种极为消极的行为反应。在现实中，对那些挫折的打击来得突然的青年官兵，在得不到有效支持的情况下，很可能自暴自弃，产生轻生厌世、自杀自残的行为，以此来获得内心痛苦的解脱。

三、中性心理防御

这种方式是指当一个人受到挫折后，采取一些暂时减轻受挫感的行为方式，以解脱挫折给自己带来的心理烦恼，减轻内心的冲突与不安。它主要表现为以下几种形式。

1．求得注意

求得注意即想方设法引起别人对自己的注意，如以大声喧哗、寻衅生事、恶作剧来显示自己。

2．合理化作用

合理化作用即自我安慰，指无法达到追求的目标时，给自己一个好的借口来解释，但用来解释的借口往往是不真实的、不合逻辑的，但防卫者本人却能借此说服自己，感到心安理得。

3．自我整饰

当个体遇到挫折之后，往往表面上不动声色，把心理上的烦恼、焦虑、苦闷统统埋藏在内心深处，显示自己的长处，提高别人对自己的评价，从而减轻心理压力，以弥补失败所带来的自尊心的挫折。这种行为反应往往起着自我欺骗和自我麻痹的作用。

4．责任推诿

责任推诿是指当个体遭到挫折后，不是从本身的缺点、弱点方面加以分析，而是把责任推给他人、埋怨他人，以减轻自己的焦虑与不安，这是一种文过饰非的行为。

5．反向

反向是指行为相反于动机而行，例如，自卑的人往往表现出高傲自大；对异性充满向往，却装出不屑一顾的样子等。持反向心理的人，往往不敢正面表露自己的真实动机，于是便从相反的方向表示出来。虽然这种行为可以在一定程度上掩饰个体的真实动机，但是，掩饰包含着压抑，长期运用会从根本上扭曲自我意识，使动机与行为脱节，造成心理失常。

6．逃避

逃避是指青年官兵受到挫折后，不敢面对自己所预感的挫折情境，而逃避到比较安全的环境中去的行为。逃避有三个表现，一是逃到另一种现实中；二是逃向幻想世界；三是逃向疾病。

7．冷漠

冷漠即表现出对于挫折情境漠不关心、无动于衷等情绪反应。如有些青年官兵的社会活动能力较差，多次失败，他们渐渐地对部队生活、同事关系、社会活动持冷漠的反应行为，表现出死气沉沉、缺乏集体感。

8．压抑

压抑是指把不愉快的经历和体验压抑到无意识中，不去回忆，主动遗忘；适度的压抑有利于情绪的调整，但长期的压抑会导致更强的挫折感与心理不适。

总之，积极的行为反应有助于青年官兵适应挫折、化解困境，利于他们的成长；消极的行为反应只能起暂时平衡心理的作用，不能解决问题，有时会使当事人在一种自我欺骗中与现实环境脱节，降低适应能力，形成一些恶习，埋下心理病患的种子，影响其身心健康和全面发展。青年官兵应该树立积极的心理防御机制，增强自己的耐挫力，以适应社会的发展需要。

【思考与练习题】

1．简述什么是心理防御机制。
2．简述一般心理挫折的反应类型。
3．简述积极、消极和中性心理防御的方式。

第四节　消防官兵抗挫力的培养

【学习目标】

1．了解挫折承受力的涵义和原理。
2．掌握提高挫折耐受力的方法和手段。

生活不可能事事如愿，当入党、立功、上军校、提干、升迁和恋爱等愿望持续性地得不到满足时，出现失望、压抑、沮丧、忧郁、苦闷等紧张心理和情绪反应，心理学称之为挫折心理。挫折既会给青年官兵以打击，带来损失和痛苦，也使他们成熟、奋进，在磨炼和考验中变得坚强。因此，培养青年官兵对挫折的承受力将有助于他们的成才和心理健康的保持。

一、挫折承受力的涵义

1. “挫折阈值”与挫折承受力

心理学上常用阈限值说明人的感觉能力。人体所能接受的刺激是有一定限度的，那种引起感觉的最小刺激强度即下限叫做感觉的“绝对阈限”，或“下阈”；那种继续增强也不会使感觉进一步变化的刺激强度即上限叫做感觉的“最大刺激阈限”，或“上阈”。例如，刚刚引起听觉的声音强度是 0dB，120dB 以上的声音不再会引起人更强的听觉经验，而且会引起痛的感觉，是“上阈”。“挫折阈值”是人们对挫折的感受力。心理学中把引起挫折感的最小刺激点叫做“绝对挫折阈限”或“下阈”；把人们能够承受的挫折感的最高限度叫做挫折适应极限，即挫折感范围的上限，或“上阈”。绝对挫折阈限与挫折承受力成反比关系，绝对挫折阈限越低越容易受到挫折，绝对阈限越高对挫折越不敏感。

2. 挫折承受力的定义

挫折承受力是指个体适应挫折以及抵抗、应付挫折的能力，是个体在遇到挫折情境时，经受打击和压力，摆脱和排除困境而使自己避免心理与行为失常的一种耐受能力。挫折承受力是维护个体心理健康的一道防线。因此挫折承受力较低的人，几经挫折的打击之后，容易失去人格的统整性，甚至会出现人格扭曲，形成行为失常和心理疾病。可见，挫折承受力是个体适应环境的必不可少的能力之一。

挫折承受力是后天学习来的。因而，无论是家庭、学校还是部队，都应该教育官兵学会承受日常生活中遇到的挫折，鼓励他们从挫折失败中获得经验教训，增强克服困难的信心，而且要通过提供适度的挫折情境，采取恰当的方法来锻炼官兵的挫折承受力。

3. 挫折承受力的个性差异

人们对挫折的承受力有着鲜明的个性差异，不同的人对挫折的承受力不同，同一个人对不同挫折情境的挫折承受力也不同。对同一种挫折情境，有的人受挫折的消极影响较小，他们往往表现勇往直前，越来越坚强、成熟；有的人受挫折的不良影响较大，甚至会因挫折而导致心理和行为的异常。个体的挫折承受力受多种因素的影响，包括生理因素、心理因素及社会因素等，但较多地受个人心理因素的影响。因此，通过教育训练，提高官兵的挫折承受力，使其获得应付挫折情境的正确理念，掌握心理调适的有关知识和技能，是提高官兵挫折承受力的关键。

二、影响挫折承受力的因素

心理学家的研究认为，一个人的挫折承受力受到如下多种因素影响。

1. 生理因素

身体健康的人比体弱多病的人更容易承受挫折。

2. 心理因素

（1）人格因素。性格开朗、个性完善、意志坚强的人比消沉抑郁、内向自闭的人更能应对挫折。

（2）自我认知。凡是建立积极的自我认知的人，面临挫折时容易客观正确地看待挫折并合理运用心理防御机制，化解挫折并将挫折转化为动力；而自我认知不足的人遭遇挫折时容易走极端，陷入管状思维中。

（3）心理预期。个体对自我的心理预期越高，遭受挫折的心理承受力越弱；一个优秀的人很难接受自己平凡的现实，因而感受很受挫；反之，一个对部队生活没有很高预期的人面临挫折心理相容度会更高些。

3．个人因素

（1）个人目标理解。行为所指向的目标对个体越重要，受到挫折后的反应越强烈，一个渴望进入军校深造的士兵在失败后的心理承受力会更低。

（2）目标距离。目标距离越近，则要承受的挫折越大，即当个体几乎达到目标时经历失败会不甘心而继续努力尝试，如果一开始就失败，会早早放弃，心理承受的挫折反而小。

4．社会因素

（1）生活阅历。随着生活阅历的丰富，人逐渐在挫折中成长，承受挫折的能力也会不断增强。

（2）社会支持。一个人拥有的社会资源越多、社会支持体系越完备，获得的心理援助越多，也更容易走出挫折情境。

三、官兵挫折承受力的培养

（一）善于调节自我抱负水平，形成对挫折的正确态度

自我抱负水平是指个人对未来可能达到的成功标准的心理需求，是指人们在从事某种实际活动之前，对自己所要达到目标规定的标准。如果一个人对自己规定的标准高，那么他的自我抱负水平就高；如果对自己规定的标准低，那么他的自我抱负水平就低。可见，自我抱负水平是自定的标准，仅仅是个人愿望，与个人的实际成就不一定相符合。一般而言，自我抱负水平直接影响个人的学习和生活，一个抱负水平较高的人，往往对自己的要求也较高，因而其学习、工作的效率也就较好；一个抱负水平低的人，对自己的要求也就低，缺乏积极性、主动性，因而其学习、工作的效果也就较差。但是，个人的自我抱负水平必须建立在对自己的实际能力正确认知的基础之上，如果一个人的自我抱负水平总是高于自己的实际能力，那就很难达到预期的目标，很容易遭受挫折。

在现实生活中，不少官兵在学习、工作、生活等方面的挫折都与自我抱负水平的确立不当有关。因此，官兵必须学会根据自己的实际能力正确设定生活的目标，调整自我抱负水平，并在前进中及时调整自己的目标。必须指出的是，在确立自我抱负水平时，应注意把自己的目标与部队及社会的客观环境条件、社会利益等因素综合加以考虑，面对挫折和失意，不要找寻精神上的“避难所”，追求超凡脱俗的世外桃源，努力克服“遁世—逃避”心理意识和“形如槁木，心如死灰”的灰色情绪，以火一般的热情投身军营生活。

（二）培养良好的意志品质

部队实践表明，意志坚强的官兵，耐挫能力就较强，意志薄弱的人，耐挫能力亦较弱。

在心理教育工作中，培养官兵良好的意志可以才从以下几方面入手。

1．树立远大志向

坚强意志的前提是有志。军人只有树立远大的志向，才能激发出火一般的热情，充分发挥自己的主观能动性，冲破重重阻力和障碍，为实现自己的志向而奋斗。“有志者事竟成”，古往今来的不少学者在事业上取得成功的事迹，也证明了这一点。

2．从小事做起

千里之行，始于足下。坚强的意志不可能形成于一旦，它是在日常学习、工作和生活实践中逐步培养起来的。要从那些自己最忽略也最容易暴露意志弱点的小事做起。如能在任何情况下都不马虎、坚持不懈，不以任何借口原谅自己，久之，就能逐步培养起顽强的意志。

3．进行自我教育

意志的自我教育主要由以下三个密切联系的环节组成。

（1）自我提醒。即针对自己的意志弱点，选择相关的名言警句，作为自己的座右铭，用以提醒和勉励自己。

（2）自我约束。针对自己的意志弱点，订一些规则、要求，以约束自己。

（3）自我反省。经常反省自己意志的优缺点并扬长避短，有助于良好意志的培养。

（三）进行耐受挫折的教育

由于挫折涉及自然、社会、个体等多种因素，所以耐受挫折教育的内容是多维的、多侧面的。

1．在历史教育中渗透耐受挫折教育

引导官兵形象化、立体地阅读近现代史，从而使他们认识到，一部近现代史浸润了辛酸、血泪，写满了挫折、艰难，当然更显现了挫折中的抗争，记录了刚性的中华民族精神。诸如鸦片战争、戊戌变法、辛亥革命的失败和“南京条约”、“天津条约”、“马关条约”、“辛丑条约”等丧权辱国条约的签订，无不使民族遭受巨大挫折，蒙受空前灾难。但中国人民并未被挫折压倒摧垮，而且愈挫愈勇，发奋图强。实践证明，在这种历史的、形象的、宏观的、广阔的教育背景中渗透挫折教育内容，说服力强，感染力大，震撼力猛，立足点高，理性意蕴深，会收到显著成效。

2．利用各种挫折进行耐受挫折教育

一个人的自我实现不能满足时，就会产生挫折感。例如，某战士一贯自认为军事技术过硬，基础知识雄厚，脑子灵活，可是某次参加军事训练比赛却名落孙山；某干部自认为能力强、工作成绩突出，可是提职时没有考虑到他，等等。可以利用这些事例，开展耐挫折教育的主题活动，使军人懂得，动机与目标、能力与期望永远存在差距，任何时候既要想到“过五关斩六将”，也要有“败走麦城”的心理准备。这样，日积月累，潜移默化，官兵的耐挫折能力就会逐渐提高，从而做到宠辱不惊，成败坦然，将成功和失败都作为新的起点。

3．通过分析形势进行耐受挫折教育

经常性思想政治教育中，往往只进行“形势大好”的教育，久而久之，在官兵的脑海中，往往只有“春和景明，波澜不惊，上下天光，一碧万顷”的美好景象，全然没有风云变幻。这样，一旦社会的某些阴暗面被“曝光”而作用于官兵的感官时，他们往往会目瞪口呆，觉得不可思议，继之可能会产生一种受欺骗感，最后可能会对以前的教育产生一种不信任感，从而处于一种挫折状态之中。应引导官兵学会辩证地看世界、看祖国、看社会、看人生，有效地开展“两面性”教育。

4．开展实践活动进行耐受挫折教育

早年的挫折经验对成年后的影响甚大。心理学家用动物作电击实验，发现凡幼年受过刺激的动物，成年后对刺激就能表现出迅速而有效的反应；反之，则不仅反应迟缓，且有效性也差。对人类来说也是如此。一个从小经过逆境磨炼的人，成年后就更能有效地适应环境。因此，要转变“保姆型”教育模式，给官兵创设一些接触社会、接触实践和人际交往的环境和条件，克服“为了怕出事而尽量少开展活动”的心态，避免由于封闭式的“经验剥夺”而造成官兵心理的闭锁性和抑郁性的发展，以缩短社会适应期，提高挫折耐力。

（四）确立合理的自我归因

在生活中，人们对行为的成功与失败进行归因是一件很平常的事，然而在这一过程中形成的归因倾向则对人的心理承受力有很大的影响。心理学家研究表明，在归因中，有些人倾向于情境归因，认为外部复杂且难以预料的力量是主宰行为的原因。有些人倾向于本性归因，即认为自身的努力、能力是影响事情的发展与行为结果的主要原因。一般来说，进行本性归因的人对自己的行为与学习有更多的自我责任定向与积极态度；但是从对失败的归因方面来看，由于他们倾向于把原因归于主观因素，就容易自我埋怨、自我责备。如果这种自责、悔恨过多，就会给他们带来挫折感和心理损伤。因此，青年官兵首先要学会多方面收集关于事件的信息，了解困难的原因所在；其次要学会合理地归因，避免归因的片面性，学会实事求是地承担责任，克服过分承担或完全推诿责任的倾向，避免过多自责带来的挫折感；再次要积极采取措施主动改变挫折情境因素，从而有效应对挫折。

（五）增强挫折认知水平

心理研究表明，一个人越是能够获得与挫折事件相关的信息，就越能够有效地处理它；越是参加到他怕面对的挫折情境中去，就越能够有效地对付这种情境。可见，个体对挫折的反应和承受能力不仅取决于挫折情境本身，更重要的是取决于其对挫折的认知。既然挫折是社会生活的组成部分，是不可避免的人生经历，就应该正确地认识挫折、战胜挫折，并把挫折作为成功的阶梯。

正确地认识挫折首先应该认识到挫折的两重性：即挫折一方面对人有消极的影响，如挫折会影响个体实现目标的积极性，降低个体的创造性思维水平，损害个体的身心健康；另一方面也有积极的作用，如挫折能增强个体情绪反应的力量，增强个体的容忍力，提高个体对挫折的认识水平。辩证地看待挫折的两面性，就能够变不利因素为有利因素，化消极因素为积极因素，促使挫折向积极方面转化。其次，还应学会对客观事物、挫折情境的正确认识。一次的挫折和失败并不能够代表全部，人生成才的道路、成功的机会是很多的，只要自己努力，就会有一个崭新的未来。

（六）构建成熟的心理防御机制

心理防御机制是挫折发生后人在内部心理活动中所具备的有意或无意地摆脱挫折造成的心理压力、减少精神痛苦、维护正常情绪、平衡心理的种种自我保护方式。受挫后的心理防御机制有很多，但有利于官兵成长的积极的心理机制表现为升华、补偿等。升华的心理防御机制能够使青年官兵在遭遇挫折后，把内心痛苦化为一种动力，转而投入到有益的工作、学习中，这无疑是人们在挫折后的最佳应对方式。补偿、文饰、幽默等心理防御机制能使官兵们平衡心理，保持自尊，减轻内心的痛苦和焦虑，因而也不失为受挫后较理想的心理防御方式。另外，合理的情绪宣泄也是缓解青年官兵受挫后心理紧张和焦虑，保持其身心健康的有效机制。总之，构建成熟的心理防御机制，不仅有助于官兵提高自身的心理健康水平，也有助于自信心的培养与意志力的磨炼。

（七）建立和谐的人际关系

心理学研究表明，一个人与他人一起处在挫折压力中时，可以降低消极情绪体验。因此，在面对挫折时，除了积极改变自我之外，还应学会交往，与他人建立良好的人际关系，这对其压力的缓解也是很有帮助的。交往是人们为了交流思想和感情而彼此间相互作用的过程，它使人们在关系互动过程中相互了解、相互依赖，形成稳定的心理联系，满足人们的情感需要。同时，由交往形成的人际关系又可以满足人的归属、情谊、认可等社会性需要。因此，学会交往，建立良好的人际关系是提高青年官兵应对挫折能力的有效手段。

加强人际交往，改善人际关系时，首先要掌握交往技能，使自己与别人的交往得以顺利进行。例如掌握基本礼节礼貌，良好口头表达等。其次要养成良好的交往品质，要自觉地择友而交，要相互理解相互尊重，要对朋友、同事真诚、宽容。第三要把握各种机会参与交往，并保持沟通畅通，以免误解，产生不愉快。

【思考与练习题】

1. 什么是挫折承受力？
2. 简述影响挫折承受力的因素。
3. 结合管理实际浅谈如何对官兵进行耐受挫折的教育？
4. 请用本节原理分析生活中的挫折案例。

第五节　消防官兵的压力与应对

【学习目标】

1. 了解压力的概念。
2. 认识消防官兵的压力。
3. 掌握消防官兵压力应对方法。

人的一生经常面对各种不同程度的心理压力，适当的压力会产生更大的动力，而过度的压力则会使人出现心理问题，甚至产生心理疾病。战斗在防火、灭火和抢险救援一线的基层消防官兵，长期从事高危险、高强度、高负荷工作，始终处于严峻的火灾形势和复杂的社会矛盾之中，其职业具有较高的危险性、紧张性和复杂性，脑部反射活动强烈。特别是当前火灾形势复杂多变、化学灾害事故频发、救援任务日益增多，导致官兵心理上产生压迫感，严重者甚至会心理崩溃，这就是官兵的心理压力的主要来源。分析造成官兵心理压力的原因，有针对性地排除和缓解这些压力，对消防队伍建设和消防工作的有序进行都会起到事半功倍的效果。

一、压力的概念

（一）压力

压力（stress）原是物理学概念。上世纪中叶加拿大生理学家汉斯·塞利（Hans Selye）开始将压力的概念引进医学和心理学。

汉斯·塞利的实验研究证明，持续的压力能击溃一个人的生物化学保护机制，使人的抵抗能力降低，易患心身疾病。他把压力反应称为全身适应综合症，并将其分为三个阶段。

（1）警觉反应阶段（alarm reaction），表现为肾上腺素分泌增加，心率加快，体温和肌肉弹性降低，贫血，以及血糖水平和胃酸度暂时性增加，严重可导致休克。

（2）阻抗阶段（resistance），表现出警觉阶段症状的消失，身体动员许多保护系统去抵抗导致危机的动因，此时全身代谢水平提高，肝脏大量释放血糖。如时间过长，可使体内糖的储存大量消耗，以及下丘脑、脑垂体和肾上腺系统活动过度，会给内脏带来物理性损伤，出现胃溃疡、胸腺退化等症状。

（3）衰竭阶段（exhaustion），表现为体内的各种储存几乎耗竭，机体处于危机状态。

动力性是压力的另一个重要特性。在日常生活中，人们常说要变压力为动力。之所以能变压力为动力，是由于个体一有压力时，不会无动于衷，而会采取一定的行为处理所处的具有威胁性的刺激情境。

塞利的研究揭示了一个普遍性原理：个体在阻抗阶段生理功能大致恢复正常，能适应艰苦的生活环境。即压力反应对个体来说在一定的程度上能增强其适应能力。然而，在阻抗阶段对新的压力抵抗力反而降低。个体若再承受持久的高压，就导致身心耗竭，可能会死亡，这就是精疲力竭阶段。这种生理反应即为压力反应（stress response）。显而易见，这个压力是指令个体紧张的威胁性事件、突如其来的危险刺激情境。

（二）对压力概念理解存在的三种认识

目前，研究者们对压力的概念还没有达到完全一致的理解和认同。众多的研究者试图总结和归纳出一条压力概念的定义来，但往往不能得心应手，结果总是不尽如人意。这是由于不同的研究者从各自不同的学科领域，不同的角度，不同的研究对象，不同的研究方法对各类形态的压力问题进行探讨，结果往往差异很大。总的来说，对压力概念的理解存在三种认识。

1. 压力是外部刺激引起的

压力指那些使人感到紧张的事件或环境刺激。从这个意义上来讲，压力来自外部。

2. 压力是主观的反应

压力指具有威胁性的刺激引起的主观反应。从这个意义上来讲，压力是紧张或唤醒的一种内部心理状态，它是人体内部出现的解释性的、情感性的、防御性的应对过程。

3．压力是外部刺激与内部主观反应之间的关系

压力是指外部刺激与内部主观反应之间的关系，个体对环境中具有威胁性的刺激，经过认知其性质之后所表现出来的反应。

心理学上所研究的压力，多指第三种解释。压力是个人在面对具有威胁性情境中，一时无法消除威胁，脱离困境时的一种被压迫的感受。如果这种感受经常因某些生活事件而持续存在，就会演变成个人的生活压力。它能造成正面或负面的效应。正面的反应能激励人们采取行动，也能带来新的认知、新的观念与对事物的看法。当压力带来负面的体验时，人们会产生怀疑、拒绝、愤怒、忧郁等不良情绪反应，在生理上也出现头痛、肠胃不舒服、皮肤发炎、失眠、溃疡、高血压、心脏病及中风等健康问题。

（三）全面地认识压力

压力也称应激，指个体身心感受到威胁时的一种紧张状态。应激结构有：

（1）应激源，即造成应激或紧张的刺激物。

（2）应激本身，即特殊的身心紧张状态。

（3）应激反应，即对应激源的生理和心理反应，亦称生理应激与心理应激。

个体对应激的反应有两种表现：一种是活动抑制或完全紊乱，甚至发生感知记忆的错误，表现出不适应的反应，如目瞪口呆，手忙脚乱，陷入窘境；另一种是调动各种力量，活动积极，以应对紧急情况，如急中生智，行动敏捷，摆脱困境。在应激状态下，生化系统发生激烈变化，肾上腺素以及各腺体分泌增加，身体活力增强，使整个身体处于充分动员状态，以应对意外的突变。长期处于应激状态，对人的健康不利，甚至会有危险，故要尽量减少和避免不必要的应激状态，并学会科学地对待应激。这一解释强调了压力对身心两方面的作用。

压力包含三个部分：压力源，即指现实存在的具有威胁性的刺激；压力反应，即指人对压力事件的反应；压力感，即指由威胁性刺激带来的一种被压迫的主观感受。三个部分是相互联系，互相影响的，表现为认知、情绪、行为的有机结合，是个体的一种综合性心理状态。由于压力源的存在，使得个体意识到压力，伴随着对压力的认知，同时又会有持续紧张的情绪、情感体验。压力必然引发行为反应，积极应对，化解压力就会减少压力反应；而逃避压力情境，消极应对，则会形成心理障碍，加强压力反应，形成恶性循环。

二、消防官兵的压力因素

心理压力产生的原因很多，主要有两大因素：一是客观因素，主要包括消防官兵所受的社会环境、警营环境和家庭环境的影响等，这是消防官兵心理压力产生的外在压力源；二是主观因素，主要包括消防官兵自身的生理特点、思想政治素质和心理品质，这是消防官兵心理压力产生的内在压力源。消防官兵心理压力的产生，是两种压力源相互作用的结果。

（一）任务和工作的影响

1．消防工作量多面广、时间长、责任大、任务较为繁重

现代火灾具有急、难、险、重的特点，现场大多伴有浓烟、高温、噪声、腐蚀性、放射性或有毒物质，消防灭火救援行动已趋向残酷、复杂、多变、高危险，官兵在这种行动中的伤亡也呈上升趋势。在这种情况下，每名官兵在火灾现场经常面临着“生与死”的抉择，造成了不同程度上存在着心理压力或是恐惧心理。工作时间长、经常加班加点也是消防工作的现实特点之一，如遇重大节日和重大活动，消防保卫工作更加紧张、辛苦。近年来，火灾形势依然很严峻，基层消防官兵在人员紧张的情况下除了抓好日常的执勤训练工作外，还要完成重大节日、活动等消防安全保卫任务，经常迎接各项访查、督查等考核检查任务。尤其在节假日、周末，各级（部局、总队、支队）明察暗访接踵而来，广大的基层官兵长期处于满负荷甚至超负荷状态，不能保证休息、休假。长期快节奏、超负荷、高强度工作必然对消防官兵带来沉重的心理压力，使一些官兵陷入精神紧张、身心疲惫的境况，并且有的基层官兵因劳累过度而患上疾病。

2. 临时性额外任务多使从事基础工作的时间无法保证

消防官兵除每天大量的出警外，还要从事火灾调查、监督检查、消防宣传、审核验收、消防培训等工作及进行体技能训练、政治理论学习、各种教育整顿活动、熟悉器材装备等等。除正常的工作外，还经常有一些额外的工作任务，如争取经费、发展消防协会等等。高度紧张的部队生活和繁重任务对官兵的心理造成很大压力。

（1）各方分配的任务多。近年来，有些消防机关都把基层大中队作为其职能部门，都给他们派任务、定指标，要求填报表、报数据，而且有时间、有指标、有考核，使基层官兵整日泡在琐事杂务堆里不得脱身。

（2）各项专题教育任务多，特别是全国消防部队广泛开展社会主义法治理念教育、纪律作风整顿、作风建设年等活动后，一些工作任务时间紧、任务量大。一旦有任务，官兵们时常加班加点，有时碰到个别领导交办的急如星火的事务，官兵工作再忙也要腾出时间先办。这些额外的差事，占用了消防官兵开展基础工作的时间，使其不得不通过加班来完成。

3. 工作要求高、绩效考核严使个别官兵难以适应

消防部队作为一支公安现役部队，具有严格组织纪律性，对官兵有诸多的要求和约束。消防工作的各项指标细，考核要求高，这对加强消防部队按纲建队，推进部队正规化建设是必要的。但是部分官兵知识面窄，技能单一，难以应对工作的要求，而产生畏难情绪，尤其是年龄长的，其地位也受到年轻人的挑战，使一些官兵整日担心任务完不成，担心退伍转业，这不利于他们的心理健康和潜能的发挥。

4. 心理知识缺乏和管理教育方式简单

从消防部队目前情况看，不少领导和机关工作中错把心理压力当做思想问题，简单地把消防官兵心理上的一些障碍，当做“思想消极”或“不守纪律”来对待和处理；对官兵的心理卫生教育没有引起足够的重视，把心理卫生教育排斥在教育训练的课堂之外，有的即使搞了教育，也是蜻蜓点水，因此消防官兵缺乏应有的心理卫生知识。有些带兵干部管理不是从说服教育出发，不注重方式方法，严重地损害了消防官兵的自尊心，有的消防官兵因此产生了自卑心理，长期受恐惧或抑郁的不良情绪困扰。

（二）个人发展、家庭和生活的影响

1. 在承担义务方面产生愧疚感

消防部队平时训练、执勤、战斗任务繁重，正常的休假常常保证不了，对消防官兵心理和

家庭关系都产生了一些不良影响。繁重的工作，使消防官兵与家人聚少离多，缺乏感情交流，长此以往，尤其基层中队干部，容易造成家庭关系不协调、亲子关系疏远、夫妻沟通困难、家庭隔阂严重等问题，给消防官兵带来沉重的心理压力。即使在有限的家居生活中，职业的“综合疲劳症”也表现得淋漓尽致，有时难免把工作中的压力带回家，因此和家庭成员之间较易发生角色冲突，难以履行丈夫、妻子、父母、子女应尽的义务。久而久之，在官兵心理埋藏着愧对父母、愧对家属、愧对子女的强烈情绪，心理极易被严重“愧疚感”的阴影所笼罩而难以自拔。

2. 在需求实现方面存在心理挫折感

作为社会成员，消防官兵同样会产生各种需求，但是当他们某些个人正当需求得不到满足时，就会形成心理挫折感，进而产生心理压力。一般而言，消防官兵的需要体现在几个方面。

（1）入党、评优、晋职、改选士官、学技术、考学等需要。大多数同志渴望获得这些荣誉，这并非仅是名利的需要，也是获得他人尊重和承认的心理需要。

（2）个人进修，想获得高学历等发展性需要。受“靠知识吃饭、凭本事竞争”的影响，消防官兵的紧迫感和危机感大大增加。他们时常担心转业、退伍回到地方后进不了好单位，特别是能力较弱、素质一般的官兵，忧虑更多一些。在部队调查中发现，一股新的求知热在警营兴起，官兵成才的期望值越来越高，有些官兵为了在部队学习掌握一定的专业知识和技能，为自己的第二次就业做好准备，不惜牺牲业余时间自费学习企业管理、商业营销、计算机网络等热门的专业知识。当这种强烈的愿望因警营客观环境和个人主观条件的限制难以实现时，有些官兵就产生了强迫、忧虑、抑郁等不良心理反应。

（3）个人问题和家庭隐忧难以排解。如婚恋问题毫无进展，会产生孤寂感。消防部队相继推出任职资格考试，逢晋必训，逢晋必考，每年轮训等一系列的改革举措，这些繁重的学习任务，以及各种教育活动、各种培训考核不过关，不仅脸面不光彩，而且直接影响提职晋升、工资待遇等，加大了消防官兵的心理压力。

（三）所处社会环境的影响

1. 经济条件的影响

尽管近年来消防官兵的工资待遇得到了较大提高，但面对地区差异和贫富差距的现实国情，通货膨胀和东部沿海发达地区的消防官兵仍然面临较大的经济压力。另外，出身农村的消防官兵面对买房、教育、配偶及农村亲属的就业及赡养等问题时压力较大。受调查的基层干部中，相当比例已婚官兵的配偶无工作或下岗，无住房或暂住在父母家的比例也较大。这严重影响到相当部分作为家庭主要经济支柱的消防官兵的心态。

2. 社会风气的影响

社会不良风气影响带来的心理压力。消防官兵因职业特点较多接触社会，容易受到社会上的“一切向钱看”“权钱交易”“攀比斗富”等不良风气的影响。面对手中权力和各种诱惑是独善其身还是随波逐流，令部分官兵在抉择中左右为难、摇摆不定，既心有不甘，又存在道德冲突。

3. 社会评价的影响

不全面、欠公正的社会评价易演变成心理压力。消防是与社会各层面有广泛接触的职业，消防官兵直接面对社会与公众，所受到的冲击与影响，远高于其他职业。随着社会形势的变化，消防部队的职能逐步从管理型向服务型转变，群众法律意识和维权意识增强，对消防工作的了解和要求不断提高。部分群众不能以理性的心态看待消防的日常活动，有时基层干警执法无过错，部分群众也要投诉、上访。组织因社会舆论对官兵进惩罚性处理，挫伤其自尊心和积极性，也会导致官兵出现心理压力。

（四）消防官兵自身条件的影响

1．身体和心理素质欠佳

长期超负荷、高强度的工作，对消防官兵的身体构成直接威胁。尤其是常年工作在基层一线的同志，长期劳累会导致疾病缠身，加之心理素质欠佳，消防官兵的生活、学习、工作可能有诸多不便。另外，疾病的直接结果是产生对病情的担忧，做事感到力不从心，发挥不出自己的才能，加之无法把压力变为动力或化解压力，使自己时常处于紧张与应激的状态之下，这些心理活动的作用很自然便引发了心理压力反应。

2．知识和能力有缺陷

个人的知识、文化水平、智力、能力等方面与同事的差距，影响了官兵个人目标的实现，致使某些人的行为极端化。这是消防官兵心理压力爆发的直接行为体现。面对日趋复杂的消防环境和部队正规化建设的要求，官兵原有的知识和技能已经越来越不适应新阶段消防工作发展的需要。知识和能力的缺陷直接影响了消防官兵个人的发展，诱发了官兵对前途的担忧，滋生严重的心理焦虑，进而产生沉重的心理压力。

3．人际关系协调能力差

消防工作是社会工作，消防官兵要与各种各样的人打交道，协调各方面的关系，这就需要良好的人际交往能力。绝大多数的消防干部都面临着转业，近几年来，转业安置越来越差，有的地方还出现了货币安置，不再安排工作，使大部分干部对转业以后从事什么工作无所适从。在经济发达地区，转业的安置费甚至买不起一个卫生间，变成了“辛辛苦苦干到营、回家等于零”，给消防部队官兵造成了很大的心理压力。而现实竞争机制负效应的渗透所造成的人际交往距离的扩大使沟通难度增加，再加上一些消防官兵习惯了“以管理者自居”的社会角色，限制了人际交往，或个别官兵因为性格或者其他缘故，比较敏感多疑，不善与人合作，没有处理好领导、同事之间的关系，使自己处于孤立无援和被动的境地，限制了日常工作的协调。这些因素都给官兵设置了障碍，既影响工作，又影响心境，逐渐形成压抑心理，带来心理压力。

三、消防官兵心理压力应对技巧与策略

（一）应对技巧

应对（coping）是个体对生活事件以及因生活事件而出现的自身不平衡状态所采取的认知和行为措施。

（1）情绪应对。这是应对压力的第一个阶段。人们感到有工作压力的时候，会出现负性情绪反应。当人们将大部分的能量和精力倾注在情绪上时，会影响其理性思维。所以，面对工作压力的时候，第一步要调整情绪，让自己冷静下来，调节自己过激的情绪。

（2）问题应对。经过了情绪应对阶段，人们能够用一种正常的心态去面对压力，从纷乱

的情绪中撤离出来，重新投入到对问题的解决过程之中，这样才能够头脑清晰敏锐地思考问题。在这个阶段，才可以聚焦于具体的问题，发挥能力来思考解决问题的方案。

（二）应对策略

针对所面对的压力，必须用积极的态度面对。减压先要解开心结，适度转移和释放压力，将压力化为动力，还要对压力心存感激。

1．评估分类

（1）“无法控制”类。这部分包括工作条件的优劣、工作内容的枯燥、别人对我们的评价……，超出可控范围的，被称为“环境”。

（2）“有待改善”类。包括接受不了对自己的不良评价；明明能力卓越还经常心里没底；坐着瞌睡、躺下精神；不吃就饿、一口就撑；没事找事、乱发脾气；……。在可以察觉的范围内、惰性地不想加以控制的，被称为“不良应对方式”。

（3）“主动出击”类。明知本专业理论日新月异却懈怠学习；明知暴饮暴食体重会增加却不注重体育锻炼；明知长期缺乏锻炼关节已经不灵活却要挑战高难度项目；明知自己能力有限却偏要挑个最强的作为挑战对象；……。既然明知了，就完全可以通过有效行为加以改善，这是“提升自我”。

2．改善理念

了解和掌握了压力的分类，也就有了应对压力的方法。首先从理念上了解自己可以做的事情。对于上述的第一类，因为超出控制和改善能力应该尽量地忽略它，以顺其自然的心态面对，就像“天要下雨”一样。与其埋怨路上有泥、公共汽车晚到，不如早点出门。如果还能做到一边想着“干燥的天气得到改善、空气中的灰尘终于可以被冲干净了”，那就更好了。如果实在无法忽视，还可以转移自己的注意力，把环境中依然存在的优点多看看、多品品，让目光停留在积极的方面，建立良性的思维方式。

对于第二类，需要建立一个跟亲朋时时畅快沟通的渠道。如果我们担心单位的同事由于掺杂过多利益而无法善意实施评价，那么提升自己最主要的沟通渠道就依靠朋友的支持了。时常把自己心烦的局面、受限制的环节、被排挤的情况拿出来跟朋友分享，就算他们没有比你高明的办法，这种旁观者清的视角依然对你换位考虑自己的问题是个借鉴。更何况，每个人都有自己的麻烦，都有自己应对的招数，没准他的方法正对你的路子也未可知。如果感觉大家都已黔驴技穷，寻找专业的职业咨询单位、心理咨询机构也是个不错的选择。人非圣贤，认识自己的不足，适时寻求帮助才算得上是“识时务”的俊杰。

第三类问题的理念改善就像它的名称一样，依靠的是自己更积极地改善意识。想松懈的时候去学习、想懒惰的时候去锻炼、想跟人较劲的时候克制自己当然是件痛苦的事，可以借一句“我为什么活得这么累”安慰自己。如果由于这些限制了自己在竞争中的成就也能泰然处之，恐怕也就没有“压力重于泰山”的感觉了。

3．调整行为

（1）自我激励。已经很累了，又做了更多的努力；已经很困了，又延长了工作的时间；已经很有压力了，又揽下更多的责任。拿个小本子把这些都记下来。工作中不时冒出“这个长假绝对不开手机”“下次有时间一定开四个小时的车去他们老提的那个农家院吃烤鱼”……

这样的念头马上也把它们都记在那个小本本的背面。让它们一一对应，咬紧牙，兑现它一个，看看这世界会不会因为你奖赏自己就塌方。

（2）宣泄垃圾情绪完善交流。“男儿有泪不轻弹”“君子喜怒不形于色”这样的“人生哲理”有时对心理压力的影响是很大的。自己的眼泪、自己的痛苦有时必须找一个出口进行宣泄。可以把好朋友找来，把不快、郁闷等情绪向朋友进行倾诉，这样不但不会影响友谊，相反分享秘密带来的亲密感是什么都无法超越的。到健身房把各种器械都练上一遍，出一身汗，然后到一个没人的地方或隔音比较好的房间，大声把你的烦恼“喊”出来，最后冲个热水澡，狠狠睡一觉。

（3）合理管理时间、空间。不要对自己太苛刻了，至善至美只是一个遥远的梦，摆脱完美主义的束缚。不要妄想把所有的事情都干得完美无缺。适当放低一下标准，放松一下自己的心情，或许在客观上也减轻了别人的压力。大部分饱尝压力的人士是非常善于自律的，也许是太善于了，于是就有点显摆。怕人不知道自己多用功，把工作往家带；怕人不知道自己很忙，节假日全用工作填满；怕人不知道自己重要，夜里不睡觉给同事打公务电话。他们自觉远离不良嗜好，生怕别人说自己玩物丧志；他们自觉限制生活享乐，生怕别人说自己没有追求。在享乐上绝对可以做到的“适可而止”，在工作中却大大失去分寸。其实这也是一种“玩物丧志”，只不过玩的是工作，丧的是正常、健康生存的理智罢了。

（4）远离虚荣。在生活中，许多压力是完全由于自己的虚荣心导致的。为了各种高端消费，住豪华的房子，开好车，……不得不拼命地赚钱，无端地增加了自己的压力。金钱、名誉、地位这些如同过眼云烟，却常常被人视为是最重要的东西，为之所累。学会真正地享受生活，摆脱虚荣。

（5）给自己留一点儿思考的时间。压力的产生也可能是因为对事情本身的理解造成的。过分夸大了事情的重要性和后果，导致心理负担加重。不少人往往因为急于求成，而忘记了对事情本身的思考。留一点儿时间思考能让你更清楚地看到事情本来的面目，同时也给了自己一个解剖情绪、分解压力的机会。

（6）愉快生活、敢于放弃。要旅游就会有“浪费时间”的焦虑，要美食就会有“享乐至上”的焦虑，要早睡就会有“不够勤奋”的焦虑，适度放弃是一种勇气，看你敢不敢尝试。

（7）合理饮食，补充能量。饮食调理中，蛋白质中的氨基酸对振奋人的精神起着重要作用，B族维生素对维持神经、消化、肌肉、循环系统的正常功能有着重要的生理作用，钙和镁能影响肌肉收缩和神经细胞的转换，有利于缓解精神的紧张。所以应适当增加含此类营养物质的摄入量，这类食物主要有瘦猪肉、动物内脏、鱼类、鸡蛋、牛奶、豆类及其制品、海藻、杂粮，蔬菜中的西红柿、胡萝卜、菠菜、椰菜等，此外还有水果。

【思考与练习题】

1．简述压力的概念。

2．心理压力的表现小测试：

（1）没有食欲或食欲过盛；（2）心跳过速、头疼、颈背部肌肉紧张；（3）难以入睡或半夜醒来；（4）噩梦频频不能深呼吸；（5）皮肤过敏或湿疹；（6）吸烟或饮酒过量；（7）注意力难以集中；（8）为琐碎小事而与家人、同事争吵。

3．列举三条以上个人平时的减压方式。

第三篇 危机干预与心理训练

第八章 消防官兵与心理危机

作为具备基本智力能力和心理条件的社会人，在人生发展的不同阶段，都将遭遇到各种各样的心理冲突与心理危机，它们是促进个体心理发展的必要条件，对于消防部队中的官兵也是如此。消防部队因其职业特点，部队官兵常被视为心理问题和精神问题频发的特异性群体，近年来基层调研状况与课题研究结果表明，对于心理危机问题，存在泛化或偏激认知的导向。由此，本章从普适性的心理危机常识入手，简要引入心理危机的概念、类别以及成因等相关知识，重点阐述心理危机应对风格的形成要素、心理危机应对策略的类别等要点。在此基础上，紧密结合部队实际，梳理、总结出消防部队官兵在“战时”与“平时”遭遇的心理危机的特点，针对突出问题，进一步阐释摆脱认知失调、学习记忆策略、身份探究和身份期待以及维持稳定关系等常用的心理危机应对策略。

第一节　心理危机概述

【学习目标】

1. 了解心理危机的含义。
2. 熟悉心理危机的类别。
3. 掌握心理危机的反应与成因。

心理危机是一种正常的生活经历，它不是疾病或病理过程。每个人在人生的不同阶段都会经历。由于处理心理危机时采用的方法不同，后果也就不尽相同。如何指导心理危机状态下的个体采取明确有效的措施，使之最终战胜危机，重新适应生活，是心理学研究的一个时代性课题。

一、心理危机的概念

心理危机（psychological crisis）一词最早是由林德曼（Lindeman）于 1944 年提出来的。1954 年，美国心理学家卡普兰（G.Caplan）提出了更加清晰的心理危机概念：心理危机是指当个体面临突如其来的或者重大的生活逆境（例如亲人离世、婚姻破裂、自然灾害等）时所出现的心理失衡状态，米歇尔和拉斯尼克（Mitchell & Resnik，1981）认为，心理危机是一种情感紊乱状态，也可以将其定义为某些情感上的重大事件，这些事件能够作为人生变好或变坏的转折点。普努克鲁（Punukollu，1991）和罗伯茨（Roberts，1991）的概念则倾向于将心理危机视为一种“当面临一系列内外部应激，运用以往的（或寻常的）应对策略但无法发挥作用时的心理反应”。

心理学家们在不同时期作出的界定丰富了心理危机的内涵，从一定程度上反映出人们对心理危机认知的发展过程。总的来说，心理危机的概念包含四层含义。

（1）心理危机的出现总是与特殊的情境或事件相联系。目前，判定所面临的情境或事件是否具有特殊性尚无统一的标准，大多采用的是未经明确约定的“能引起反应主体注意并引发心理反应”的下限标准。

（2）心理危机出现的时间是有限的，一般情况下，心理危机不会永久得不到缓解。特殊的情境或事件一旦发生变化或缓解（例如个人面临的社会生活难题情况有所转变）；或者个体远离了诱发心理危机反应的情境或事件（例如部队官兵的特殊任务执行完毕），心理危机的内容与程度也将随之变化。

（3）心理危机出现的关键因素在于应对危机的处置策略选择不当或者使用不当。与“药不对症”的情况一样，人们会深深地体验到一种纠结、无力的痛苦感，甚至否定其自我价值。

（4）心理危机中蕴含着机遇。依照辩证法的原理，危机与机遇是共生、并存的，如果应对策略选用得当，心理危机同样可以成为扭转时局、谋求发展的契机。

二、心理危机的类别

（一）社会化过程中的心理危机——艾里克森的心理社会发展理论

在人生的整个发展历程中，人格和自我意识的建立与发展贯穿始终。人们在生理发展和认知发展的同时，也在不断建立和改造自我。人格的发展受到生理成熟和认知发展的影响，同时，也受到社会文化习俗的制约。人格发展理论中，最有影响力的是艾里克森（Erikson）的心理社会发展理论、弗洛伊德（Sigmund. Frued）的性心理发展理论与班杜拉（A. Bandura）的社会学习理论。前两个理论同属于心理分析学派，它们从不同的角度解释了人的心理社会发展；班杜拉的社会学习理论属于行为主义学派，更加重视环境因素对人格发展的影响。

阐释个体的人格发展状况以及个体在不同发展阶段所面临的心理冲突（或心理危机）时，弗洛伊德更注重不同层次的性心理，即原始驱力的作用；艾里克森则更强调社会和文化因素在每一个发展阶段对自我的影响。在此着重介绍艾里克森的理论和观点。

艾里克森的心理社会发展理论（psychosocial development theory）将个体的人格发展分为八个阶段，且每一个阶段都有其特定的发展特点和面临的主要冲突（见表 8-1）。

表 8-1 艾里克森心理社会发展理论的八个阶段

顺序	年龄阶段	主要的心理冲突	发展的关键
1	出生到 12～18 个月	信任—不信任 trust vs. mistrust	婴儿发展与看护者之间的依恋关系
2	1～3 岁	自主—羞愧、怀疑 autonomy vs. shame and doubt	幼儿习得对自己身体的自主控制 对自己的选择感到羞愧或怀疑
3	3～6 岁	主动—内疚 initiative vs. guilt	儿童尝试完成新任务、激发新想法；不为失败所击倒
4	6～12 岁	勤勉—自卑 industry vs. inferiority	儿童学习文化技能；克服自卑情绪
5	12～19 岁	同一性—角色混淆 identity vs. role confusion	青少年确定自我意识 学习社会角色规范
6	19～25 岁	亲密—孤立 intimacy vs. isolation	成人寻求与他人建立亲密的关系 为事业定向
7	25～50 岁	亲代性—停滞 generativity vs. stagnation	通过创造性的生产活动造福于下一代
8	50 岁以后	自我统和—绝望 ego integrity vs. despair	对自己的一生进行回顾，如能愉快地接受自己，便可以面对和接受死亡，否则会陷于绝望

艾里克森认为，人格发展的八个阶段是紧密相连的，前一个阶段心理或人格冲突的安然度过，是顺利进入下一个阶段的前提。如果某一阶段的心理或人格冲突未能及时克服即进入下一阶段，并不意味着这些“遗留”下来的冲突已经消失，它们将在个体未来的心理社会发展历程中用补偿或变形的方式凸现出来，从而导致个体在社会化过程中产生各种各样的行为问题、适应困难或者心理失衡。另外一个需要强调的问题是，个体在每个阶段都有一个核心的心理冲突，例如信任与不信任、勤勉与自卑、亲密与孤立等，其中有些是正面特质，有些是负面特质。想要成功地解决这些危机，需要在正面特质与负面特质之间寻求平衡，即让正

面特质占据优势，同时也要正视一些负面特质的存在。例如，在信任与不信任之间，学会对大多数人报以信任当然是好的，但是也应当存有“防人之心”，要知道并不是每一个人都值得信任，只有这样，才能学会理性地建立对他人的信任。

面对需要解决的冲突时，如果个体顺利克服和度过了心理危机，个体将形成健康的人格；反之，则会妨碍自我的健康发展。个体在社会化过程中的种种心理危机，是与每一个发展阶段需要克服的人格或心理冲突相伴的；每一个阶段的积累与实践均具有特殊的意义，它们决定了个体在未来社会生活中应对越来越复杂的心理危机时的策略水平。

（二）不同视角下的个体心理危机——布拉姆的应用危机理论

布拉姆（Brammer）提出的应用危机理论，分别站在人的成长历程、偶发事件以及人生追求的视角，将心理危机分为三类。

（1）发展性危机（developmental crisis）。指在正常的成长和发展过程中，急剧的变化和转变所导致的异常反应，例如孩子出生、大学毕业、中年离异或者退休等导致生活结构发生重大改变的事件。一般情况下，这些事件都会使人们产生发展性危机，在这个意义上，发展性危机被认为是正常的。所有的人和所有的发展性危机都是独特的，因而必须以独特的方式进行评价和处理。

（2）境遇性危机（situational crisis）。指当罕见、超常且个人无法预测与控制的事件出现时，人们所产生的心理危机。例如交通意外、被绑架、被强奸、失业、突然爆发的疾病等都可以导致境遇性危机的出现。境遇性危机具有随机性、突发性、震撼性、强烈性、灾难性和不可预见性。“9·11”恐怖袭击事件、“1·12”海地大地震、“3·11”日本近海强震与海啸等都是典型的境遇性危机事件。

（3）存在性危机（existential crisis）。指伴随着重要的人生问题，例如关于人生目的、责任、独立性、自由与承诺等出现的内部冲突和焦虑。存在性危机可以是基于现实的，也可以是更深层次的、关于人生意义的追问和思考。

（三）应用于评估与治疗的分类系统——鲍尔温的心理危机类别

1978年，鲍尔温（Baldwin）提出了一个应用于心理危机评估与治疗的分类系统（理论）。他认为，心理危机可以被分为六类，它们的心理病态程度遵循着“由弱到强”的规律。

（1）倾向性危机（dispositional crisis）。指由外界因素引起的急性发作的短暂痛苦，例如失恋后的反应。

（2）过渡期危机（transitional crisis）。指由预期的生活变化引起的危机，例如刚刚退休时的反应。

（3）创伤性危机（traumatic crisis）。指由突如其来的、出乎意料的事件引起的危机，例如亲人突然去世。

（4）发育危机（developmental crisis）。指在生长发育过程中产生的危机，例如学生由于失去亲人而丧失生活来源后的焦虑。

（5）精神病理性危机（psychopathological crisis）。指由内在的精神病理机制引发的危机，例如精神病人在病态思维下的自杀心境。

（6）精神科急症（psychiatric emergency）。指由精神疾病引发的危机，例如在精神病态下的伤人意念和行为。

三、心理危机的反应与成因

（一）心理危机的反应

当诱发心理危机的观念或事件出现时，人们的反应可以分为两类。

1．具有进化意义的反应——急性反应

许多遭遇过心理危机的人反映，产生心理冲突后，他们会感受到头晕、焦虑不安、难以入睡或者注意力无法集中等症状，而且事后往往不愿意再去回想或谈论这次经历。为了识别人们在处置心理危机的过程中体验到的严重压抑或心理功能失常，心理学家们将心理危机急性反应的判定标准界定为（在以下各项表现中至少具有三项）：

（1）感觉麻木。

（2）思想断断续续。

（3）缺乏情绪反应。

（4）环境意识下降（例如头晕眼花）。

（5）丧失现实感。

（6）人格解体。

（7）断续性失忆。

此外，还要考虑重新体验心理危机事件时出现的回避（包括行为回避和心理回避）与唤起（包括注意力不集中、愤怒、过度的惊跳反应、睡眠易惊醒、过分警惕等）现象。症状的出现集中在一个月内（特殊危机事件如亲人离世，症状时间可延伸至三个月，但在程度上有所限定）；有时对日常活动会造成困扰，或者社会功能有一定程度的损伤。

从进化的角度来看，急性心理危机产生的种种心理反应，在某种程度上是适应性的，它提高了人们生存的几率。对急性危机的应对可以暂时提高人们的免疫功能。随着危机事件的重复出现，人们会在这个过程中获得经验和技巧，身体的免疫能力增强，挫折感与无望感也会逐渐降低，使人们自身能够更灵活、更有效地应对心理危机，从而生存下来，并更有信心去谋求发展。

2．对人体损伤较大的反应——慢性反应

当个体体验到的心理失衡在数周或数月后仍然每天持续许多小时的时候，可据此判断其心理危机已转变为慢性反应。瑟尔耶（Selye，1979）认为，一个个体如果长期体验着心理危机的负性反应，且总是处于敏感、心理高度觉醒的状态，他会缺乏足够的资源去处理日常事务，变得容易得病，最终会变得无力抗拒或无力调整，个体即进入了一般适应性综合征的最后一个阶段——衰竭，由此，会带来恶性疾病甚至死亡。在这个意义上，当心理危机发生时，人们应当具有接纳急性反应、避免慢性反应的意识，这一点是至关重要的。

3．心理危机与特定疾病的联系

根据美国疾病预防与控制中心的研究（2002），长期面临心理危机的人群与SCD（即突然心脏死亡）的易感性之间有显著联系（Kamarck & Jennings）。SCD主要发生在心脏迅速、不规则收缩（心室纤维颤动）的时候。在美国，SCD每年会造成约450 000人死亡。大约20%的个案中，SCD与强烈的情绪体验有关，例如突然的震惊、愤怒、悲伤，甚至幸福（Lane &

Jennings）。人们在心理危机状态下会表现出冠状动脉收缩、血流量下降等症状。当强度较大的心理危机事件到来时，人们的生理机能会发生变化。综合起来看，冠心病（Krombout, Menotti, Kesteloot, et al., 2002; Morris, 2001）、高血压（Shapiro & Goldstein, 1982）、癌症（尤指乳腺癌、皮肤癌、前列腺癌、结肠癌）（Lydia Temoshok）（Edwards, Howe, Ries, et al., 2002）、艾滋病（Antoni, Cruess, Klimsa, et al., 2002）、肥胖症（Puhl & Brownell, 2001）、睡眠障碍（Knutsson & Boggild, 2000）与心理危机的关联性较大。

（二）心理危机的成因

关于心理危机产生的原因，国内心理学家们倾向于将其划分或界定为灾难性事件与个人的内在冲突，心理危机事件与个体易感性的共同作用，对事件的觉知、可获得的情景的支持以及应付机制等等。

拉泽鲁斯与福克曼（Lazarus & Folkman）从心理危机的形成机理入手，提出了著名的 CPT（Cognitive-Phenomenological-Transactional）理论模型，强调个体认知、环境（或社会现象）以及它们之间的交互作用对于心理危机形成的影响（见图 8-1）。

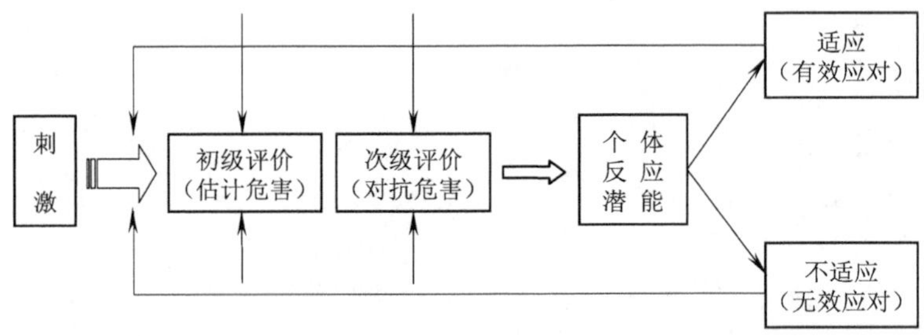

图 8-1　CPT 理论模型

CPT 理论模型格外注重评价的作用，它将个体的评价过程区分为初级评价和次级评价，将具体的适应（或应对）视为重新评价的效果。根据认知心理学的观点，人们形成某种观念或态度的根源，并非来源于事物本身或事件表面所呈现出来的具体形态，而是来源于人们对该事物或事件的认知和评价。

【思考与练习题】

1. 结合艾里克森的心理社会发展理论，简述个体在社会化过程中的心理危机特点。
2. 结合布拉姆的应用危机理论，简述不同视角下个体的心理危机特点。
3. 结合鲍尔温的心理危机评估与治疗分类系统（理论），简述心理危机的类别。
4. 简述心理危机的急性反应和慢性反应的特点，及其与特定疾病的联系。

第二节　心理危机的应对风格

【学习目标】

1. 熟悉决定心理危机应对风格形成的要素。
2. 掌握不同类型心理危机应对风格的内涵和意义。

简单地说，心理危机应对是指个体较好地处理了心理危机事件（或问题），或者控制住了局面。现实生活中，受到危机性事件冲击的人们在应对方式或应对风格上存在显著的个体差异。为此，心理学家、社会学家以及医学领域的专家们提出了许多心理危机处置模型。目前，已经获得广泛认同的观点是：对于心理危机的应对，个体的人格特征和情境因素同样重要，二者共同作用，决定了个体是否拥有与他人迥异的应对风格；而个体关注什么样的应对目标，又决定了个体将选取何种应对策略。

一、决定心理危机应对风格形成的要素

（一）人格特征

人们之所以重视去探究人格特征在心理危机应对过程中的作用，最初是为了预测和解释哪些个体会因为心理危机应对不当而出现顺应不良的症状。其后有关的研究又提出了更进一步的基础性假设，即人格特征可能会影响人们处理心理危机事件的方式。个体所采用的具体的处理方式表明，某些心理危机事件的应对状况还会对个体的健康和幸福产生破坏性的影响。

1．不同人格特质类型的心理危机应对特点

过去 50 年间，心理学家们总结出五类人格特质类型，这五类人格特质类型被视为心理危机应对研究的五种心理维度（见表 8-2）。

表 8-2 五类人格特质类型及其心理危机应对特点

人格特质类型	人 格 特 征	心理危机应对特点
神经过敏	倾向于体验消极情感	应对心理危机时适应性较差，心理健康状况不良
外倾人格	容易合群和体验积极的情感	应对心理危机时适应性良好，心理健康状况良好
开放人格	倾向于富有创造性，对人生体验持开放态度	开放性人格的两大特点是独特性和创造性；人格开放程度高的个体能够正视不幸，能够参与那些对他人需求较敏感的心理危机处理；特别容易成为高效且灵活的心理危机应对者
和蔼易相处	脾气好	表现出顺应良好的态度，对他人的需求比较敏感；容易相处的个体会采取避免人际关系遭受不良影响的处理策略（例如坦诚相待），追求积极的人际关系（例如寻求社会支持），较少表现出不适宜的围绕情绪的应对方式（例如逃避行为）；处理心理危机时尤为注意避免不必要的冲突
认真细心	谨慎，可信赖	很少表现出不适宜的情绪式危机处理方式（例如逃避行为）；倾向于采取以解决问题为核心的危机处理方式；更容易采取负责任、有建设性的应对方式

五种人格特质类型的心理危机应对风格差别很大。当日常生活中出现危机性事件时，心理学家们的结论帮助我们更加深刻地理解了人们所表现出来的迥然不同的态度和行为模式。

2．是否具有“积极预测”的人格特质对心理危机应对的影响

个体如何预测未来事件，也会对其心理危机应对效果产生影响。审视未来事件时，如果对其结果抱以积极的态度，就是人们所说的乐观主义倾向，这样的人格特征与良好的心理危

机应对和心理健康状况之间有着密切联系。一方面，乐观程度高的个体可能更易萌发建设性的危机处理方案，这些危机处理方案反过来又会减少个体的痛苦体验，有助于获得更高的适应性；另一方面，悲观的个体，即那些对未来事件不抱以积极期待的人，更容易采取一些顺应不良的危机处理策略，这些策略反过来又会带来高度的焦虑和抑郁。

3．是否具有“控制”的人格特质对心理危机应对的影响

应对日常生活事件及其体验时，个体的内部控制点（即个人的控制感）与积极的心理健康状况呈正相关；个体的外部控制点（即缺乏个人控制感，觉得个人难以驾驭外部事件）常与心理健康状况呈负相关。是否具有“控制”的人格特质在处理心理危机事件和心理调试时确实具有重要作用。例如，研究发现，内部控制点强的个体，更倾向于采取以解决问题为核心的心理危机处理方式，他们觉得当他们在受约束的时候完全有能力去影响或改变危机事件，而很少关注外界的影响。

（二）情境因素

既定条件下，个体采用的特定的心理危机处理方式受到情境因素的影响。

1．影响心理危机应对的情境因素

1984 年，拉扎勒斯（Lazarus）与福克曼（Folkman）确认了四个对心理危机应对和处理过程起决定性作用的情境因素（见表 8-3）。这些因素会影响个体在情感、认知以及行为方面的应对反应，也就是说，这些情境因素的存在，会决定个体在多大程度上将某种特殊的情境判定为心理危机，以及如何对这种危机情境实施有效的处理。

表 8-3　心理危机应对的重要情境因素

情境因素	示　例
新颖性	个体以前遇到过这类心理危机事件吗
可预见性	有没有一些信号来提示个体心理危机事件或心理危机状况可能会发生
事件的不确定性	事件发生的可能性有多大
持续时间	心理危机体验将持续多长时间

2．情境因素如何影响心理危机应对策略的选取

当心理危机要求个体必须采取一定的应对回应时，究竟选择哪一种应对策略，要考虑当时具体的情境因素。以往的研究表明，仅仅运用重新评价的策略可能会导致个体出现心理上的顺应不良；当个体置身于心理危机情境中而感到无所适从时，采用以情绪调节为核心的应对策略可能会取得更好的效果；以解决问题为核心的应对策略更适用于个体处理紧急问题或迎接挑战。

危机情境下，个体选取心理危机应对方式时具有以下显著特点：

（1）个体在处理冲击较大、为期短暂的心理危机事件（或情境）时，所采用的策略往往与处理那些长期的、持续的心理危机事件（或情境）时采用的策略有所不同。

（2）个体的应对措施常常受到周围其他人的应对反应的影响，尤其是那些具有情感联系

的社会支持因子的影响。

（3）随着心理危机事件（或情境）发生作用的辐射范围（或领域）的变化，个体会自动采取相应的应对措施。

（4）各类心理危机应对情境都会受到众多需求的制约，因此，危机情境的有效应对需要众多适用于不同“子情境”的应对措施的协作配合，有时候可能还包括其他个体的应对反应的配合。

二、心理危机应对风格的类别

对心理危机应对策略的研究经历了一个渐进的过程。一开始，研究人员认为处理好心理危机事件或情境具有两方面的积极意义，即解决问题和关注情绪变化。最近，研究者们又发现了它的第三个功能—— 改善人际关系。由此，个体差异显著的心理危机应对风格被界定为三类。

（一）关注问题的心理危机应对风格

关注问题的心理危机应对风格是指能够直接解决问题和改变危机情境的方式。该策略立足于有计划地解决问题。它涉及有意识地决定或采取最适宜的行为方式，目的在于预防问题的发生、解决问题或者使心理危机情境得到有效的改善。这种应对风格能减少个体的负面体验，增强积极效应。

有计划地关注问题的心理危机应对风格能在两方面为个体带来积极的影响：一方面，个体能更深入、理性地评价心理危机情境；另一方面，在心理危机情境中致力于解决问题，能使个体明显感受到自身已经发生了一些变化，例如消极情绪降低、积极情绪增加，以及对危机情境重新给予了积极评价，产生了令人满意的成效等等。

还有一个应当强调的问题，即并非所有的心理危机情境都适用关注问题的危机应对风格。在具体的危机情境中决定是否选用问题式应对策略时，应当考虑以下两方面的因素。

（1）当个体拥有足够的信心和技能，认为所面临的心理危机情境确实能够得到改善时，可以考虑采取关注问题的危机应对风格。

（2）当个体面临无法控制或加以改变的心理危机情境时，选用此种应对风格可能会对其心理健康造成不良的影响。徒劳的努力会使个体长期深陷于无法改变的情境和危机，而接受不了其他的适应性方案。

总之，当需要有所行动来减少心理危机反应，或将该反应降低至最低限度时，个体采取关注问题的应对风格会比关注情绪的应对风格更加适宜。原因在于这样的应对趋向能增加个体与环境之间的互动，从而为心理健康带来积极影响。

（二）关注情绪的心理危机应对风格

关注情绪的心理危机应对风格是指能在心理危机境况下控制与调适自身情感的方式。除了解决具体问题之外，有效缓解由心理危机事件或情境直接导致的紧张不安、苦恼、焦虑等情绪也是心理危机应对的主要目标之一。从情绪调控的应用实践来看，情绪表达、寻求社会支持与社会比较这三种方式得到了人们最广泛的认同。

1．情绪表达

情绪表达是最常见的处理方式，指个体采取主动的表达方式展示自己对特定经历、事件等的想法和感受。情绪表达方式可以体现为人际的、语言的、艺术的等各种形式，例如人与人之间的交谈和沟通、撰写日记、绘画等等。在将事实、感受、想法和选择等各个要素有效组织起来的过程中，个体能够对该事件或情境的意义及其解决方法等产生更深层次的认识与思考。

个体是否选择情绪表达的应对策略会受到人格特质、性别等因素的影响。例如，神经过敏型个体往往不愿意运用情绪表达方式来缓解焦灼的心理状态；相比较而言，女性比男性更倾向于选择主动表达的应对方式。

此外，应当注意的是，主动地隐匿抑制、自我中心、不适当的表露等都会削弱情绪表达对心理危机应对带来的积极影响。目前，特定的支持群体、自助计划、热线电话、心理治疗、向专业人员倾诉和求助等都可以被视为有效的情绪表达途径。

2．寻求社会支持

社会支持既可以帮助当事人获得信息方面的支持，也能为他们提供具体的帮助，此外，还可以给予情感上的支持。对于个体来说，更重要的是所获得的社会支持的质量，而不是到底得到了多少具体的帮助，这里所说的社会支持的质量，是指当事人是否得到了建设性的社会帮助，而这种帮助恰恰是他所寻求和需要的。

当然，并不能说不寻求社会支持就会对心理健康产生不良影响，应当承认，在一些特殊的心理危机情境中，没有社会支持的参与有时还会增加个体的安全感和幸福感。例如，当个体认为他所面临的心理危机情境可能会招来指责或歧视时，为了远离耻辱感、被隔离感和社会批评，他并不愿意寻求社会支持；当社会帮助可能使原有的心理危机情境扩大或使心理危机升级时，个体宁愿选择回避社会支持……

3．社会比较

个体受到威胁或面临心理危机情境时，会将自己与他人进行比较，借此获得关于自己和他人的信息。研究者发现有三种动机会促使人们采用社会比较的方式来缓解心理危机，即自我评价、自我提高和自我强化。

当个体面对不确定的威胁或心理危机情境时，通常只有“向上比”和“向下比”两种方式。“向上比”指个体选择的是比自己能力强、境况好的对象进行比较；“向下比”则指个体选择了比自己能力弱、境况差的对象进行比较。研究表明，比起“向上”的社会比较，“向下”的社会比较更能使个体产生良好的心理体验，且消极因素也较少。但是，不论是“向上”的社会比较，还是“向下”的社会比较，都有可能对个体的心理健康造成积极和消极两方面的影响（见表 8-4）。

表 8-4　不同的社会比较对象对心理健康的影响

比较对象	积极影响	消极影响
“向上”的对象	激发个体的鼓励和希望的品质；可为个体提供处理心理危机情境所需的建设性的信息，有助于个体解决实际问题	易使个体产生相形见绌的悲观心理
“向下”的对象	帮助个体发现自己的积极品质；对控制情绪特别有效	为个体提供了可预见的悲观图景，例如患有恶性疾病的患者，易滋生个体的消极或绝望心理

一般说来，比起自我评价低的个体，自我评价高的个体更容易通过社会比较引发积极的心理反应；控制能力好的个体更容易在社会比较过程中感受到积极影响或启发。此外，个体对导致心理危机发生的事件或情境的熟悉程度也会对社会比较的效果产生影响。

（三）关注人际关系的心理危机应对风格

关注人际关系的心理危机应对风格是指个体在心理危机境况下所采取的控制、调整或维护人际关系的方法。当人们在心理危机情境中遭遇人际关系困扰时，通常会采用以下几种策略。

1．移情反应

人际关系应对中的移情反应由以下要素组成：第一，试着站在他人的立场上考虑和看待问题；第二，努力感受他人的体验和情感；第三，为了更加深刻地理解他人的体验和情感，努力体会他人的表达所蕴含的深意；第四，用接纳、表达情感等的方式展现对他人的理解。

当应对由人际关系问题导致的心理危机事件或情境时，移情反应有非同一般的效果。更富有意义的是，由于采取了移情策略，个体的核心注意力得以转移。在这一过程中，一方面，个体解决实际问题的能力会有所提升，另一方面，个体会由此品尝到更多的满足感和幸福感。

2．主动参与和保护性缓解

对于直接面对心理危机情境的个体，周围的人不论采取主动参与还是保护性缓解的策略，都有助于个体缓解或减轻心理危机带来的不良体验。但是，对于运用该策略的主体，即对心理危机个体给予积极关注的人来说，可能会对其心理健康造成相反的负面影响。因此，在运用主动参与和保护性缓解的人际关系处理策略时，有必要将人际关系维度与精神伦理维度结合起来。

【思考与练习题】

1．简述个体的人格特征如何影响其心理危机应对风格的形成。

2．简述心理危机应对风格的类别。

第三节　消防官兵的心理危机

【学习目标】

1．了解消防部队“战时”与“平时”心理危机的特点。

2．掌握消防官兵应对心理危机的主要方法。

消防官兵们常常置身于复杂多样的心理危机情境中，例如日常训练、生活中的创伤性事件、高温、燃烧、突发险情、群体行为以及死亡等。如何理性应对这些危机，帮助官兵们回归到正常的工作、学习和生活秩序中，是当前消防部队建设的难点问题。

一、消防部队"战时"心理危机的特点

（一）任务情境与个体易感性决定了消防官兵 "战时"心理危机的产生

目前，非战争军事行动已经成为我国多支武装力量履行使命的重要领域。从遂行任务的辐射面来看，非战争军事行动涵盖了反恐维稳、抢险救灾、边境封控、国际维和、国际救援、联合军演、军备控制、军事威慑与反威慑、军事冲突与危机控制、其他危机处置等任务类型。除了院校和各科研院所之外，消防部队的部分遂行任务属于非战争军事行动的范畴。与此同时，对各类火灾的扑救也是基层部队的重要任务之一。

1．火场要素与官兵心理危机

火场上，以下八类要素与消防官兵产生的心理危机紧密相关（见表 8-5）。

表 8-5　与消防官兵心理危机有关的火场要素

火场要素	消防官兵的心理危机反应	备　注
高温	短时间内产生幻觉、烦躁、厌战、怯战等心理反应，动作失调，高烧，大量出汗，体力下降，甚至出现痉挛或失去知觉	指最高气温达 35℃以上的天气现象。连续的高温会使人体产生不适，甚至引发疾病或死亡 正常情况下，人体适应的最佳温度值为 18℃～25℃，适应的临界温度为 60℃。干燥的空气中，在 72℃时，人能忍受 60min；140℃时，能忍受 26min。辐射热为 3600Kcal/h 时，于 10～20s 以后灼伤人；为 9000Kcal/h 时，3s 以后人感到痛苦，于 10s 或 20s 以后危及人命。烟热离子直径在 0.01mm 时，其热能温度为 600℃或 700℃，对相距 5m 的建筑物辐射热能，使建筑物表面温度达 127℃，直接危及人命 起火时，普通建筑物的室内火灾温度为 900℃左右，石油化工类火灾温度可达 2000℃左右。消防官兵的火场作战距离一般在 10m 左右，高温下近距离作战，体温常超过 40℃
燃烧产物	燃烧产物刺激神经、呼吸道、眼睛，心跳加速，呼吸道阻塞，浑身软弱无力，心慌意乱，易过度紧张或小心谨慎，反应迟钝，恐惧感增加	指由燃烧或热解作用产生的全部物质
噪声	产生惊慌、恐惧或不安，效率降低，疲劳加速，产生听觉障碍，造成心理疲劳，烦躁，易怒，注意力分散，感觉和知觉能力下降，无法思维或进行判断	对消化系统、视觉器官、心血管系统及神经系统都会造成危害，例如，使人食欲缺乏、恶心、胃张力减弱；使人眼痛、视力减退；使交感神经紧张、心跳加快、心律不齐、心率改变、传导受阻、血压异常变化；头疼、眼胀、昏晕、耳鸣、心慌、记忆力减退 除燃烧物外，火场上的噪声还包括人为的噪声（车声、喊话声、作业声）
登高	眩晕，面色苍白，站立不稳，天旋地转，心率和呼吸改变，心理恐慌意乱	产生的现象为耳源性眩晕（耳部器官受高度变化的影响，植物神经功能发生紊乱） 一般来说，普通消防官兵登高至楼房的 11 层时，平均心率为 178 次/min，平均呼吸为 46.8 次/min，官兵中 80%的心率超过或接近上限值（180 次/min），100%的呼吸超过规定标准（40 次/min）
突发险情	高度紧张、恐惧，行为慌乱，情绪不稳，无法理性判断	
装备因素	"湿热效应"，烦躁，不堪重负	当生理的热积蓄在衣物内达到 20℃时，人的工作极限为 17min；达到 50℃时，工作极限为 7min 携带的装备重量若超过人体体重的 30%，极易产生不良的生理和心理反应
群体行为	不听指挥、蛮干，甚至出现冲突言行	个人行为与群体行为发生冲突时，会引发冲突或降低配合度
死亡	恐惧，感受到巨大的心理威胁，幻觉，无法思维或行动	"死亡"这一信息因子为人大脑中的恐惧之源，极易产生联想，滋生恐惧心理

2．个体易感性与官兵心理危机

面对同样性质和同样强度的心理危机事件或情境，个体的反应会表现出很大的差异，有的能顺利应对、安然度过，而有的却不行。这涉及了个体的易感性问题。一般情况下，官兵们的易感性差异主要集中在以下几个方面（见表 8-6）。

表 8-6 消防官兵的易感性差异

差异要素	特点
人格特质	分为表面特质（通过外部行为表现，可以被观察得到）和根源特质（无法直接观察到，但对人的行为起决定作用） 处理心理危机事件或情境时，根源特质决定了消防官兵的心理危机反应类型和应对方式
个体经验	与个体是否具有“预测”的人格特征、是否曾有过实践经历等有关 消防官兵的职业实践经验越丰富，对危机事件或情境越熟悉，相同或相似情境下产生的心理危机的强度就越低
认知方式	即个体在认知操作中表现出来的特征或风格 消防官兵的心理危机应对差异，在一定程度上缘于对创伤性心理危机事件或灾难性心理危机情境的错误思维和不当信念
支持系统	消防官兵的支持系统包括领导、战友、亲友以及环境氛围等，可为官兵提供情感支持、具体任务协调、信息的获取与反馈、安抚和陪伴等方面的帮助 虽然性格特征会影响官兵的支持系统规模，但总的看来，拥有积极支持系统的官兵，其缓解或消除心理危机所经历的时间较短
其他因素	包括个体的生理条件、适应能力、挫折承受能力、价值观、自我意识等

（二）任务事件或情境的突发性易导致消防官兵产生“战时”心理危机

在突发事件面前，消防官兵个体如果缺乏实践经验，也没做好充分的应对准备，再加上外界信息的隔绝，则很可能造成生理功能下降（例如肠胃不适、腹泻、疲乏、做噩梦等）和心理失衡（例如注意力难以集中、反应迟钝、推理和判断能力下降、健忘、出现警觉反应和强迫行为等）的现象，尤其易导致反常情绪反应的发生，例如恐惧、焦虑、疑虑、悲伤、沮丧、忧郁、易怒、绝望、麻木、孤独、紧张、烦躁、自责、过分敏感等。

遭遇了由突发事件导致的心理危机的消防官兵，其心理危机反应的产生与发展一般会经历四个时期。

（1）冲击期或休克期（事件发生当时或数小时之内），个体主要表现为焦虑、惊恐和不能理性思考，少数个体还会出现意识不清的情况。

（2）危机期或防御退缩期，由于缺乏解决问题或缓解情境的能力，个体主要表现为退缩、否定（问题存在）、合理化或不适当的投射。

（3）解决期或适应期，此时的个体经历了心理冲突之后，已经能够正视和接纳现实，开始尝试用积极的办法来解决问题，焦虑减轻，自我评价上升，社会功能逐步恢复。

（4）危机后期，多数个体会在心理和行为方面变得愈加成熟，拥有一定的积极应对技巧，但也有少数个体会出现人格改变，或表现出敌意、抑郁，或滥用酒精、药物，也有可能出现神经症、精神疾病以及慢性躯体不适。

（三）焦虑与惊恐是消防官兵最常出现的“战时”心理危机

1．突发事件发生后的焦虑是一种情感上的泛化

焦虑心理是一种普遍的心理反应，是一种预期会出现不良后果的复杂的情绪状态，包括恐惧和担心。区分开来看，恐惧的发生与危险体验紧密联系；而焦虑是对突发事件或情境产生的紧张的内心体验，且经历了突发事件或情境后产生的焦虑，是一种持续存在的、无法回归自然状态的心理反应，是心理危机体验或情感的泛化。消防官兵在任务情境中出现的紧张和焦虑心理，在某种程度上，对于执行任务和履行职责有积极意义，但是，如果这种心理状态长期得不到缓解或消除，会对官兵造成心理损伤。

2．突发事件诱发的惊恐是一种保护性反应

惊恐是一种预期将要受到伤害或威胁的情绪反应。难以控制的大火、第一次面对火场、处置可能危及生命的油品火灾或危险品泄漏、严重毁损的尸体、高空作业、惨烈的事故救援等都有可能使官兵产生惊恐或恐惧心理。例如，参加打捞尸体的部分武警官兵很长时间都不敢去黑暗的地方，噩梦频发；采访空难的记者不敢再乘坐飞机等等。惊恐或恐惧心理发生时，会促使交感神经兴奋和肾上腺素分泌增加，使机体的机能被充分调动起来，对于生理机能与心理反应的平衡具有积极作用，是一种保护性反应，但它不会自动消失，需要消防官兵个体借助自己或外界的力量来加以疏导和消除。

二、消防部队“平时”心理危机的特点

（一）发生心理危机的群体具有阶段变动性的特点

对消防部队群体心理健康与心理危机应对现状的评估显示，在各个不同的时期，心理危机发生率最高的群体并非是一成不变的。例如，在兵员补选退期间，即将结束服役期和改选士官的兵员群体的心理危机的发生率较高；新兵下队以后，心理危机体验最显著的是上等兵群体（以往人们印象中该时期的心理危机高发群体多为新兵），其后依次为列兵、士官和中队干部，且上等兵群体多报告有生理性、情绪性以及认知失调等心理危机反应等等。当然，各类突发的危机性事件或情境（例如疾病、家庭变故等）会导致这种趋向发生变化。

（二）个体的心理危机反应与生理机能变化、情境因素等紧密相连

部队个体“人际”间的心理危机差异主要集中在心理危机反应与处理（或应对）方式两个方面。在相同的岗位责任、任务情境、人际关系、职业前景等条件下，60%以上的官兵报告说存在与生理机能和特定疾病（例如自主神经系统或免疫系统变化、偏头痛、睡眠障碍、厌食等）相联系的心理危机反应。情境仍然是影响个体心理危机反应的重要因素。在对一个代表其所在的××总队参加全国范围内的“大比武”的战士群体进行调查时发现，比赛开始前两天，大多数战士的免疫细胞的数量、细胞的活动性以及细胞的分泌等指标存在普遍下降的情况，甚至下降的幅度可以高达 90%；在比赛结束后的清醒与睡眠时间中，这些战士的心理危机反应——肾上腺素和去肾上腺素的水平呈现迅速提高，心理健康状况

趋于稳定。

（三）持续、微弱的心理危机事件或情境应该得到特殊的关注

在研究心理危机反应、行为模式及其引发的躯体疾病的时候，研究者们大多注重那些最容易使部队官兵产生心理危机的重大事件上，例如过重的工作负荷、危险情境、创伤性事件、官兵关系、家庭剧变、亲人离世，等等。此种研究模式似乎表明以下假设是客观成立的：第一，仅仅那些具备某些固有特征的重大事件会导致官兵产生“值得关注”的心理危机；第二，对于个体而言，急性的心理危机具有更强的身心危害性；第三，非战争军事行动情境下部队官兵出现的心理危机，是对特定的危机性事件或情境产生的刺激反应，也就是说，任务情境中出现的心理危机具有时效性，且并不存在显著滞后的可能。然而，近期的研究表明，比起重大生活事件来，某些不断或重复发生的、心理危机强度较低的生活性事件具有出人意料的价值。

（1）持续的生活性事件及其诱发的心理危机能更好地预测出个体身心健康水平的下降，尤其是抑郁和焦虑的产生。基层部队官兵的工作和生活实践并不仅仅由重大生活事件链接而成，更多的还是琐碎繁杂的日常事务和生活片段。一些生活性事件，例如消防车故障、堵车、丢失钥匙、日常关系纠纷（例如恋爱关系和婚姻关系问题）、阶段性训练考核等在既定时限内重复发生，官兵个体由此产生的心理危机反应强度会明显高于重大生活事件引发的心理危机；如果再进一步提高此类事件的发生频率，结果表明，官兵的急性心理危机反应会转变为慢性心理危机反应，85%以上的官兵个体甚至出现了显著的抑郁或焦虑。

（2）在任务情境中，持续的生活性事件及其诱发的心理危机可能再次出现并加剧。表面上看，心理危机反应具有明确的范围、时段以及指向性，根据以往的研究，心理危机滞后的最长时限为 6 个月，对象大多数集中于从任务情境回撤归建的官兵。任务情境中，官兵们心理危机反应的强度会增加，个别兵员甚至出现了“变异”的心理危机体验，即心理危机事件或情境与心理危机反应之间的逻辑关系出现混乱或断裂，部分心理危机反应甚至超出了该心理危机事件或情境惯常的反应模式和范畴。例如，在相似的任务情境中，曾经对黑暗、高空环境产生过恐惧性回避反应的兵员，却产生了认知失调、假性感知障碍等疲劳、衰竭反应，而这种情形此前从未发生过。由此可以看出，以往的生活性事件的体验及其引发的心理危机可能会在任务情境中再次出现并加剧，甚至出现变异的心理危机反应。

（四）某些背景性因素会引发个体产生心理危机及躯体化反应

不论是“战时”心理危机还是“平时”心理危机都揭示出一个共性问题——某些背景性因素导致官兵产生了心理危机，且促使其免疫系统功能下降，甚至罹患相关的躯体疾病，例如不安、记忆困难、呼吸道感染、部分泌尿或生殖系统疾病等免疫系统功能变化带来的问题。纵观所有相关的背景性心理危机因素，“对消防职业的高动机”（67%）、“履职经历未达到期待水平”（55%）以及“父亲过于成功”（49%）这三个因素出现显著相关；而心理危机发生时，如果个体还伴有负性的情绪体验，例如悲观、痛苦、焦灼等，会在很大程度上诱发由免疫系统功能下降导致的躯体化疾病。

三、消防官兵应对心理危机的主要方法

（一）摆脱认知失调

在任务情境或日常生活实践中，消防部队官兵之所以会产生心理危机，归根结底，是经历了不同程度的认知失调。改变态度是摆脱认知失调的最直接、最有效的途径。认知失调理论认为，“当人们意识到想法与行为不一致时，就会感到不舒服”。认知失调会带来令人不安的体验，此时，人们会试图通过改变行为来摆脱这种不安感；而当改变行为确实有困难的时候，人们又会采用改变态度的方式来达到目的。从这个意义来说，改变态度是最直接、最有效的摆脱认知失调的方法。影响态度形成和固着的因素有许多，除了先天的遗传、环境的影响和教育的作用之外，部队官兵应当正视和接纳群体差异、个体差异、文化差异以及个人偏见等的存在，在情绪管理的基础上，去除心理危机事件或情境中的不合理认知，重新形成理性的态度。在团体密度较大和人员构成多元的部队单位中做到这一点是极其重要的。

此外，当需要对两个（或两个以上的）心理危机应对策略进行选择时，评估行为也是非常有效的办法。对心理危机事件或情境进行评估的要点在于比较和评价。它实现的是一种自我建构的过程，目的在于将个体头脑中的图示（图示指个体从过去的经历中获得的关于自我的理论或者归纳）与心理危机事件或情境相匹配。

（二）学习记忆策略

对基层消防官兵的心理健康状况进行调查时发现，“记忆力下降、无法集中注意力”等情况在基层官兵中存在较为普遍。从概念上来看，记忆减退（hypomnesia）是一种识记和再认、回忆发生困难，识记内容不能有效保持或保持容量明显减少的记忆失调。记忆减退具有明显的阶段性，即会在某一段时间内有所表现，具有明显的自我感觉，仿佛记忆“凝固”了。记忆减退具有一定的弥散性（例如有时会感到想记住任何东西都十分困难）和情景性（大多突出表现在对自己有重要意义或自己过于在意、过于敏感或过于担忧的事务上，而表现在其他事务中的记忆减退，只是这种明显情景性记忆减退的迁延）。

记忆减退并不等同于记忆障碍，它是暂时性的，通常由于过度疲劳、体质下降、情绪波动等原因引起，如果这些原因能够得到合理排解，记忆减退自然会消失。

可以运用记忆策略来提高记忆效果，驱除由心理危机带来的不良心理体验。虽然改善记忆的难度极大，但掌握记忆发展规律，通过有意识的记忆训练学会应用一些常用的记忆策略（见表 8-7），能够帮助官兵个体改善记忆减退的情形，减少心理危机带来的负性体验。

表 8-7　常用的记忆策略

记忆策略	原　　理	运用要点
练习分配效应	在较长的时间内分配学习比集中学习效果更好	少学、勤学 坚实、持续地学习

（续）

记忆策略	原理	运用要点
无错性学习	测试每个项目能在多长的时间间隔内被个体准确地再现	学习很短时间后即对学习项目进行测试 随着学习项目的掌握越来越好，学习的时间间隔随之逐渐延长
字钩法	将记忆目标的细节具体化，通过想象、联想实现记忆和定位	将信息设置为对应的形象

（三）身份探究和身份期待

人的一生，尤其在青春期晚期和成年期，可能都会经历身份错乱、身份延迟、身份排斥以及身份获得的难题（见表 8-8）。这几个方面的顺利度过，能使个体完成对自己的身份探究和身份期待，而生活中看似与“身份”无关的心理危机，实际上都是在这一过程中衍生出来的暂时性困惑。

表 8-8　身份求证的难题

身份求证的难题	特征
身份错乱	青年人群探索自己的个人身份时缺少积极性，缺乏明确的目标和期待，可以用“身份错乱”来描述。这种现象很常见，但到了成年早期之后，应该仅是个别现象
身份延迟	体现了成年人思维中的深度探索。他们在思考自己（或自己理想）的身份。他们考虑最多的问题是“我是谁？”“我相信什么？”“我为什么去奋斗？”……经过生活的磨炼和个人的总结，他们将得出较清晰的答案，并投身于新的信念或目标
身份排斥	指一个尚未仔细检查过自己的信念、经历和目标的青年，草率地将自己“委身”于某种身份。他们倾向于借用父母或朋友的价值观和理想，却没有认真思考自己的意愿
身份获得	只会出现在已经彻底地思考了自己的信念和向往，并形成了强烈的身份预期的个体身上。随着个体的成熟，正常的青年人和成年人都会实现身份获得

个体走向成年的过程中，会不断反思和检查自己的信念、对未来的计划以及对过去的理解，这时，身份探究便发生了。身份的错乱、延迟和排斥都是个体在追求身份期待过程中遇到的种种阻碍。在各个阶段的心理危机事件或情境中，个体是否具有信念（信仰）、洞察力和意志力的特质是决定其能否战胜心理危机、推进心灵成长的先决条件。面对心理危机，个体应当尝试站在具体的危机事件或情境之外，审视危机发生的深层次原因，权衡内心的心理诉求，平静心绪，寻找与期待目标最为接近的应对策略；当身边的他人遭遇心理危机时，也应充分发挥社会支持的作用，帮助他找寻内心的信念和未来的期待。

（四）维持一种稳定的关系

一个较新的观点认为，许多躯体疾病的主要来源之一为社会变迁引发的心理危机，其中最为重要的心理危机事件是稳定关系（例如恋爱关系和婚姻关系）的破裂。有数据显示，已婚癌症患者存活的时间比未婚的癌症患者长。稳定的社会支持有助于人们同许多疾病和心理困境作斗争。

在心理社会发展的特定阶段，尽管缺乏亲密的关系容易使人抑郁、焦虑甚至患病，但是，已经建立的稳定关系的丧失会对个体的生理健康和心理发展带来更加严重的危害。在一项对400 名癌症患者开展的研究中，72%的患者在被诊断出癌症之前的 8 年内有过至少一次的重要关系的丧失。

抛开个人特质因素，消防部队官兵还需要了解维持稳定关系的“吸引”要素，例如正确对待时空距离，掌握交往频率，重视双方的情绪体验等等。坚持尊重、真诚、宽容、对应的原则。当陷入心理危机事件或情境时，针对关系双方的人格特质，理性分析危机要素，采取恰当的心理危机应对策略，尽力维持好自身的稳定关系。

【思考与练习题】

1．论述消防部队“战时”与“平时”心理危机的特点及其差异。

2．简述消防官兵应对心理危机的主要方法。

第九章　消防官兵危机干预策略

消防部队职业的特殊性决定了消防官兵比常人面对更多的危机和挑战。近年来，创伤后应激障碍、自杀、职业倦怠等心理危机给基层部队的稳定和战斗力发挥带来消极影响，对官兵的心理健康造成的伤害也不容忽视。部队管理者和心理工作者需要对该类现象进行研究和探讨，总结有效应对方法和策略，在保证部队稳定和战斗力提升的同时，为官兵心理健康提供科学有效的服务。

第一节　出警心理危机干预

【学习目标】

1. 了解消防员火场心理危机的危害及心理反应。
2. 掌握消防员出警时危机干预的方法。

易燃易爆化学危险品、有毒物质火灾，带电、辐射、爆炸火灾以及火灾坍塌事故频繁发生，火场上的烟雾、高温、噪声、光电刺激以及核电、生化等各种特殊火灾现场都存在许多应激源，极易使消防员处于危机状态。引入火场心理危机干预机制，对于帮助消防员提高危机处理能力，有效预防和应对危机，克服或减少危机给消防员带来的损害，抚平精神创伤，尽早地从危机中恢复过来有着至关重要的作用。

一、消防员火场心理危机及其危害

突如其来的火场危机事件，会对消防员的心理带来哪些影响，产生什么后果，消防员怎样在突发事件中调节自己，维护心理健康，这都是值得关注的问题。消防员火场心理危机是指消防员在扑救火灾过程中，面对火场应激源，运用通常应对应激的方法或机制仍不能处理当前所遇到的外部或内部刺激时所出现的一种心理失衡状态。消防员火场心理危机的具体表现为下面三个方面。

1．负性情绪反应

在重大火场危机事件的刺激下，消防员总是会伴有明显的情绪变化，这些情绪变化往往是心理挫折的结果。在应激过程中，如果机体应对能力不能适应环境条件的变化，不能有效地控制应激，就会产生心理挫折而引起一系列的情绪反应。突发危机事件对消防员的情绪冲击有：焦虑、恐惧、忧虑、激动、惶惶不安或消沉、失望、抑郁、沮丧等。同时官兵的智能、情感和情绪、意志等心理过程都可能出现紊乱而遭到破坏，进而降低遂行作战任务的能力和水平。

2．习得性无助

习得性无助是一种在不自觉中学习得来的态度和行为，表现为个体的消极、被动、无所适从、无所作为和听之任之。当发生应激时，消防员经过多方努力仍无法应付和控制危机，进而认为自己没有能力改变现状时，就可能产生这种心理反应。这种消极的态度和行为将妨碍机体潜能的发挥，使之不能有效地处理和应付应激。

3．行为变化

在行为方面，经历心理危机的消防员呈现社交退缩、沉默、情绪失控、典型行为习惯改变、过度活动、没有食欲或暴饮暴食、逃避与疏离等行为，容易自责或怪罪他人、不易信任他人、与人易发生冲突等，严重的会出现自杀倾向。

二、危机状态下消防员心理反应

火场危机事件极大的震撼性、突发性和危害性，不仅干扰或破坏消防员平常生活模式和生活，而且使其产生对环境的失控和不确定感，从而破坏个体心理的安宁，引发其心理危机，并使其出现一系列心理反应。心理学研究发现，从发生的时间顺序划分，消防员对火场心理危机的心理反应通常经历三个阶段。

1．冲击期

冲击期发生在高强度火场应激事件出现后的数小时。主要表现为焦虑、惊恐、不知所措和不能合理思考，个别人甚至会出现意识不清。如消防员初次参加灭火战斗，出现被烧伤、战友牺牲或者目睹遇难人员罹难的惨状后，大多数消防员会表现出惊慌、害怕和震惊，只有少数消防员能保持冷静与镇定。

2．安定期

安定期时处于应激状态下的消防员会采取各种措施努力恢复心理上的平衡，控制焦虑和情绪紊乱，恢复受到损害的认知功能，会采用各种心理防御机制或争取亲人、战友的支持。此时如有一系列强有力的措施介入，帮助身体或心理受到伤害的消防员得到良好的治疗，控制其病情的发展，伴随着他们身体逐渐好转，其恐慌心理亦会逐渐减低。

3．危机后期

危机后期消防员将自己的注意力转向产生压力的危机，并努力设法处理它。此时大多数消防员会变得更加成熟，获得更多的积极应付技巧。但少数消防员会出现人格改变或出现敌意、抑郁或滥用酒精、药物和食物，采取逃避行为而远离压力源，神经症和慢性躯体不适均可能出现。如被大火烧伤后有的消防员可能会产生畏惧心理，躲在单位不出门、不敢见人，而有的消防员则能吸取教训、积累经验，积极投入到下一次火灾扑救任务中去。

三、消防员火场心理危机的干预

（一）危机干预的模式

目前，国外常用的危机干预模式有平衡模式、认知模式和心理转变模式三种类型。这三种模式为许多不同的危机干预策略和方法提供了基础。

1．平衡模式

此模式认为危机中的个体通常处于一种心理或情绪失衡的状态，原有的应付机制和解决问题的方法不能满足需要。平衡模式的目的在于帮助个体重新获得危机前的平衡状态，主要适用于早期干预。

2．认知模式

此模式认为危机来源于对灾难和创伤的错误思维和信念，通过改变思维方式，特别是改变非理性的认知和自我否定，个体能够获得对危机的控制，适合于危机稳定后的干预。

3．心理转变模式

此模式认为人是遗传和环境学习交互作用的产物，危机是由心理、社会、环境因素引起的。因此，引导人们从心理、社会和环境三个方面寻找危机干预的策略。

（二）消防员出警时的危机干预

单纯的干预模式避免不了可能出现片面的情况，在对消防员进行出警危机干预时，应将上述三种模式整合起来，采取综合措施，建立集危机前预防性干预、危机中治疗性干预和危机后恢复性干预于一体的消防员火场心理危机全程干预模式。

1．危机前预防性干预

危机前预防性干预是指强调火场心理危机发生前对消防员进行危机意识和心理健康教育，居安思危，优化个性，提高消防员危机应对的心理准备和应变能力。其主要措施包括：

（1）开展心理健康教育，普及心理科学知识。这是提高消防员危机应对能力的重要手段。要把心理健康教育形成制度，做到内容科学、教材规范、手段合理、重点突出、常抓不懈。要以专业的心理学书籍和通俗的心理学读本为基本教材，有的放矢地开展心理健康教育。做到理论联系实际，把心理科学知识传授与解决心理问题结合起来，把心理素质的培养和自我调节能力的增强结合起来，把理论教学与开展心理辅导活动结合起来，采取案例分析、活动课、角色扮演、互动小组等灵活多样的方式，促进消防员对心理科学知识的掌握和内化。

（2）开展心理选拔，建立心理档案。通过开展心理测评选拔合格消防员是国外消防部门成功的经验。与之相比，我国消防部门在心理选拔方面则较为落后，新兵入伍心理选拔才刚刚处于起步阶段，消防员职业适应性选拔尚无系统标准。这直接导致部分有心理疾患甚至精神障碍的人群进入消防部队。国内消防部门所采用量表多为经过改编的国外量表，没有结合消防工作的特点，其结果常有失客观。入伍后的岗位分配多由各级主官根据经验决定，没有相关的心理档案作为心理学依据，常导致不能人尽其用，从一定程度上影响了消防部队战斗力。因此，有必要根据消防部队实际情况，开发具有自主知识产权的心理测评软件，建立具有中国消防部队特征的心理健康常模，对应征青年进行严格筛选，防止其中有精神病、变态人格、严重心理障碍等倾向的人员进入部队，并根据心理测试结果，建立心理档案，再根据其情感特征、认知能力、意志品质等内容进行人员调配，为消防员的岗位分配和军事训练提供心理学依据。

（3）开展心理训练，优化心理品质。对消防员开展心理训练，已经成为国外消防部门提高消防员灭火技能和心理品质的重要手段。我国消防员心理训练刚刚起步，尚未形成一套规范化、标准化的心理训练系统。据此，有必要在消防部队引入心理训练机制，构建科学、完整的心理训练体系。在训练科目设置上，可分为一般心理训练和职业心理训练。一般心理训练应涵盖增强自信、磨炼意志、稳定情绪、战胜恐惧、心理放松、团队协作、应激心理、心态调整、警营适应、才能拓展等科目；职业心理训练内容应根据消防部队担负的任务特点而设定，包括消防指挥员心理训练、战斗员心理训练、驾驶员心理训练、防毒排烟特勤人员心理训练和消防调度员心理训练等。心理训练要充分利用虚拟技术和计算机技术，建立火场作战环境和作业条件下虚拟现实模型、信息处理模型和情境意识模型。加大日常训练的真实性程度，注重在演习过程中声音、爆炸、浓烟等危险因素的运用，以消除消防员可能出现的惊恐、焦虑和抑郁等消极心理，提高情境意识水平和作业绩效。

2．危机中治疗性干预

危机中治疗性干预是指当消防员处于火场心理危机状态时，采取积极、及时的危机干预措施予以介入，以有效缓解其负性情绪和非理性行为，使其尽快恢复到危机前的平衡状态。治疗性危机干预一般应从以下四个方面着手：

（1）危机评估。危机评估在整个心理危机干预过程中起十分重要的作用。干预者必须通过评估确定危机的严重程度，从而确定有效的应对策略。目前国外常用的评估模型主要有三维筛选模型、阶段性的评估模型和人与环境互动的评估模型三种，其中三维筛选模型比较适合消防员火场心理危机干预。三维筛选模型主要评估个体的认知、情感和行为等方面的功能水平，是一种简易、快速、有效的模型。其中，认知评估主要包括侵犯、威胁和丧失；情感评估包括愤怒、敌意、恐惧、焦虑、沮丧、忧愁；行为评估包括接近、回避、失去能动性等内容。

（2）制定治疗性干预计划。在危机评估的基础上，确定消防员的重要需求，确定所用的有效应对技巧以及能够给予帮助的社会支持系统，明确治疗目标和方法，制定切实可行的干预方案。干预目标的制定要针对消防员即刻的具体问题、功能水平和心理需要，同时还要考虑社会文化背景、社会生活习俗、家庭环境等因素。

（3）治疗性干预。治疗性干预是处理危机的最主要阶段，其效果取决于干预者的技术、创造性、灵活性以及消防员的反应速度。这一阶段包括的工作主要是帮助消防员正确理解和认识自己的危机，帮助消防员疏泄和释放被压抑的情感，给予消防员支持，帮助消防员学习应对方式，重建支持系统。治疗性干预过程中，要充分运用良好的沟通和建立治疗关系技术、支持技术和解决问题的技术，通过面对面的帮助、电话危机干预、书信以及网络干预等手段，帮助消防员尽快恢复心理状态的平衡。

3．危机后恢复性干预

一般经过 4～8 周干预，多数消防员的情绪危机可以得到解决或缓解，此时应及时中断治疗性干预治疗，转入到恢复性干预，以减少消防员对干预者的依赖。恢复性干预过程中，要注意强化消防员在干预中学会的应对技巧，以及运用新的应对技巧和社会支持系统来独立解决和处理问题，减少危机发生，从而获得新的成长。恢复性干预过程常用的干预方式是集体辅导。集体情境可以促使消防员在交往中通过观察、学习和体验，认识、探讨和接纳自我，调整改善与他人的关系，学习新的态度和行为方式，以发展良好的适应。同时，针对火场心理危机中出现的诸如适应不良、紧张、恐惧、焦虑、人际冷漠、敌对等情绪，通过集体辅导中的分享可以学习接纳自己的情绪，通过观察别人的反应和探讨自己的反应，而获得应付危机的方法。

【思考与练习题】

1．消防员火场心理危机的具体表现有哪些？

2．简述出警时的危机干预。

第二节　自杀心理危机干预

【学习目标】

1．了解自杀的相关基本知识。

2．掌握自杀的危机干预与预防的基本措施和方法。

自杀作为一个社会问题，现已越来越被人们所关注。随着社会发展、科学进步、医疗水平不断提高，许多威胁人类健康的躯体性疾病已有了更多的治疗措施，死亡率有所下降，而自杀所导致的死亡人数却有增无减。据 WHO 统计全世界每天约有 1 000 人自杀，自杀已成为人类十大死亡原因之一。消防部队也存在官兵自杀的安全隐患。为了官兵的生命安全与心理健康，为了部队的高度稳定，应科学地认识自杀，及时地预防自杀，减少由自杀所引发的非战斗性减员。

一、自杀的一般问题

（一）自杀的定义

自杀是自愿并主动结束自己生命的行为。它是一种针对自己的自我摧毁性行为，也可以是一种面向别人的威胁、恐吓和报复行为。

（二）自杀的原因

自杀是一种复杂的社会现象，在某一自杀过程中可以同时找到几个原因，他们相互作用，错综复杂。

（1）家庭成员间关系不和睦。多由分配不平均、粗暴干涉子女生活及婚姻琐事、生儿育女等问题而引发。消防官兵也存在类似问题，众多消防员与其家庭成员关系紧张，不能和睦相处，精神苦恼难以摆脱，导致自杀现象的发生。

（2）恋爱婚姻。失恋、婚姻恋爱受到阻拦、不正当男女关系，尤其是部分年轻的消防官兵，持有错误的婚恋观，一旦恋爱婚姻出现变故，便选择走向极端，导致悲剧的发生。

（3）个人意愿不能得到满足。工作不称心而又无力解决、由于经济等原因导致愿望未能实现，遂感到失望，便以轻生来调节心理失衡，发泄自己心中的不满。

（4）生活悲观。遭受丧失亲人的打击、身心饱受疾病折磨的痛苦等。

（5）身心异常。患者精神异常、罹患神经官能症等病，加之不良社会因素的刺激以及其他原因等。

（三）自杀的分类

1. 蓄谋性自杀

蓄谋性自杀指在自杀前有酝酿已久的劣性心理刺激，以及躯体、精神疾病或失望挫折后对前途丧失信心。首先是出现自杀的想法，在这个阶段，某些特殊的事情或疾病促使当事人萌发自杀念头，把它当做解决问题的一种方法来考虑。可能在与其他人交谈中透露出要自杀或谈论自杀，这是当事人在潜意识里对他人发出求助的信号，如果这种信号未引起人们的注意，而引起自杀的原因又未消除，当事人则可能采取自杀行为。其特点有：

（1）多数人采取服用剧毒药物，药量接近或超过中毒致死剂量，药物是购买积累的，有的同时服用 2 种以上的药物。

（2）自杀意念坚决，手段隐蔽，服毒时间和地点难以被人发现。

（3）抢救过程不合作或拒绝处理，苏醒后无自悔，情绪低沉、抑郁或有再次自杀的表示。

2．冲动性自杀

在学术上，冲动性自杀一般指自杀前考虑自杀的时间小于等于 2 小时的自杀行为。其特点有：

（1）在一时情绪失控下发生，以青少年居多。

（2）服用药物多置家中，种类繁杂，服药量多少不等。

（3）易被及时发现，抢救成功率高，惭愧自责，配合抢救。

3．象征性自杀

象征性自杀是以自杀行为作为一种手段来平衡、宣泄、补偿心理矛盾冲突或是以恐吓、要挟形式来实现某种需要。

（1）常有较明显的易察觉的心理矛盾、人际冲突，服毒前扬言“以死相争”或私自出走等自我显示。

（2）所服药物剂量“安全范围”较大，如解热镇痛药、降压药和止咳药，往往隐瞒药名，夸大服药剂量。

（3）求生愿望强，以自杀者角色来博取同情。

（四）科学地认识自杀

1．自杀是有规律可循的

自杀和人类的其他行为一样也是有规律可循的。自杀的过程一般分为三个阶段。

（1）自杀意念形成阶段。

（2）内心生死矛盾冲突阶段。

（3）自杀行为选择阶段。

2．谈论自杀的人也会自杀

谈论自杀也是自杀前的一种预兆、一种求救信号。80%的人自杀前向他人发过这类信号，只是他们的这种求救信号常常为他人所忽略，受众未能及时地实施补救措施，从而导致自杀的产生。

3．自杀危险有持续期

即使情绪好转，自杀危险一般在意念产生后三个月内仍然存在，个体自杀意念产生后的三个月应成为重点监控的时期。

4．一般人也会有自杀念头

据国外的某调查资料，30%～50%的学生有过一次或多次自杀意念。我国也曾有调查指出，大学生中 12%的人有过自杀意念。也就是说有过自杀意念者远比我们想象的要多。

5．自杀是可以预防的

对有自杀危险的人应及时进行危机干预，使其得到充分的宣泄和疏导，自杀行为是可以预防的。

（五）自杀前“可能”的迹象

自杀的过程是可知觉、可预见、可预防的，然而，要预先识别出有自杀危险的人却不容易。因此，中队管理人员要对任何可能的自杀线索都保持敏感。在日常管理中，应随时注意捕捉各种自杀的预兆，防止自杀的发生。其中尤其要注意的是言语线索和行为线索。

1．言语上的迹象

有自杀意向的个体，会在言语中有所表现，这些言语会从侧面反映出个体轻生的意图，善于把握住此类信息，可以有效地预防自杀的发生。言语线索中主要是直接或间接地谈到死亡。比较隐讳的包括询问人寿保险政策，以及捐赠遗体的程序，或谈论死后的生活等。一般地说，以下几个方面的信息是很重要的。

（1）直接向人说出，如“我希望我已死去”“我再也不想活了”等。

（2）间接地向人表示出，如“我所有的问题马上就要结束了”“现在没人能帮得了我”“没有我，别人会生活得更好”“我再也受不了了”“我的生活一点意义也没有”等。

（3）谈论与自杀有关的事情或拿自杀开玩笑。

（4）谈论自杀的计划，包括自杀的方法、时间和地点。

（5）流露出无助、无望的情感。

（6）与亲朋告别。

（7）谈论自己现有的自杀工具。

（8）喜好谈论应激或压力。

（9）明显减少与其生活中的重要人物的交流。

2．行为上的征兆

有自杀倾向的个体，除了言语上有征兆之外，在日常的行为中也会表现出众多明显的特征，这也是发现自杀意图的有效途径。

（1）出现突然的、明显的行为改变，如中断与他人的交往，或危险行为增加。

（2）抑郁的表现，如情绪的改变，睡眠或食欲的改变。

（3）有条理地安排后事。

（4）频繁出现意外事故。

（5）饮酒或吸毒的量增加。

（6）退缩和独处愈加明显。

（7）送出自己很珍贵的东西。

（8）16 岁前的男孩失去父亲（死亡或分离）。

（9）年轻的女孩有着自恋的母亲和软弱的父亲。

（10）工作或学习成绩下降。

（11）过去有过自杀意念。

（12）自卑感和羞耻感等。

二、自杀前的心理状态

有自杀企图的人经常会有孤独感、自卑感、被排斥感以及无法承受的心理压力，并伴随自信心和自我价值感的缺失、失去自尊，以及羞耻感和失去所爱等。其中最主要的表现包括：

1．倒霉

命运似乎专门与他们作对，一系列消极事件连续发生，而且似乎不可避免。这些事件可能都是偶发的，但个体却坚定地认为此类事件是不可避免的，是命运在作弄自己，使个体产生倒霉感，包括受伤、丢失钱物、工作失败等。

2．无助

当个体处于孤独和个人困难之中时，无助感一般会相继而生。他们会片面地认为自己的能力有限，也得不到来自于外界的帮助，这种无助的观念会削弱自尊感、个人价值感、以及自信心等有效心理机能，并因而出现抑郁。

3．绝望

如果一个人经受了一系列的坏运气，并伴有无助和绝望，那么其自杀的危险就很高。绝望是终止生命的信号，个体会丧失掉对生活的希望，生活中的所有事情对其来说都失去了意义，仿佛结束生命才是其唯一的选择。

三、自杀的危机干预与预防

自杀的危机干预就是对处于自杀危机中难以自拔的人进行的短期心理治疗，为其指明方向，疏通心理，防止自杀。自杀者的自杀行为是在个人性格缺陷、心理应激不良的基础上，加之家庭及社会不良因素刺激造成的。因此，自杀者的救治不仅仅是解决躯体问题还应当关注自杀者的心理。不管当事人自杀的态度多么坚决，在其心里都或多或少有一线继续生存下去的希望，所以治疗者应采取积极的态度，使其从中受到鼓舞，感到内心的矛盾和冲突或许可以解决。

（一）了解自杀者的内心活动，做好心理护理

在心理治疗前应尽量从当事人或有关人员那里弄清情况，来了解当事人的态度、性格及家庭状况，如是否丧失亲人、离婚或在生活中受到挫折。在交谈时应在富有同情心的环境中进行，注意加强和当事人的关系，使当事人能信任并接受自己，从而能自发地表达出自己的心境和意图，同时也可以使其宣泄自己的烦恼，摆脱痛苦。还应注意在交谈中应始终如一，坚决否认自杀是解决问题的唯一办法。除帮助当事人认识自己的心理缺陷外，支持和指引在危机干预中也是十分重要的，它能帮助当事人评估自己面临的问题，对问题的解决做出切实可行的计划，并对后果做出估计，这本身也是对自杀行为的否定。而对于拒绝交谈和配合的当事人应耐心对待，多与其沟通，对其提出的要求，如表示只愿与其家人或导致事件发生的有关人交谈时，应尽可能满足要求，这样不仅有利于了解其思想而且有利于改善其负性情绪。

（二）改善社会环境，增加家庭和社会支持力量

良好的家庭社会环境可减少自杀行为的发生，自杀意念产生后，家属及周围人的态度、言谈举止对自杀者的行为将产生直接的影响。因此，一是叮嘱家属不应过多地谴责自杀者；二是转告家属，自杀者的预后良好，解除忧虑情绪；三是说服当事人的家属、恋人、朋友、同事等一起做思想工作，使他们之间的关系得到改善，为自杀者创造一个良好的家庭及社会环境。

（三）采取措施，预防自杀

1．积极开展精神卫生工作是预防自杀的重要环节

机关要大力提倡警营精神文明建设，重视精神卫生知识的普及宣传，以提高官兵的精神健康素质，树立乐观主义精神，重视人生的价值，从源头上解决可能的自杀危险。

2．提供危机干预、面谈、心理热线电话等服务

对处在困境或遇到某种挫折而产生自杀意念者，应及时进行危机干预，通过面谈、电话等方式予以关怀、疏导，这对激动情绪之下有自杀企图的个体，可起到积极的预防作用。

3．开展心理咨询门诊

对因某些因素导致心理陷入困境产生轻生、厌世之念者，中队干部应及时地组织专业人士进行干预，开展心理咨询，帮助轻生者恢复心理平衡，解脱轻生之念，回归正常的生活轨道。

4．院外精神病患者应加强监护和康复工作

在发生自杀行为人群中，精神病患者的比例较大，故应加强监护，特别注意药品的保管，防止病情缓解后因悲观厌世而发生自杀。

5．提高官兵的文化素质

随着军队改革的进程，消防部队人员的文化素质有了极大的提高，但其中部分人员的文化素质依然偏低，有人可能由于愚昧而产生草率的自杀行为导致严重后果。由此可知，注意提高广大官兵的文化素质，将有助于他们正确地面对人生，面对生活。

四、危机干预失败后

当对于自杀个体的干预失败后，中队干部作为干预者的后续工作也非常重要，须帮助中队的其他人员应付、理解、悼念和预防未来可能出现的自杀。

（一）心理学尸检技术

所谓心理学尸检技术，是一种后干预技术，它的目的是在自杀事件发生后详细地剖析自杀者的心理史，提供信息以预防未来可能发生的自杀事件。心理学尸检为后干预技术的一种代表，它可以帮助自杀事件相关的幸存者理解为什么会发生自杀，也能帮助其减少内疚感以及对死者死亡的责任感。自杀事件相关的幸存者一般比那些因其他原因失去亲人的人更少得到同情，却有更多的社会隔离、负性反应和社会歧视。建立咨询小组为他们提供支持，以满足其由于自杀而丧失亲人的特别需要是非常必要的。心理学尸检主要有以下步骤。

（1）构造“为什么”。危机工作者帮助他们回忆死者自杀的暗示、线索、迹象，使死者的自杀更可理解。

（2）纪念积极的特点和成就。让小组成员将死者具有的特别突出的和特别值得回忆的特征和成就列一个表。

（3）说告别词。每个小组成员轮流向代表死者的“空位子”说告别词。

（4）转向放松。危机工作者根据前三个步骤的材料，引导他们采用集体研讨法制作另外一张表，点点滴滴地收集死者的情况，有助于将来自杀的预防。

（5）解除内疚感。危机工作者承诺编写一张心理学尸检表并分发给他们每一个人。最后，

危机工作者作出必要的声明：①对于他们的参加表示感谢；②让他们相信他们对于自杀者的死是没有任何责任的；③许诺他们结束这个急性的悲痛阶段，进入长期的悲痛期，以死者为鉴，懂得珍惜生活的每一天。

（二）危机干预者的自我保护

当危机干预工作者未能拯救一个想要自杀的人时，他们务必回到家里以得到恢复，好心地对待自己与他人，获得足够的睡眠与休息。同时调整心态，正确地认识自己虽已尽全能，但自杀仍发生的现实。恢复后保持充沛的精力，继续敏锐地察觉问题。同时不能忘记自杀者，继续向前走，准备迎接、理解、帮助新的求助者。

【思考与练习题】

1．自杀前“可能”的迹象有哪些？

2．自杀的分类有哪些？

3．结合中队的实际情况谈一谈在基层中队如何预防自杀的发生。

第三节　职业心理危机干预

【学习目标】

1．了解职业心理危机的表现和产生原因。

2．掌握职业心理危机干预的策略。

消防员是世界上公认的最危险、最复杂的职业之一，他们长期承受高应激压力和大运动量、高负荷的任务与训练，不可避免会出现身心俱疲的问题，由此所引发的职业倦怠更是不可忽视。有研究表明消防员职业倦怠严重，随着消防员的年龄、救灾次数、服役年限等相关因素的增加，消防员的职业倦怠呈现愈发严重的趋势。

一、基层消防官兵职业心理危机的表现

（一）前途迷惘

“铁打的营盘，流水的兵”，部队的新陈代谢决定了消防部队官兵的服役年限是有限的。高危的工作环境，短暂的工作时间，让众多消防官兵对消防部队缺乏归属感，更对自己在消防部队的未来缺乏预期。同时消防部队的工作具有极强的重复性，降低了其对工作成就感的认同，严重的挫伤了其工作的积极性，对前途的迷惘也愈发地加剧。

（二）情绪不稳

高危的工作环境，巨大的训练量，使众多的消防官兵疲于应付。反映到情绪上，表现为容易激动。任何的不经意或一件小事情都有可能引发管理者与被管理者之间的口角、争执，长期的情绪压抑、苦闷、怨恨、忧郁等消极心理，既不利于工作，也不利于官兵的心理健康。长时间的心力交瘁，让消防员忽略了与家人、亲友的沟通和交流，缩小了他们的交往面，丧失了其

人际间必需的沟通和交流，导致家庭、邻里间关系的不和谐，甚至出现裂痕，引发危机。

（三）生理疾病

消防部队的工作性质决定了他们将长期处在水与火之间。高强度的作战任务和训练，都将给他们的身体带来巨大的负担，诱发疾病的可能性极大。长时间的心理高压更加剧了疾病的可能性，严重影响部队的战斗力。

（四）消极怠工

情绪低落，对未来的迷惘便会在心理上产生一种排斥感、厌倦感，对待工作更是能躲则躲，能拖则拖，实在躲不了则常常应付了事。没有工作目标，也无积极性可言。行为由情绪控制，高兴时多做，不高兴时少做，甚至不做，行为反复无常。

二、基层消防官兵职业心理危机产生的原因

（一）环境因素

1．工作量严重超负荷

作为一支“养兵千日，用兵千日”的部队，消防部队基层中队的士兵承担着非常繁重的执勤战备、应急救援任务。消防部队人员的增幅严重地滞后于我国经济增长的速度，消防力量严重不足。相对于其他行业的 8 小时工作制，基层中队士兵必须 24 小时待命。由此带来的情感、身心资源的极大消耗，导致职业倦怠。

2．工作场景条件恶劣

消防部队的工作性质非常特殊，从平日训练到执勤战备、应急救援，基层中队士兵大都在高危环境下作业，这就要求他们的精神必须时刻处于专注状态，如果不能很好地放松，由此带来的巨大精神消耗，必然会导致职业倦怠。

3．生活环境较为单调

作为我国武装力量的一个重要组成部分，消防部队有着较为严格的部队管理制度。部队的特殊性要求基层中队的士兵必须生活在一个特定的区域内，活动范围和活动方式局限性很强。生活的单调易导致士兵情感的耗竭，从而产生职业倦怠。

4．缺乏家庭系统支持

基层中队士兵的服役地和家庭所在地大都不在同一地方，士兵在遭受职业挫折时得不到家庭系统的有力支持，独立的支撑易使士兵的情感出现耗竭，产生职业倦怠。

（二）士兵个体因素

1．自身未来职业的不确定性

消防作为一个特殊行业，其工作性质决定了它的从业人员具有极强的流动性。基层中队士兵只能短暂地从事消防工作，消防工作只是他们人生的中转站，这也就增加了他们职业发展的不确定性，从而产生倦怠。

2．个人性格特征

自我评价低、工作过于投入、追求完美主义、A型性格、外控性格等都是易倦怠者的特征。其中A型性格（与血型无关）是一种“工作狂”的性格特点，这种士兵时间紧迫感强、情绪易急躁、工作成就动机高、不甘于现状、进取心强。对于工作的过度执着，会使个体不顾及自己的身心状况而超支付出，易导致身心倦怠。

3．角色整合冲突

如果一个人扮演的多种角色在特定的条件下互不相容而无法有效整合时，就会出现角色冲突。角色冲突如果不能有效地解决就容易使人产生紧张和消极情绪，成为一种压力源。基层中队的士兵大都在18～25岁，正是处在人生的黄金时期，也是个体极力寻求自己个性生活的时期，但作为基层中队的士兵也必须接受来自于各级领导的管理，伴随部队正规化的进程，个体的各种个性化的东西也会被逐渐整合，如果得不到有效的调节二者之间就会产生冲突，导致职业倦怠。

三、基层中队士兵职业心理危机干预策略

干预策略可以分为积极预防和应对，但不管采取哪种策略，都需要在提升基层中队士兵应对能力的同时配合相应的组织变革，兼顾个体和环境因素。

（一）个人方面

1．着力提高士兵自身业务水平和抢险救援能力

职业倦怠是由持续的工作应激引起的，而产生应激的实质是士兵无法应对高强度应急救援的需求。通过不断训练来提高自己军事素质、体能、业务能力，以应付应激救援中的各种急、难、险、重情况对自身的考验，这是防止职业倦怠产生的根本。官兵应加大模拟训练的强度，树立“练为战”的思想，用平时的流汗减少战时的流血，注重作战经验的积累，用实战经验提高自身的险情应对能力。

2．调整自我认知，成为工作的真正主人

尽量摒弃那些不切实际的想法，把关注的重心放到工作积极方面上来，不要纠缠于工作压力等消极方面，在充分认识自己的基础上，形成对抗职业倦怠的技巧。首先是改变自己的惯常想法和行为；其次是接受“有所为有所不为”的思想，不做完美型的人，接受不完美的事实；再次是放弃，对一些想法、观念和行为要学会放手；最后是倾述，学会适当地调适自己的心理环境，定期释放心理垃圾，有意识地聚集内心能量，使自己能以更好的心态面对未来。

3．保持愉快情绪

注意在繁重紧张的执勤、训练之余给自己留点空间，通过尽可能地变化生活环境、表情训练法、放松训练、合理情绪疗法、积极的自我暗示、转移注意力、适度宣泄、自我安慰、交往调节等方法来调节自己的情绪状态，使自己时刻保持乐观的心态，积极地面对工作、生活中所遇到的各种压力。

4．积极应对，强化个人保健意识，形成健康的生活方式

虽然存在于环境中的多种因素会引发职业倦怠，但从业者不应该一味地指责环境，关键是在于发展出积极的策略来减轻压力和倦怠，采取实际行动来保护自己。对于个人而言，要

建立科学、健康的生活方式，制定现实可行的目标；找理由休息以放松自己，给自己健康恢复期；防止过度内部归因，寻找有效的办法消除无助感；不断学习，提高工作能力；学会松弛情绪和磨砺坚强性格等。必要的时候，可以寻求专家的帮助或临床咨询，包括接受心理咨询、职业咨询、家庭咨询、工作压力咨询甚至生理治疗和药物治疗等。

5．积极引导消防官兵正确地认识职业倦怠，通过心理疗法缓解压力

作为消防员的个体，当发现自己存在职业倦怠的征兆时，应勇于面对现实，正视职业倦怠的症状，反思自身压力的来源，主动寻求帮助，设法加以化解，将职业倦怠的危害降到最低。

（二）组织、制度方面

1．增强中队软环境建设，建立激励、关怀性的基层中队组织文化

有研究表明，工作特征表现为高要求、资源少、低自主、低支持的职业，易导致从业者出现职业倦怠。领导者的工作风格与组织文化对从业者预防与降低职业倦怠具有重要作用。高倡导、低关怀的领导风格虽然会提高从业者的工作效率，但从业者离职率和抱怨率却很高；而高关怀、高倡导的领导风格，则是一种具有双重激励作用的机制，它建构的是激励与关怀相结合的组织文化。这就要求基层中队干部在对士兵的管理过程中充分调动士兵的积极性，给予士兵参与中队的管理和建设的机会，关注士兵工作生活的方方面面，形成管理者、被管理者间的良性互动。大力增强中队软环境的建设，协调中队内部的人际关系，加强与士兵亲属的联系，为士兵提供良好的社会支持。

2．逐步完善官兵的健康保障制度

有调查发现，消防基层中队的士兵长时间处于亚健康状态，士兵心理健康问题并未得到应有的重视。这就要求尽快建立相应的制度，采取积极的措施来保障官兵的心理健康。通过组织心理知识培训、开展心理健康教育活动、进行心理压力疏导等方式提高士兵的心理素质，防止因心理压力导致中队战斗力下降。

3．完善士兵的职业后续保障，提供更多的技术学习和晋升机会

完善士兵职业后续保障，保持士兵应激救援中的效能感。基层中队战斗力的提高不能以牺牲士兵的健康为代价，健康有活力的士兵群体才是保持部队战斗力的保证。为官兵提供更多学习技术、技能的机会，让人人学有所长，学有所用，消除可能因离开部队所带来的恐惧感。提供合适的岗位，充分挖掘中队人员的才能，考虑中队人员年龄、气质、个性、能力、知识层面等各方面的差异，做到人尽其才，“才位匹配”。

4．营造竞争环境，激励人才竞争

安于现状，不思进取，易在中队人员中滋生依赖和懒惰的心理，久而久之，官兵的进取心和斗志将消弭于无形。中队干部要善于利用“鲶鱼”效应，刺激中队人员沉睡的思维，营造竞争氛围，让中队人员有压力、有动力，逐步在中队建立起“能者上，平者让，庸者下”的机制。为中队每位人员制定合理的目标，并建立相应奖惩机制，做到赏罚到位、赏罚及时、赏罚公正。激励中队官兵创优争先，不断进取。

【思考与练习题】

1．基层消防官兵职业心理危机产生的原因有哪些？

2．简述基层中队士兵职业心理危机干预策略。

第十章　消防官兵心理行为训练

心理素质是人类一切活动的精神基础，一个人心理素质的好坏，直接影响到其生存和发展、成长与进步。消防部队是一支和平年代肩负特殊历史使命的现役部队，承担着保卫人民群众生命财产安全，保障社会主义现代化建设顺利开展的光荣使命。面对扑救火灾、抢险救援中遇到各种困难和危险，保持良好的心理素质是消防官兵应对危险、克服困难完成好各项急难险重战斗任务的前提条件。实践证明，科学系统的心理行为训练可以通过运用心理学手段，有目的有计划地对官兵的心理过程和个性心理施加影响，培养和提高消防官兵的心理素质。

第一节　心理行为训练概述

【学习目标】

1. 掌握心理行为训练的概念和意义。
2. 熟悉心理行为训练的原理。
3. 了解心理行为训练的产生与发展。

心理行为训练是一种心理干预方法。它是采用专门的设备和手段，具体改变个体的心理状态，使之达到最适宜强度、最佳状态的过程。

一、心理行为训练的概念

心理行为训练是以心理素质模型为基础，应用行为心理学、认知心理学和咨询心理学等学科的基本原理，以行为训练作为媒介手段，用以提高受训人员的基础心理素质和心理健康水平的训练方法。通过心理行为训练可以开发人的潜能，推动人的心理素质健康发展。

心理素质是个体综合素质的重要内容，是个体适应社会发展，实现生存需要和自我实现必须具备的基本素质。据国内外理论研究和实践证明，心理行为训练的理论和技能是培养基础心理素质的较为科学、有效的方法。

心理行为训练借鉴了国际教育界推荐的“体验式学习”理念，强调从参与者现有的生活经验出发，唤起个体认知、情感、行为的各种体验，引发参与者心灵的共鸣，让心理学知识内化为自己的内在感受，通过活动逐步培养良好的行为习惯，从而正确面对工作、学习、生活和心理上的难题，达到“助人助己”的目的。这种全新的训练模式，对推动心理健康教育的开展具有重大的现实意义。

二、心理行为训练的理论基础及生理、心理机制

（一）潜能激发理论

所谓人的潜能，顾名思义，就是指人心理的潜在能量，它是相对于人的显能而言的。著名心理学家弗洛伊德把人所具有的全部能量比喻为大海深处的一座冰山，人所具有的显能（即显意识）只是人的能量的冰山一角，而潜意识（即潜能）则是深藏于海下的冰山主体。心理学上的行为学派认为，改变环境可以使人产生新的行为，而新行为带来的新体验和对自我的新认识，又会影响今后的行为，这其实就是一种利用外界刺激激发人的潜能的训练。总体来说，心理行为训练的基本思路就是：通过创设一定的环境来使人产生一定的心理反应，

通过特定行为的发生来开发人的潜能，推动人的心理素质健康地发展。

（二）经典条件反射理论

条件反射的理论是俄国生理心理学家巴甫洛夫提出的。他以动物（狗）作为实验对象，用食物作为无条件刺激物，把食物喂到狗的嘴里，狗吃到食物会分泌唾液，这是无条件反射。但若将食物与灯光（无关刺激）结合起来，即在每次给狗喂食之前，先亮一个灯光，经过灯光和食物的几次结合之后，即使不给狗喂食，而只要灯光一亮，狗就会分泌唾液。此时，灯光成了食物的一种信号，也就是说狗已建立了对灯光的条件反射，灯光成了条件刺激物。可以将这一关于条件反射的消退、奖励、惩罚、反馈、模仿、替代强化等概念和原理运用到具体的心理行为训练中，为心理行为训练提供科学的指导策略。比如，将某一项让人感到厌恶或不感兴趣的训练任务与一项人们所喜爱的项目相连接，从而使目标任务与愉悦的情绪产生条件反射，以达到训练的目的。

（三）操作性条件反射理论

美国心理学家桑代克（Thorndike，E.L.）和斯金纳（Skinner，B.F.）进行了条件反射的实验研究。他们把一只饥饿的白老鼠放到箱子里，只要白老鼠按压箱子里的杠杆，就会出现一粒食物。经过多次这样的训练，只要把白老鼠放到箱子里，它就会去按压杠杆，以此来获得食物。这样形成的条件反射叫操作条件反射，或叫工具条件反射。斯金纳认为，行为主要是由操作性条件反射构成的，人们已有的行为，无论是好的还是不好的，都可以看做是环境强化的结果。根据这个理论，在心理行为训练中，只要训练者对受训者的某种行为予以奖励，这种行为就会得到强化，从而达到改变行为的目的，反之亦然。

（四）社会学习理论

班杜拉（Albert Bandura）的社会学习理论特别强调榜样的示范作用，认为人的大量行为是通过对榜样的学习而获得的，不一定都要通过尝试错误学习和进行反复强化。和建立条件反射一样，榜样学习也是人类的一种社会学习的基本方法。其过程为分为四个步骤：①注意。榜样的特征引起学习者的注意，可以是有意识的，也可以是无意识的。②记忆。将榜样特征、内容保持在记忆中以便必要时再现，在保持过程中应不断再现榜样的表象。③认同。学习者将榜样的特征纳入自己的行为之中赋予自身人格的特征。④定型。当模仿的行为得到外部或自我的不断强化之后，习得行为相对稳定地建立起来并保持一定的型态。

（五）心理行为训练的生理、心理机制

心理行为训练的生理、心理机制是通过提高应激源（刺激物）的强度，引发应激状态，产生过度的生理、心理应激反应，而后施以一定的手段和方法，调动生理、心理潜在力量并加以调节，达到适宜的生理、心理状态，并通过一定情境下的反复主观体验、经验的积累，建立起动力模型，借以提高生理机能和心理功能，并最终达到提高心理素质的目的（见图 10-1）。

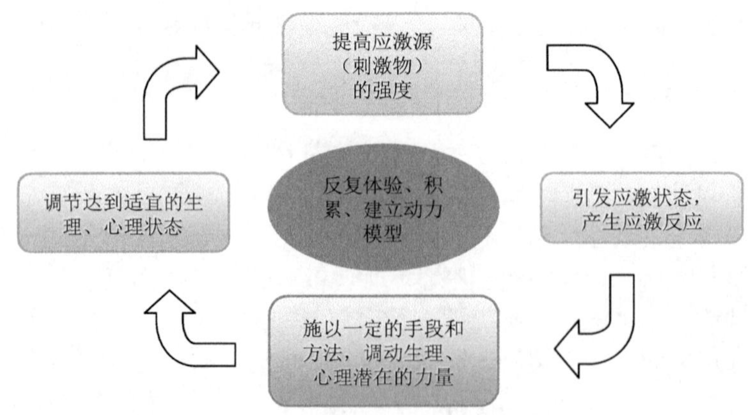

图 10-1　心理行为训练的生理、心理机制流程

三、心理行为训练的意义

（一）有助于团队管理

“心理行为训练”是“团体心理辅导”中以激发潜能、超越自我为目标的一种特定训练，针对的是“一般心理问题”，实施中也称为“拓展训练”或“成长训练”，属于“团体心理辅导”中“成长性”的范畴。心理行为训练的基础知识部分含有大量的学习心理学、教育心理学、发展心理学等相关内容，能极大地帮助团队领导者掌握团队成员的心理发展特点，通过针对性的心理训练设计，对不同情况团队成员进行科学有效的指导和帮助，加强团队凝聚力和维护团队个体的心理健康。

（二）维护并提高个体心理健康水平

在心理健康知识方面，参与者能够学习并识别一些不良（异常）心理，并通过学习和掌握心理技巧对自己进行及时调整，实现心理健康。

在心理素质培养方面，心理行为训练强调构建特定人群的“素质模型”，从“基础心理品质”着手培养受训者的心理素质。以“行为改变认知，习惯积淀品质”的理念加强受训者的基础心理品质。

四、心理行为训练的产生与发展

（一）心理行为训练的产生

心理行为训练的产生可追溯到公元前。古代中国和印度有类似心理行为训练的修身养功法，即“气功”和“瑜伽”。气功里许多功法把修身养性、减轻和解除人们的心理压力作为最基本的健身目的。如“放松功”要求通过具体的动作，使整个机体都处于放松状态。“意守功”也是运用一系列手段，对意识进行自我控制，使人养精蓄锐，恢复身心能量，为身心健康打下良好的心理和物质基础。目前，心理行为训练中的肌肉放松训练和意象放松训练等方法，在许多方面都是沿用或借鉴“意守功”和“放松功”的做法。与此类似，印度的“瑜伽术”也是一种调整身心的训练方法，其基本内容是肌肉和骨骼的放松、呼吸的调节以及“冥想”训练等。

（二）心理行为训练的发展

20 世纪初，美国著名的教育家戴尔·卡耐基（Dale Carnegie）运用心理学知识，开创并发展了一套融推销、演讲、人际关系、智力开发为一体的心理行为训练技术，人们称之为“卡耐基心理行为训练”。卡耐基心理行为训练的出现，标志着心理行为训练开始走向自己真正独立发展的道路。

20 世纪 50 年代，美国的罗恩·贺伯特（L. Ron Hubbard）创立戴尼提技术。这是一门关于自我心理调节的科学，其主要培训内容有：分析技术与辅导、交际心理行为训练服务、戒毒辅导及心理测验等。该技术给予人们战胜困难的勇气和信心，为人们提供了实现成功的可能性。这种方法给个体在生理和心理两方面都带来了更高的效率。

卡耐基心理行为训练和戴尼提技术训练应用于世界各地高校校园内。20 世纪中期以来，各国高等院校普遍开展了小组心理行为训练和团体心理行为训练，如敏感性训练、情感适应训练、基本生存技能训练和交友训练等。进入 20 世纪 80 年代，随着应用心理学的飞速发展，一些心理行为训练的方法，如自信心理行为训练、人际交往训练等在心理咨询和治疗领域得到了广泛的应用，促进了心理行为训练的进一步发展。

（三）我国心理行为训练的现状

20 世纪 80 年代，随着我国心理卫生和心理健康教育工作的蓬勃发展，一些地方高校和军事院校率先开展了心理素质训练。这些训练主要是结合心理健康教育课程内容进行的，主要是交往、自信和放松等方面的训练，但其内容较为零散，缺乏完整性和系统性，操作较为困难，因此效果并不明显。

目前，我国心理行为训练的范围已从院校扩展到社会。内容更为广泛，包括成功心理素质训练、自我创新能力训练、学习工作能力训练、交际公关能力训练、潜在智慧能力训练、口语表达能力训练、个人组织能力训练、创业经营能力训练等。

图 10-2 所示是一种心理行为训练的图例，叫做“飞跃自我”。差不多有 90%的人对高空会产生恐惧感，也就是常说的心理障碍。“飞跃自我”这个训练科目就是专为冲破心理障碍，塑造军人敢为精神而设置的。这个训练可以极大地锻炼官兵们的意志和胆量，增强他们的心理承受能力和自信心。

图 10-2　心理行为训练图例 1（飞跃自我）

【思考与练习题】

1. 简述心理行为训练的概念。
2. 简述心理行为训练的生理、心理机制。

3．结合消防部队工作实际谈谈开展心理行为训练的意义。

第二节　消防官兵心理行为训练概述

【学习目标】

1．掌握消防官兵心理行为训练的概念、目标和内容。
2．熟悉消防官兵心理行为训练的意义和原则。

消防官兵心理行为训练是近年来消防部队重视科学建设，而将心理学与部队业务训练有机结合起来的一项新兴训练项目。通过对官兵心理特征的掌握和了解，利用科学有效的训练方法和手段帮助官兵提高心理素质，确保官兵在保持心理健康的基础上高效圆满地完成战斗任务。

一、消防官兵心理行为训练的概念

消防官兵心理行为训练是一种应用行为心理学、认知心理学和咨询心理学等学科的基本原理，结合消防部队业务训练实际，以行为训练为媒介，以提高官兵的基础心理品质和加强心理健康水平为目的的训练方法。通过心理行为训练，可以有效地提高消防官兵的心理素质，增强团队的凝聚力，激发官兵的战斗力，确保消防工作任务的圆满完成（见图 10-3）。

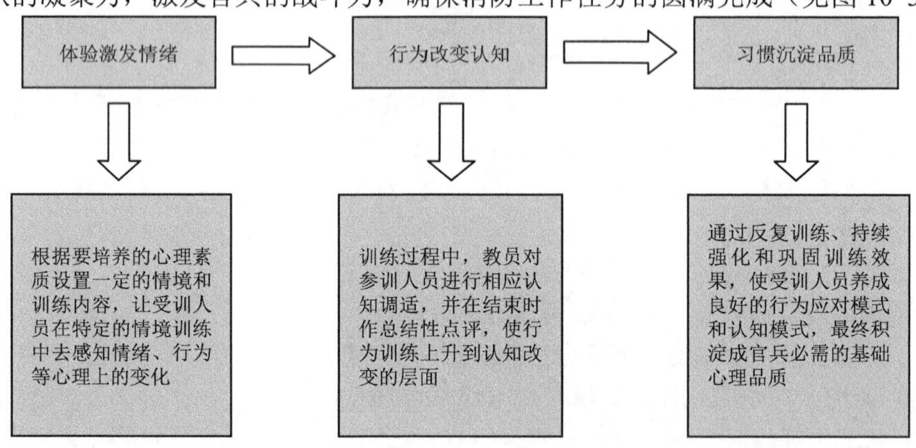

图 10-3　消防官兵心理行为训练的核心理念

二、消防官兵心理行为训练的目标、内容和标准

（一）消防官兵心理行为训练的目标

消防官兵心理行为训练的目标是使受训官兵通过训练，以克服影响个体发展和部队工作任务完成的各种不良心理因素。对于官兵个体而言，正确的自我认知、良好的学习能力、健全的人格特质、和谐的人际关系、有效的压力应对策略和坚强的意志品质是保持心理健康、适应部队生活的基本要素；对于部队管理和战斗任务的完成而言，要求官兵

在面对困难和障碍时要表现出顽强的意志力、较强的耐挫力、冷静机敏的判断力和高度团结的凝聚力。由于消防职业的高危和应激性等特点，当缺乏专业性训练，出现威胁性情境或是不良事件时，部分官兵采取不当的应对方式，而表现出生理或心理上的反应。这种状态的长期性，损害了官兵的情感、智力和体力进而影响了战斗任务的顺利完成。而实践证明，反复地、针对性地对官兵进行心理行为训练是锻炼和培养官兵具备以上良好的心理素质的有效途径。

（二）消防官兵心理行为训练的内容

消防官兵的心理行为训练应该与身体技能和战术训练紧密联系才能发挥事半功倍的作用。按照普遍性与特殊性的原则，可将消防官兵的心理行为训练分为一般心理行为训练和个别心理行为训练两种。两者既有独立性，也有关联性、统一性。

一般心理行为训练又称长期心理行为训练，是针对所有官兵均应具备的心理素质所采取的训练。它贯穿在身体、技能和战术训练过程中，主要培养官兵的任务动机、感知能力、反应能力、挫折耐受力、情绪调节能力、意志力、战术配合能力和集体责任感等，此外还包括个性心理倾向的矫正和培养。

个别心理行为训练又称短期心理行为训练。主要任务是使官兵具备某项任务所必需的特殊心理品质，如使参加铁军比赛的官兵形成最佳的心理准备状态等。

（三）消防官兵心理行为训练的标准

1．智力测试正常

有敏锐的观察能力、快速的记忆能力、丰富的想象能力、敏捷的思维能力和熟练的操作能力。

2．人际关系和谐

与人交往，能够接受他人，悦纳他人，能以尊重、信任、友爱、宽容、理解的态度与人相处，能分享、接受、给予爱和友谊，与集体保持协调关系，能与他人同心协力，合作共事，乐于助人。

3．情绪积极稳定

在生活中保持愉快、乐观、开朗、满意的积极情绪。出现消极情绪时，能自我调节，有适度表达和控制情绪的能力。意志品质健全：在学习、训练、值勤、战备等任务中不畏困难和挫折，知难而上，持之以恒；需要作出决定时，能毫不犹豫、当机立断；还能为了达到目的而控制一时的感情冲动，约束自己的言行。

4．自我意识完善

能体验到自己存在的价值，了解自己，又接受自己，有自知之明，即对自己的能力、性格和优缺点都能作出恰当的、客观的评价，即使对自己无法补救的缺陷，也能安然处之。个性结构完整：有坚定的信仰、稳定的个性特征，行为表里如一，兴趣爱好广泛。

5．环境结构良好

能适应环境的不断发展变化，能面对客观现实，能主动解决自身与环境要求之间的冲突。

三、消防官兵心理行为训练的意义和原则

（一）消防官兵心理行为训练的意义

适当而科学的心理教育和疏导，有利于官兵心理的成熟和稳定，有利于保持部队战斗力的提高。培养锻造官兵过硬的心理素质，不仅是开发官兵心理潜质的一种有效方法和科学实践，也是新形势下加强和改进思想政治工作的有益探索和全面创新。

1．心理行为训练有利于提高官兵的心理素质

一名合格的消防军人必须具备与之履行使命和任务相适应的职业心理素质。军人特有的心理素质是其认知、情感和科学态度的综合反映，是支配和影响军人行为的一种显形的精神心理状态，古往今来都是增强军队战斗力不可或缺的要素之一。科学的心理行为训练实践是提高官兵心理素质、增强官兵心理健康行之有效的方法。通过心理行为训练，采用科学的训练手段，利用全新的训练器械，让官兵体验在各种场景中的心理变化和心理调控，掌握培养心理素质的基本技能和方法，激发提高心理素质的自觉性和主动性，促进心理素质全面发展和整合。

2．心理行为训练有利于维护消防官兵的心理健康

心理健康是心理素质的基础，一个军人只有心理上是健康的，才谈得上具有良好的心理素质。心理行为训练是维护官兵心理健康的有效手段之一。通过训练，可以改变官兵不合理的认知，矫正不良的行为习惯，塑造良好的个性品质，提高在特殊环境处置突发事件的能力和水平。

3．心理行为训练有利于增强消防官兵的战斗力

心理学家认为，由于军人职业的特殊性，体力负荷和心理负荷远远超出普通人的水平，容易出现紧张、痛苦、自责、受挫和丧失信心等不良心理反应。消防工作的复杂性、危险性和特殊性等特点，社会的迅速发展，灾难事故的复杂性及其形势的严峻性都对消防官兵的心理素质提出更高的要求。心理素质始终在完成抢险救援、扑救火灾等工作任务方面发挥着关键的作用。心理素质物化为消防官兵的战斗力，心理素质的好坏是评价官兵战斗力的重要标准。

4．心理行为训练有利于培养消防官兵的合作精神

心理行为训练大多数训练项目以团队形式进行，单靠个人的能力是很难完成的，必须借助团队的力量。如地面训练项目“信任背摔”和“绝对任务”，能够增强官兵的凝聚力，树立集体主义精神。

5．心理行为训练有利于增强部队管理和思想政治工作的科学性和有效性

部队官兵尤其是青年官兵正处于特殊的人生发展时期，生理、心理的活动变化急剧，官兵中独生子女多、生活条件优越，导致其生活磨炼少，具有心理应激水平低、心理适应能力弱等特点。心理行为训练可以提升官兵的心理素质，增强官兵学习训练的自觉性，有利于管理和思想工作的顺利有效开展。

（二）消防官兵心理行为训练的原则

1．实践性和能动性相结合的原则

心理行为训练以对个体的心理施加积极影响，提高官兵心理素质为目的。这个目的必须通过实践才能实现。心理行为训练把官兵置身于模拟情境活动中，使其暴露心理弱点和不足，通过在情境中收获的主观体验和现实感受，增强官兵心理承受能力，使其掌握应对心理挫折的方法。

心理是对客观现实的能动反映，官兵在参与心理行为训练中具有主观能动性，可以根据自己的心理需求，有意识、有目的地参与训练。在非强迫状态下完成规定动作，并在战友鼓励下，充分挖掘自身潜能，以达到最好的心理训练效果。

2．整体性与个体性相结合的原则

心理行为训练的整体性体现在两个方面。一方面，官兵心理素质是一个整体系统，各种心理素质密切相连、互为一体。某方面的心理素质，必须要以其他心理素质作为支持。另一方面，心理行为训练主要以团队训练为主，非常强调团队合作性，通过队友之间的相互帮助、相互影响，提高官兵个体心理素质和团队合作精神。

同时，心理行为训练也反映着官兵的个体差异性。每个官兵心理素质的差异是客观存在的。因此心理行为训练要针对不同官兵区别对待，做到因人而异。在训练过程中应根据不同种类、不同层级、不同性别和不同个体的官兵，设计合适的心理训练“套餐”，突出心理行为训练的针对性。

3．坚持性与发展性相结合的原则

心理行为训练要求从根本上改变一个人的心理状态和个性特征，提升其心理素质。因此心理行为训练必须通过多次反复地实践，才能使行为得到进一步地强化，才能使心理素质不断地提升。如果缺乏持续性，就会出现行为弱化或心理素质下降的情况。因此，心理行为训练必须持之以恒，克服急躁、动摇和厌烦情绪，保持坚定自信的心态，随时调整训练策略、讲究训练技巧。同时，必须遵循发展性原则，通过积极肯定的言语和方法，从关心和爱护官兵身心健康的角度出发，不断强化官兵的恒心，使其学会在各种情况下调整和控制自己的情绪，调整心态，保持心理素质的可持续发展。

4．融合性原则

在部队中，心理训练与军事训练、政治教育和日常管理是密切联系的。将心理训练融合于部队的各项工作能起到与之相辅相成、相生相长的积极作用。

将政治教育融入心理行为训练中，是当今世界各国军人心理训练的一项重要方法。具体做法是创设和模拟活动场景，在活动前设计、活动中鼓动、活动后总结等不同阶段将政治教育内容、要求融入训练科目中。

也可将军事训练融入心理行为训练。消防部队基层官兵常态化的军事训练在一定程度上也起到提升心理素质的积极作用，心理行为训练作用的有效发挥和心理行为训练目的的顺利实现可依托于官兵的业务训练。务必使官兵军事技能过硬、身体素质良好，同时有较强的心理适应性并具备调节和平衡情绪的良好能力。

图 10-4　心理行为训练图例 2（凌空跨跃）

图 10-4 所示是一种心理行为训练的图例，叫做“凌空跨跃”。与未参加过训练的参与者相比，多次参加军人心理行为训练的个体在断桥上显得格外的轻松。在窄窄的断桥上受过训练的参与者如走平路，并能以两个漂亮干净的腾空跳跃动作顺利完成训练。这说明人的心理行为训练与不训练有明显差别，人的心理潜质是可以挖掘的，而通过心理行为训练，可以最大限度地拓展官兵的心理潜质和行为能力。

【思考与练习题】

1．简述消防官兵心理行为训练的概念。
2．简述消防官兵心理行为训练的标准。
3．简述消防官兵心理行为训练的原则。

第三节　消防官兵心理行为训练的计划部署

【学习目标】

1．了解对心理行为训练实施者的素质要求。
2．熟悉消防官兵心理行为训练计划。
3．掌握消防官兵心理行为训练的基本模式。

为有效实现心理行为训练的任务和目标，有必要依据训练理论、结合官兵的心理健康状况，对训练内容、方法、步骤及保障要求预先做好理论设计和安排。

一、消防官兵心理行为训练计划

（一）制订心理行为训练计划的依据

1．确定心理行为训练的总目标

制订心理行为训练计划时必须首先设置合理的心理行为训练总目标。为实现此总目标，还须分别设置具体的子目标，并围绕总目标和子目标制订和实施心理行为训练计划。

2．遵循心理行为训练的规律

心理行为训练具有自身的规律和训练要求，为保证训练取得成效，制订计划时，应遵循其规律和要求。

3．心理行为训练的客观条件

在制订训练计划时，必须从现有的客观条件出发，根据官兵和驻地的实际情况安排人员、时间、场地和设施。

4．受训官兵的心理健康情况

在制订计划前，要充分了解受训官兵实际情况，必要时可开展心理测试、问卷调查，以掌握其心理健康状况和表现特征。确保计划的制订具有合理性、科学性和针对性。

（二）心理行为训练计划内容设置

1．详细了解受训对象的情况

掌握官兵年龄、性别、军龄、文化水平、家庭背景、心理特征等个体因素，资料越详实越好，以确保计划有针对性。

2．加强沟通，达成训练共识

制订计划时应与受训官兵有联系沟通，判断计划是否符合受训者的实际。只有受训方与训练方达成共识才能保证活动的有效性。

3．确定训练内容、方法和程序

在训练方法的选择和使用上，要紧密结合任务、目标、硬件设备条件和受训官兵的特点。此外要设计内容的先后顺序、时间进度等实施程序以确保训练有序开展。

4．评估训练的成效

通过评估，检验训练的成效，察看最初设置的训练任务的完成情况，可查缺补漏，保证训练效果。一般来说，一个训练阶段结束就应及时开展评估，以发现问题，做出调整，保证训练总目标的顺利完成。

（三）心理行为训练计划效果评估

1．心理测试

通过运用相关问卷、量表，对受训官兵训练前后的心理状态开展调查和测量，可以直接了解训练效果。常见的问卷、量表有“情绪稳定量表”“抑郁量表”“焦虑量表”“身心症状自评量表”（SCL-90）、“心理压力综合测试”等。

2．心理生理测试

目前，心理行为训练中，可采用生物反馈测试技术帮助受训官兵放松情绪、调整精神状态。同时也可将此技术作为心理行为训练效果的评估手段。通过生物反馈测试对人体生理功能的精确测量和动态显示，使参训官兵通过前后对照生理变化情况了解自身的训练效果。

3．访谈和自我报告

通过对受训官兵的心理访谈，或采用反馈表、训练阶段小结等方法和手段，及时了解受训官兵对训练的实施程序、手段、效果的感受、意见和建议，评估训练作用和训练后的心理素质提升程度，明确今后的训练工作方向。

4．行为表现及成效评价

通过观察受训练官兵的行为表现，还可以通过带队干部、同事战友的评价对成效进行了解，如对工作更有热情，对困难更有毅力，与战友、上下级的关系得到改善，情绪更稳定等行为表现及成效评价。

二、消防官兵心理行为训练的基本模式

1．训前讲解

在训练之前，训导员用简短的语言说明训练的目的、内容及要解决的问题。当讲解说明时，应对官兵作鼓励性、激发性的语言，鼓励其多提问题，激发参与兴趣。在讲解说明时，要不断地询问其是否明白所讲要点，并鼓励其进行补充说明，目的是调动大家的积极性和主动性。

2．分组训练

分组训练是心理行为训练常用的形式。通常是训导员根据不同的训练科目将参加人员分为若干小组。在小组中，以参训官兵作为主体。训导员的主要作用是控制和保证小组成员始终将训练的中心集中在指定的问题上，激发参训人员的积极性，以保证训练持续不断地进行。

3．问题讨论

在指导小组讨论过程中，训导员在决定训练内容和操作的程序方面承担着重要的角色。通常在拟定好讨论的主题和要点的基础上，用引导性或启发性的言语组织开展讨论。在进行讨论时，训导员对每个问题都应保持警觉，并对提出问题成员给予适当的认可。假如对某种观点的讨论离题了，训导员要对其进行干预，并使参训人员讨论的话题重新回到原内容上。应当注意留出足够的时间进行评价和总结，不要让讨论的问题悬而不决。

4．交流引申

训导员提出特定问题，参训人员彼此之间运用语言或非语言的方式进行交流，揭示训练的深层次含义。在交流中，要让所有参训人员做深呼吸或放松训练，然后将他们的搭档想象成能够与其分享各种体验和感受的人。在整个过程中，要求保持一种积极愉悦的态度，参训人员要分享彼此的快乐、感受和体验。

5．角色扮演

角色扮演是指运用戏剧表演的方法，将个人暂时置身于他人的社会地位，并按社会对这一位置角色的要求行事，以增进人们对他人社会角色的理解，从而学会有效地履行自己角色的训练。

三、消防官兵心理行为训练实施者

心理行为训练不同于部队日常的业务训练，因此对于组织训练的实施者有一定的标准和要求。组织官兵进行心理行为训练的人员分为心理行为训练师和心理行为训练安全员。

心理行为训练师是掌握一定的心理学知识、具备顺利组织开展心理行为训练活动能力，

并通过专业培训和考核取得任教资格的教学训练人员。其主要任务是组织开展心理行为训练，在训练活动中讲授心理学知识，帮助参训官兵提高心理健康水平，培养和深化官兵心理素质，是开展心理行为训练活动时的最高指挥者。

心理训练安全员主要指熟练掌握高空科目安全操作内容、方法及相关要求，负责实施心理行为训练高空项目安全保护、课前训练器械和安全装备的检查，保证训练安全的教学训练辅助人员。

消防官兵心理训练实施者需要满足如下四方面的素质要求。

（1）系统的专业知识　心理行为训练实施者尤其是心理行为训练师必须掌握系统的心理学知识，才能在组织行为训练中讲授心理知识，帮助参训官兵提高心理健康水平，并能对训练效果进行总结提升。

（2）熟悉部队生活　近年来消防部队的心理工作依托地方院校和培训机构已取得了一定的成绩，但由于地方人员不熟悉部队情况，在组织活动的过程中存在因缺乏针对性而影响训练效果的现象，因此要求从事心理培训工作的人员熟悉部队生活，了解官兵心理，以更好地开展好培训工作。

（3）良好的教练能力　心理行为训练实施者必须熟悉掌握训练内容、方法和要求；熟悉计划制订、方案实施的方法；心理行为训练师应对参训官兵因势利导，随机应变，对呈现不同症状的对象做到对症下药，训练难度恰当适度；心理训练安全员必须具有强烈的安全意识，严格遵循安全操作流程和规范，杜绝安全事故的发生。

（4）成熟的心理品质　心理行为训练实施者必须具备良好的心理素质。遇到参训者情绪状态不稳定时，能及时帮助指导，在面临意外情况时，能安然应对。心理行为训练实施者的良好表现能发挥积极示范作用，使训练效果事半功倍。

【思考与练习题】

1．简述制订心理行为训练计划的依据。
2．简述消防官兵心理行为训练的基本模式。
3．结合自身实际谈谈如何成为一名合格的心理训练实施者。

第四节　消防官兵心理行为训练实务

【学习目标】

1. 了解四种心理行为训练的原理。
2. 熟悉四种心理行为训练的步骤。
3. 掌握四种心理行为训练的基本规律。

心理行为训练的意义在于通过改变官兵不合理的认知，矫正不良的行为习惯，塑造良好的个性品质，使其适应部队的集体生活和提高在特殊环境中处置突发事件的能力和水平。结合消防部队的工作任务实际，消防官兵心理行为训练应包括认知能力训练、情绪管理训练、压力应对训练和意志水平训练四个部分的内容。

一、认知能力训练

认知是人们接收、储存、加工、提取和使用信息的过程，也是对客观事物进行认识和反应的过程。从心理健康而言，认知影响人们对事物的分析和判断、行为方式、情绪体验，进而对心理健康产生一定的影响。如果认知过程（信息加工过程）发生紊乱，人们就会产生情绪障碍和行为偏差，产生抑郁、自卑、焦虑、人际交往障碍等问题。古希腊哲学家埃皮克迪特斯（Epictetus）有一句名言：“人不是被事物本身所困扰，而是被其对事物的看法所困扰。”因此，形成对事物正确的认知，是克服和消除情绪障碍和行为偏差的关键所在。

（一）不良认知的主要表现

1．绝对化的要求

绝对化的要求指往往从自己的主观愿望出发认为某事物必定会是这样或是那样。语言中常有“应该”“必须”“一定”“绝不能”等口头语。过分绝对化和坚持，当主观愿望与客观实际相冲突时会陷入极度的痛苦和沮丧之中。

2．过分概括

过分概况指看问题总是以偏概全。语言中常有“总是”“永远都是”“一切都完了”。悲观和失望总是伴随他们，使其“一叶障目不见泰山”，看不到事件的其他方面，容易产生轻率的行为判断。

3．糟糕至极

糟糕至极指一旦发生不好的事情，便认为将产生十分可怕的后果。工作失利、生活失意、情感失落对其犹如灭顶之灾，始终被消极悲观念头所困扰，无能力从困境中解脱出来。

4．主观臆想

主观臆想指毫无根据地对事件和他人进行主观推断。如工作任务没有完成好，臆想“所有的领导和同事都会看不起我，我没有前途了”。

（二）不良认知的原因原析

1．不重证据

有不良认知的人群缺乏对事件的判断分析，忽略对事件原因的调查分析，“听风就是雨”，轻易下结论。

2．放弃选择

不良认知忽略看问题的多角度特点和解决方式的多样性和可选择性。缺乏寻找解决问题多种解释、获得较为有利答案的能力。

3．情绪推理

不良认知者以自我的情绪体验代替事件的真实情况。情绪的情境性、片面性、随意性阻碍了认知者对事件和问题的理性思考和正确认知。

4．经验欠缺

对事件的正确认知有待于人生经验的总结和积累。人生经历越丰富，思考越深刻，对问题的理解就越深入，解决问题的途径就越多样。不良认知即有经验欠缺的原因，也有不善于从经历中吸取经验教训的原因。

（三）理性认知的训练

1．与不良认知相对的是理性认知

理性认知是人们对于事物的合理的、客观的认识及正确的评价，是人们保持心理健康的生活哲学。理性认知表现为：

（1）遇事重证据，不轻易下定论。遭遇问题时，理性认知表现为尽量搜集关于真相的证据，对事物做全面客观的分析，在事实的基础上解释和解决问题。

（2）善于转变思路。以多视角看待问题，寻找事件及问题多种解释和多样选择。

（3）辩证看待问题。古语有云“祸兮福所倚，福兮祸所伏”。凡事皆有利弊，遇事应冷静分析，尽可能从有利的方面来看待问题。

（4）塑造弹性心理。心理素质的强弱与否决定一个人的承受能力大小。要能上能下、能进能退、能得能失、能荣能辱，以“春来草自生”心态面对问题。

（5）适时“失忆”。要善于保留美好的记忆，忘记一些不好的曾经，消除心灵垃圾，远离不良经历的困扰。

（6）心怀理想，目标远大。理想和目标犹如灯塔。尽管人生暗夜行船风大浪急，但灯塔的光明总是令人淡化痛苦，满怀希望和憧憬。

2．认知能力拓展训练示例

三栏目技术

目的：运用一种由展示问题、分析原因、解决问题三部分组成的理性思维的方式，以全新的视角和积极的观念来对待自身及身边所发生的事情。

操作程序：

（1）认识并记录下内心消极自责的判断。

（2）弄清这些判断失真的根源。

（3）发展出一个更为现实的自我认知、自我评价系统。

完成训练的有效方法是利用栏目归纳，把困扰自己情绪的问题一一列出，分析认知判断中的非理性成分，并予以纠正，建立理性认知（见表 10-1）。

表 10-1 问题情绪分类

自责判断栏	认知偏差栏	合理反应栏

【实例分析】

小金是某军校大一新生，在为期一个月的入校强化训练期间，个人陈述因不能适应新环境，在生理上出现失眠和精神状态较差的现象，担心自己无法顺利完成训练任务进而影响中队训练成绩，经过激烈的思想斗争向管理干部递交了退学申请。

在征求本人同意下，做 SCL-90 自评量表测查：总分 132；无阳性项目；因子项目方面，躯体化、人际关系敏感、偏执三项分值略高。

1．找寻引起负面情绪体验的认知

训练的压力、语言不通（小金是少数民族）带来的苦闷、担心自己状态不好会影响中队训练成绩的焦虑、与其他同学相比的自卑——“警校生活充满了艰辛，我的训练成绩总是这么糟糕，没办法和其他人交流，没有人能理解和帮助我，只要我还留在这里，我就是中队的包袱”。

2．认知偏差辨析

认知偏差：“训练辛苦、压力大，我努力了但结果还是不理想，愁得觉也睡不着，跟同学交流人家听不懂，后面的日子怎么熬，我是一个失败者”。

事实：从一个熟悉的环境到一个陌生的环境，每个人都面临着适应问题。因为少数民族的语言特点，与其他同学在刚开始交流时，是会有一些困难。小金的管理干部反映，小金虽然因失眠状态不太好，但自尊心较强，训练中能发挥吃苦耐劳精神，表现还是不错的。

换一个角度看：“能够在激烈的入学考试竞争中脱颖而出，本身就证明自己的能力和水平；环境不适应只是暂时的，能够来到一个新的环境开阔视野、增长见识是一件挺好的事；虽然跟同学交流有一点困难，但同学们已经注意到这个问题，他们说话的时候也放慢了语速，再说，因为要锻炼自己的表达能力，可以借此和他们培养战友感情；训练确实很辛苦，但如果把这个经历当做一种对意志的磨炼，我相信，今后再遇到困难和挫折，有这些经历打基础，我一定能顺利度过”。

3．合理应对措施

训练方面，对自己目前的实际情况做一个客观和量化的评估，就强化训练的目标要求为自己制订一个阶段性的战略计划，利用休息时间加强训练，其间邀请一位战友配合完成计划，要求战友针对计划落实情况进行监督。

语言问题方面，购买新华字典或普通培训教材及音像资料，在休息之余加强普通话训练，平时多与战友交流沟通，让战友熟悉自己的语言表达方式。

睡眠问题方面，调整饮食结构、学习放松技巧，对自己进行积极的心理暗示，必要时寻求专业人员（医生或心理咨询师）的帮助指导。

4．小结

非理性认知带来的是情绪的困扰和行为上的消极（两极性特点），如案例中小金对入学后语言、训练问题的消极认知导致其出现抑郁、自卑、焦虑情绪，并泛化到生理及人际关系方面。如不及时进行引导和帮助，小金以申请退学来逃避问题的消极策略将会因受到强化而不断在其生活中重复上演，严重至小金对自我存在产生怀疑，那时无论其健康乃至生命都会受到影响。因此组织和管理者发现事故苗头便应主动和积极进行干预，帮助类似小金的同志通过改变认知来消除不良情绪，增强扎根部队实现自我的信心和勇气。

二、情绪管理训练

情绪是人类特有的一种心理现象，是人对客观事物是否符合或满足自己需要而产生的一种体验。人的行为应该是理性思考的结果，但绝大多数时候，却由情绪所驱动。美国心理学家普拉切克认为有八种典型情绪原型都有其相应的适应及行为模式（见表 10-2）。人们往往因强烈的感性战胜了理智，为朋友两肋插刀，为亲情忍受痛苦，被情绪控制，失去理智而产生极端的行为。因此面对情绪可能具有的巨大的破坏性力量，管理情绪至关重要。

表 10-2 情绪模式

情绪原型	适应模式	行为模式
接受	食物摄取	趋近行为
厌恶	清理、排除	拒绝行为
愤怒	摆脱障碍	破坏行为
恐惧	伤害、威胁	保护倾向
愉快	性反应	生殖行为
悲伤	已占有的被剥夺	无助倾向
惊奇	接触新异反应	指向行为
期待	探索环境	探究行为

（一）情绪管理概述

情绪管理（Emotion Management）是指通过研究个体和群体对自身情绪和他人情绪的认识、协调、引导、互动和控制，充分挖掘和培植个体和群体的情绪智商，培养驾驭情绪的能力，从而确保个体和群体保持良好的情绪状态。

情绪管理能力和水平又称情商（Emotional Quotient，EQ）或情绪（感）智力、情绪（感）智慧，即个人管理和控制情绪的能力，最早由美国耶鲁大学心理学家彼得·萨洛维（P.Salovery）和美国新罕布什尔大学的德梅耶（Demeyer）于 1990 年提出。而有“情商之父”之称的美国哈佛大学心理学教授丹尼尔·戈尔曼（Daniel Goleman），在接受萨洛维的观点基础上，还提出“情智（EI）”作为情绪智力的简称，比用“情商（EQ）”更为准确。然而有一点毋庸置疑，无论是用“情商”还是“情智”来界定人们管理和控制情绪的能力，EQ 的概念在全球已深入人心。

以往认为，一个人能否在一生中取得成就，智力水平是第一重要的，即智商越高，取得成就的可能性就越大。但现代心理学家们普遍认为，情商水平的高低对一个人能否取得成功也有着重大的影响作用，有时其作用甚至要超过智力水平。社会心理学家甚至发现，一个人能否取得成功，智商只起到 20%的作用，剩下的 80%则来自情商。

情商概念综合了现代心理学研究的许多领域的结果，反映了心理学家对情感情绪的新理解。

（1）由被动的心理过程向主动的心理过程迈进。例如，主动识别情绪、主动识别人际关系、主动表达情绪等。用情绪促进思维质量，而不是因情绪而降低思维质量；用情绪促进意志品质，而不是因情绪而削弱意志品质。

（2）由较单一性的心理过程向综合性的心理过程迈进。情绪不再单纯是一个主观体验，而是与认知、意志、个性和社会交往相联系成为一个复杂的综合性的心理过程。例如，情绪与意志相联系成为情绪“自控”，情绪与认知相联系产生情绪“自知”。

（3）由生物遗传性的心理过程向社会塑造性的心理过程迈进。由此，情绪成为一个高尚的，可以调节个体的社会行为的心理过程。例如，情绪与社会交往相联系产生“关怀”“尊重”。

（二）情绪管理训练

善于管理情绪的价值是无量的，会伴随着社会人的一生。管理情绪的能力是后天培养与修炼能够达到的，它需要个体发挥自己的主观能动性。情商是一种能力，情商是一种创造，情商更是一种技巧。既然是技巧就有规律可循，能被掌握，能熟能生巧。只要多点勇气、机智、磨炼，与感情投资，每个人都会像“情商高手”一样，营造一个有利于自己生存的宽松环境，建立一个属于自己的交际圈，创造一个利于更充分发挥自己才能的空间。

1．情绪认知训练

（1）目的和要求

1）目的：通过认知辅导、情绪应对处理和行为放松训练等方法，学会恰当地认识、理解情绪，表达情绪，调控、把握情绪，使自己保持良好的情绪状态。

2）要求：选一个相对封闭、安静的环境分组进行活动。活动前要进行简单的热身，使大家相对放松、气氛融洽；鼓励参与者能专注投入、开放自我，并用心体会。

（2）活动步骤

1）进行热身活动“我的情绪”。首先是情绪评分：以分定的小组为单位，每个人在小组中将自己此时或今天的情绪给予评分。评分标准是 0～10，0 分表示情绪很差，10 分表示情绪很好。

0　1　2　3　4　5　6　7　8　9　10

很差　　　　　　　　　　　　　　很好

（情绪评分标尺）

其次是分享评分理由：评分者在小组内讲述自己的评分理由，鼓励志愿者到整个大组来分享自己的感受与评分理由。

2）情绪的表达与理解（非语言表达）。任选两位自愿者，双方共同商定要表达的情绪，如愤怒、惊奇、喜悦和哀伤等，但仅通过无声语言——体语、面部表情来表达，其中一位参与者展示面部表情，另一位配合做体语。

3）整个过程分两步。第一步，仅由做面部表情的参与者表演。第二步，由两位参与者进行面部表情和体语的协同表演。在整个过程中，每个参与者均不要说话，也不要交谈，只需在下面的空格里，将自己观察体会到的非语言表情，按顺序写下来。

实际的情绪：

自己的判断：

小组的判断：

一致性：

表演结束，按小组分享。小组分享结束，鼓励志愿者到大组分享自己的观察的结果和体会。

4）完成句子练习

① 回想过去，现实生活的情景，选择其中一个片段，简要描述其中的情节。

② 通过完成以下的句子，练习情绪的言语表达，可以要求同伴扮演其中的角色回应你的表达。供参考的句子有“当你……我很生气”“当你……我很高兴”“当你……我……”“当我……我很伤心”“当我……我很激动”“当我……我……”等等。完成练习后，主要完成者谈谈自己的感受和体会，其他参与者也谈谈自己的感受和体会。

2．不良情绪的处理训练

（1）分组　根据活动需要，将参与者分为人数相等的3个小组，分别命名为红灯、黄灯、绿灯小组。3个小组轮流扮演不同组，各小组的活动内容不同，共有3次活动。

（2）小组表演　红灯组表演：从工作学习和生活中选择包含有焦虑、压抑、愤怒、敌对等不良情绪和情绪冲突的一项事件，进行5min左右的讨论，确定小组需要参与扮演主角、配角的人数，经过小组内初步的研习模拟后，在整个大组中表演，此时另外两个小组参与者应专注地观看和体会。

黄灯组讨论：表演完毕后，黄灯组全体成员应共同针对所表现出来的情绪问题，商讨具体的解决冲突、调控情绪的办法（8min左右），并简要地用语言表达出来。此时，绿灯组同时也可商讨一些具体的办法，但不必表达出。

绿灯组表演：根据黄灯组提出的建议和本组讨论的情况，用5min左右的时间加以综合考虑，拿出自己认为适当的方法，同样选择主配角予以表演出来。

确定不同情绪冲突主题，每小组依次为红灯、黄灯、绿灯组轮流表演，并注意体会其中感受。

（3）评比　在活动前，各小组选取两名代表加训练师共7位评分者，制订一个公认的评分标准：包括表演的真实性、形象性、参与的人数、协调配合程度等；还包括讨论小组的创新、实用、有效性等方面。每次评分完后，进行公布展示，并宣读评分结果。同时各小组可进行互评及讨论。对每组的评分应结合自评（25%）、互评（25%）、评分者评定（50%）3方面进行综合评定，选出最佳表演小组和讨论小组。活动完毕，在小组讨论后，表演者、小组成员、大组成员均可以分享自己的感受。训练师予以简单的总结。

3．行为放松、想象训练

此种方法可以单独使用，也可以综合运用，对于焦虑、紧张、恐惧乃至抑郁、愤怒情绪的调控都有一些益处。

（1）张弛放松训练　此训练可使体验者充分体会肌肉紧张与放松的感觉。取舒适体位坐好，双腿自然下垂，两手放在腿上，开始训练。

第1节：深呼吸。请平静、缓慢地用鼻子呼吸，要以最松畅的感觉吸气，然后均匀、缓慢地呼出。

第2节：提眉和皱眉。尽量提眉，并使额部皮肤显出皱纹和眼裂增宽，然后放松。

第 3 节：紧闭双眼，放松。

第 4 节：咬紧牙关，放松。

第 5 节：低头和仰头。将下颌抵住胸口，然后放松；头尽量向后仰，然后放松。

第 6 节：缩肩和耸肩。双肩向前向胸部靠拢，然后放松；再将双肩向后用力挺胸，然后放松；再将双肩耸起，然后放松。

第 7 节：握拳，放松。

第 8 节：提肋。感觉肋骨上提，膈肌下降，胸腔扩大，呼气放松。

第 9 节：收腹，放松。

第 10 节：绷腿，放松。

第 11 节：动足。请放松者脚尖尽量上翘，然后放松。

第 12 节：深呼吸。

通过 12 节张弛训练，体验肌肉放松的感觉。

（2）放松想象训练　找个安静的地方，舒适地坐下来，轻轻地闭着眼睛，慢慢呼吸，很深很深地吸气，开始数数，由 10 倒数至 1，感觉到自己数数的节奏，头部有意识开始放松，逐次进行到面部、颈部、胸部、腹部、双臂、双腿、……，通过逐步放松，逐渐进入一种有意识地重新塑造自己的氛围，然后由训练师给予言语指导，进而放松者自行想象。训练师需事先了解放松者在什么情境下最感舒适、惬意、轻松。

例如常见的情境是在大海边，言语指导可以这样给出：

我静静地俯在海滩（湖边的草滩）上，周围没有其他人。清风轻轻地吹着，我渐渐聆听到风吹过草地和我的耳旁的声音，我感受到了阳光温暖的照射，触到了身下海滩上的沙子（湖边柔软的草儿）。我全身感到无比的舒适，微风带来一丝丝海腥味（清新的味道），海涛在有节奏地唱着自己的歌（湖面上的水静悄悄地涌过来，时不时有鱼儿嬉水溅出的水花声传来），我静静地，静静地谛听着这永恒的波涛声（这令人神往的梦里水乡）。

我坐上了小船，在平静的水面上慢慢荡漾，小船轻轻地摇呀，它有节奏地向我梦想最美丽的地方摇去。我的呼吸渐渐慢而深，和着小船的节奏，在这个美丽的世界里，我尽情地享受着。

天上的白云倒影在镜子一样的水面上，不知哪是水面，哪是天空。几只飞来的海鸥（白色的鸟儿）贴近水面掠过，翅膀几乎触到水面，一会儿它们又飞向蓝天，尽情地玩弄它们的飞行技巧，非常轻巧，潇洒自如，正如我一度有过的进入最佳状态时的表现，一切变得那么投入，比赛在我的控制之中，我发挥得很好。

训练师在给出上述指导语时，语气要柔和，语调适中，节奏要逐渐变慢，配合对方的呼吸。训练师也要具有想象力，使言语指导具有形象性。

三、压力应对训练

压力是指在某种情境下，使个人觉得受到某种威胁而产生的一种身心紧张状态。消防工作是压力密集型的职业，工作的紧张性、突发性和危险性使消防官兵长期处于压力之中，其生理、心理和行为均受到较大不良影响。

（一）认识压力

1．压力——兴奋剂

压力可以成为个体精神上的兴奋剂，能增强大脑的兴奋过程，提高大脑的生理机能，使人思维敏捷，反应迅速，激发个体去积极调动身心的潜能以来改变环境、迎接挑战。但如果压力过大，也会对个体造成较大的身心危害，如免疫力下降，情绪焦虑、压抑，记忆力、注意力缺失，行为呈现攻击性或退缩性特点等等。因此要善于利用压力激发潜能，同时学习避免压力过大给个体带来的消极影响。

2．压力与效率

最早对工作压力与业绩之间关系进行研究的是 Yerkes 和 Dodson（1908）。在早期的研究工作中，他们对老鼠进行了试验，结果显示在刺激力与业绩之间存在着一种关系，过小或过大的压力都会使工作效率降低。当压力等于人的最大承受力时，人的效率达到最大值（见图 10-5）。

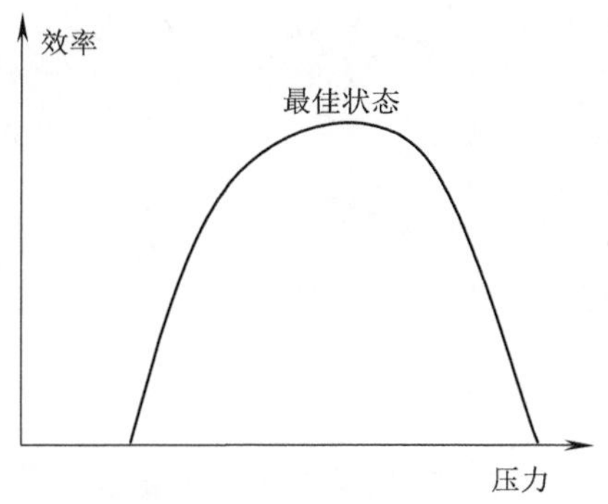

图 10-5 心理学关于压力的倒 U 形理论

（二）压力应对方式

在自发基础上个体应对压力通常表现两种方式。

（1）直接的问题指向的应对方式（斗争或逃跑）。

（2）间接的情绪指向的应对方式（通过药物、学习放松或有意分心、幻想、想象）。

要将自发的应对方式上升为有效的压力管理。

（三）压力的评估

选择适用的分数填入以下评估题目的括号中：经常（2 分）；有时（1 分）；不曾（0 分）。

A 组

（1）发现手头工作太多，应付不过来。（　　）

（2）觉得没有时间消遣，老是记挂工作。（　　）

（3）时间分秒必争，恨不得分身有术。（　　）

B 组

（1）工作太多，未能事事尽善尽美。（ ）
（2）输了比赛，如娱乐运动。（ ）
（3）觉得领导或家人并不欣赏自己的工作。（ ）
（4）为别人对自己及工作表现的看法而担忧。（ ）
（5）为自己目前的状况忧虑。（ ）

C 组

（1）常有头痛、颈痛、背痛、胃痛。（ ）
（2）借助吸烟、饮酒、吃零食来抑制不安的情绪。（ ）
（3）入睡困难。（ ）

D 组

（1）家人或朋友、同事时常令你乱发脾气。（ ）
（2）谈话时，常常打断别人的话。（ ）
（3）临睡前思绪起伏，被诸多忧虑缠绕，周末也是如此。（ ）

E 组

（1）为自己随意做事而内疚。（ ）
（2）在闲暇时轻松一下也会有内疚感。（ ）
（3）常觉得自己不应该享乐。（ ）
满分 34 分，你的总分为（ ）
测试结果分析如下。
28～34 分：压力值很高；
16～27 分：压力值较高；
11～15 分：压力值平均；
6～10 分：压力值较低；
0～5 分：压力值很低。

现在请分析一下你的答案，每一组问题代表不同的精神压力来源，如果其中一组或一组以上的分数较高，请参考其应对方法。

A 组：你对时间观念过分重视。

应对方法：后退一步，看清问题。计划较长远的目标，避免在一段时间内做太多事情。尽量分配充足的时间给一件事情，专心致志并从中获得乐趣。

B 组：你过分忧虑成败得失，忽略了调节自己生活的节奏和享受生活。

应对方法：不要将别人对你的看法和期望看得过重，应发展自己的潜能，培养自信心，并且多注意闲暇时的人生享受。

C 组和 D 组：说明了你在压力中的身体及精神状态。

应对方法：坐在直背椅上，做深呼吸。精神集中，慢慢吸气与呼气，让自己松弛。由四肢开始，渐渐伸展至身躯、颈部和脑部。闭上眼睛，幻想恬静和美丽的景物或地方，开始时每天做 5min，以后渐渐延长时间，而且可以在任何地方做。要多听别人的意见，不要打断对方的话，让别人有更多的表达机会。

E 组：你已经成为工作或家庭的奴隶，因而丧失了生活的乐趣。

应对方法：增加与亲朋好友的接触，检视自己对他人的要求是否过高，让别人分担一些你的工作，合力解决问题。

（四）压力训练

研究指出，压力作用必须经过个体认知系统、社会支持系统和生物免疫功能系统等中介因素才会在个体身上体现出来。因此，消防官兵压力应对训练，主要从提高三大支撑系统来进行。

1．建立科学合理的认知结构应对压力训练

（1）压力感受因人而异，对同一个事件不同的认知决定个体对压力的感受。当认知过程发生紊乱，一个有效应对压力的方法是改变对于应激源的评价，以及应对它们的失败认知。即一方面重新评价应激源自身的性质，另一方面重新组织对于应激反应的认知结构。应激是对于压力情境的认知评价和应激源，与生理、社会的以及个人可利用来应对压力的资源之间的交互作用的反应。个体会对威胁做出各个方面的反应，包括生理上的、行动上的、情绪上的和认知上的反应。一些反应是适应性的，另一些则是非适应性甚至是致命的。图 10-6 为应激模型的图示。

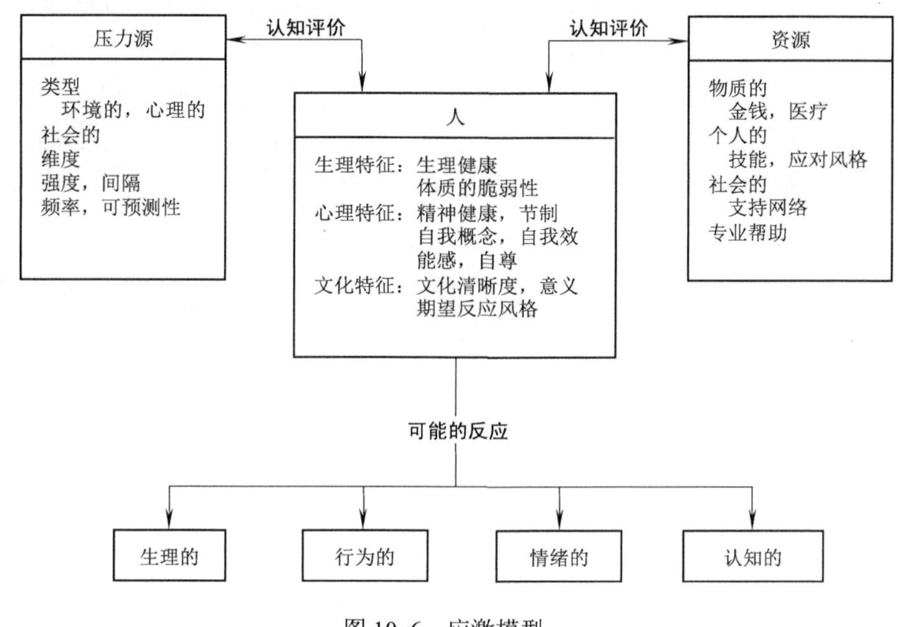

图 10-6　应激模型

（2）训练：生命中最重要的五种东西。

【目的】平衡当前的执行目标。

【步骤】

1）每人各取一张白纸，在顶端写上：对我最重要的五种东西。

2）在纸上迅速写下五种对你来说最重要的东西（可以是物、人、动物、兴趣爱好等，无须排序）。

3）凝视片刻，感受自己生命最珍惜的所在。

4）人生多有不测风云，现在由于某种原因不得不涂掉五种中的一种，你可以悲伤和愤慨，但你必须做出选择。

5）生活又发生了变故，你不得不再放弃一种！

6）坚持有益，在新接下来的每一个步骤中，你又要先后涂去两样心之所爱。（当然，你可以不作为，也可以中途退席。但是你很清楚，残酷的逼迫并非来自于一张白纸，而是来自不可预测的命运。危险无处不在，机遇稍纵即逝，逃避只能带来更多的困扰与无奈。）

7）现在纸上只留下了一样东西，被涂掉的顺序就是你心目中划分的主次，它们也许就是你对生活无所适从时的明灯。

【点评】人们常常因为舍不得而感到压力越来越大，结果在日益增多的负重中渐渐失去了自我，不知道自己真正需要什么。我们需要学习，在了解自己所拥有和渴望拥有的事物的价值后，计划生活与工作，珍惜应该珍惜的，使自己的抉择与自己的需要相符合。

2．建立有效的社会支持系统应对压力训练

（1）社会支持（social support）是他人提供的一种资源，让个体感受爱、关心、尊重，意识到其生活在一个彼此联系且相互帮助的社会网络当中。社会支持包括情感支持、有形支持（物质帮助）、信息支持（建议、个人反馈、资讯）（见图 10-7）。科学研究证明，社会支持在缓解压力带来的伤害方面发挥着积极的作用，其效果不仅表现在有助于对压力事件的心理调节，还可以促进个体从已确诊的疾病中康复并减少患者死亡的危险（House et al,1988;Kulik&Mahler,1989）。

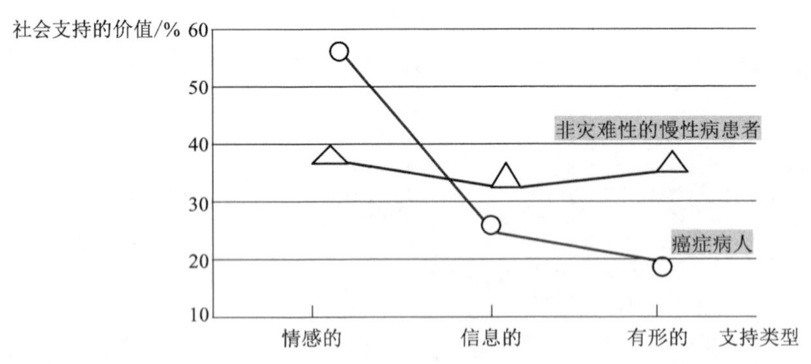

图 10-7　最有效的社会支持报告

（2）训练 1：蜘蛛人在行动。

【目的】为疏解生活中压力和困境，营造自己的社会支持系统。

【步骤】

1）请在图 10-8 所示的人际支持系统网中写下你在遇到压力时，所有可以寻求到帮助的资源（空格内每列为一类，在每一类由内向外填写一个名字或称呼）。

2）现在请你看一看，你填在第一位的是谁、谁离你最近。你为什么选他（她）？在你遇到困难和挑战的时候，你会怎样向他（她）寻求支持？如果你的支持网络里只有两三个人，请你仔细思索原因，如害怕被视为弱者、害怕显得无能、曾经求助却被拒绝甚至伤害，等等。

3）在小组中分享你刚完成的人际网络图，并解释为什么你会选择这些人进入到你的支持系统里。思考以下 3 个方面题目。

A．你会如何运用此支持网络？

B．你已经多长时间没有与其中的人交心恳谈了？

C．你将如何打理和发展目前的支持网络？

【点评】人是社会性的，需要关爱他人，也需要他人的支持。所谓社会支持系统，犹如斜拉桥上的许多钢索，应包括亲友、领导、战友、同学、同伴及其他方方面面的社会关系。我们与他们息息相通，彼此依存。如果你想在伤痕累累的时候有一处疗伤的小屋，如果你想令自己有更多快乐、更少的悲伤，那么要用心建立自己的社会支持系统。

（3）训练 2：信任背摔。

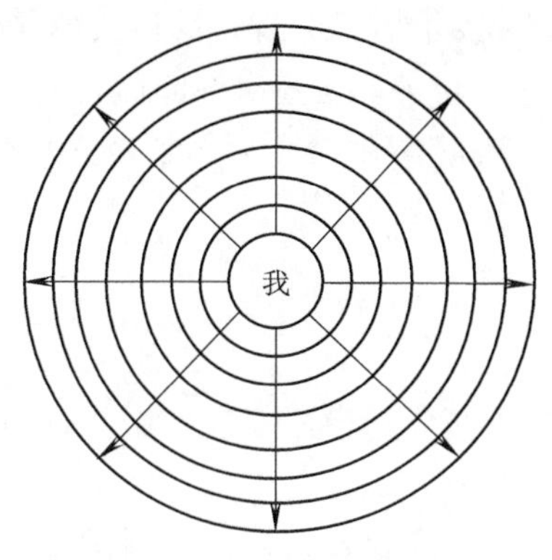

图 10-8　人际支持系统网

图 10-9　信任背摔

训练提示：如果将自己的生命完全交给别人，你会信任对方吗？部队作为一个特殊的战斗集体，如果战友之间缺少了信任，那么不仅这个大家庭不会和睦，而且也直接影响到了部队的战斗力。对消防官兵而言，在面临危险和困难时，战友之间的生死相依、绝对信任显得尤为重要。

【目的】让参训者体会到安全感和归属感，建立并检验成员的相互信任和支持，增强自信心、责任感和合作精神，使其充分地体验到安全感和归属感是人类最基本的需要，也是团队建设的基础。

【要求】

A．场地。专用心理行为训练场地，训练环境要求安静、不受干扰，训练场地上不能有坚硬物体，场地周围无积水、火源、化学物品。

B．天气。在雪天、雨天等恶劣天气情况下禁止此训练，风力达到 4 级以上、气温高于 35℃、或低于 5℃不宜进行此训练。

C．器械。背摔台一个，绑手软绳一根。

【步骤】（控制在 60～80min）

1）布置任务。将学员带到训练场地，面向科目器械成两列纵队，开始宣布任务："我们面前是一个 1.5m 的高台。你们的任务是，所有队员依次沿着爬梯站到台子上，背向大家，肢体后倒，其他队员用双臂接住背摔队员。"

2）宣布规则。

3）讲解背摔人员的动作要领。

4）讲解保护人员的动作要领。

5）训练内容。

① 所有人员将身上的所有物品解除，包括饰品。

② 训练开始，全体人员为背摔人员加油，背摔人员登上背摔平台，要用软绳系上双手，防止其背摔中双手打开伤及队友。

③ 背摔人员站在平台边缘，背向全体战友，脚后跟露出台面。

④ 全体保护队友成保护队形在保护位置站好，头后仰并斜向背摔人员以及时调整位置。

⑤ 每个背摔人员准备好以后，要大声向下面的保护队员进行确认："大家准备好了吗？"当保护队员回答"准备好了"后，背摔人员再次确认"我要倒了"，保护队员大声回答"我们支持你"。背摔员大声喊出："1，2，3"，喊到"3"时尽可能笔直着身体向后方倒下。

⑥ 全体保护人员稳稳地接住背摔人员并保持 3min，同时大声给予其赞扬，然后先将其双脚下放使安全站立。

【教员注意事项】

1）保护人员在任何情况下都不可以撒手。

2）随时提醒大家注意保护，纠正保护动作，一旦发现安全隐患，应立即中止训练。

3）整个过程中要时刻注意保护人员的动作是否正确，精力是否集中。

4）不管背摔人员在任何情况下，向任何方向发生坠落，都要有人接住并保护。

5）尤其要注意保护背摔人员的头部或脚部。

6）项目进行中教员要随时关注可能出现危险的地方，宁可自己受伤也要保护好队员。

7）当背摔人员长时间不敢背摔时，应具体分析其原因并采取相应的调适措施。

【交流回顾】（30～40min）

作为心理训练师，最主要的任务是在学员的训练过程，观察其典型行为表现，据此提出问题，引导讨论，本科目鼓励交流。启发感悟，交流回顾的环境要不受外界的干扰。

【点评】体验团队带来的安全感和归宿感；巩固团队信任。

3．建立健康的生物免疫系统应对压力训练

现实生活中工作压力大，心理负担重，以及情绪紧张的时候，人们往往感到身体不适，甚至容易生病，原因在于自主神经系统紊乱影响人体免疫系统，系统功能紊乱后出现各种不良身体反应（慢性咽喉炎、口腔溃疡、慢性胃炎、胃溃疡、结肠炎、高血压）。提高身体免疫力是防御或降低压力下产生的躯体化症状的有效方法。

（1）人体的免疫系统。人体内有一个免疫系统，它是人体抵御病原菌侵犯最重要的保卫系统（见图 10-10）。这个系统由免疫器官、免疫细胞以及免疫分子组成。免疫系统分为固有免疫和适应免疫，其中适应免疫又分为体液免疫和细胞免疫（见图 10-11）。

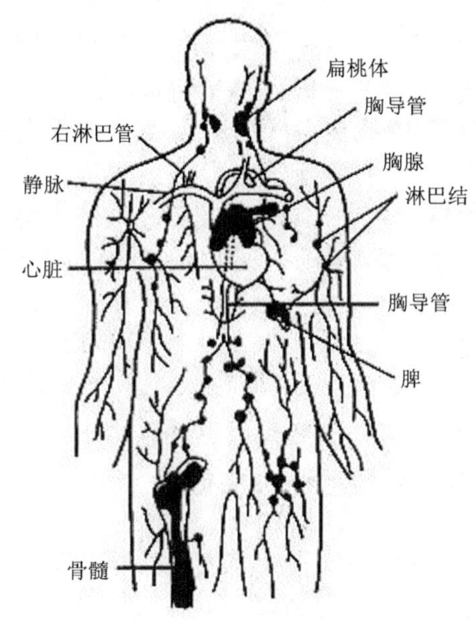

图 10-10 人体的免疫系统分布示意图

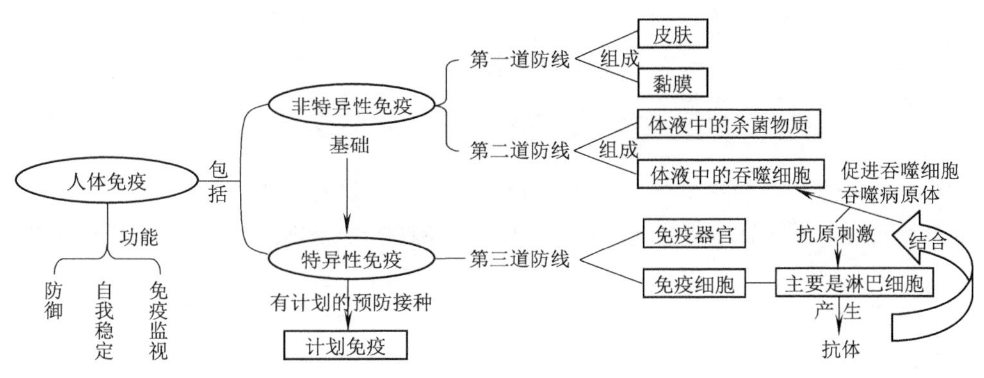

图 10-11 人体免疫系统功能

研究发现，处于压力和焦虑状态下的人，比一般人更需要维生素和矿物质。人体免疫力的增强需要 40～60 种营养素。均衡的营养可以减轻焦虑感和沮丧感。研究和经验都显示，运动是减轻压力和焦虑最简单而有效的方法。一方面，运动能够让人由于压力过大而萎缩的细胞重新活跃起来，另一方面，消耗体力是人类自然的发泄途径。运动之后，身体会恢复正常的平衡状态，不但使精神放松，还会补充体力。

（2）训练 1：笑的运动。

【目的】培养笑的习惯。通过大笑运动，使全身的肌肉和骨骼得到放松，情绪受到感染，压力也随之减轻。

【操作】

1）醉八仙大笑。动作要领：双手握拳，伸出拇指，双臂自然伸出，左摇一次，右摇一次，口中发出“咦——哈哈哈……”的笑声。

2）中大奖的笑。动作要领：弯腰，双手围抱，感觉像是抱着一大堆钱，当口令叫道：“中 100 万啦！”大家一起喊“哗”，然后双手捧“钱”往空中一抛，再大笑。

3）狮子张口笑。动作要领：双目圆睁，尽量伸长舌头，双手模仿“五爪”举到耳前，嘴巴尽量张开，边笑边晃动脑袋，轮流与身边五位以上笑友面对面来做。

4）健康升级笑。动作要领：伸出左手五指，右手拨动左手手指，边拨边笑，从尾指开始，笑声由小到大，最后拨大拇指时，一起发出震天动地的大笑。

【点评】一旦笑的动作成为习惯，将使你更愿意笑。大文豪雨果说过：“微笑是阳光，它能消除人们脸上的冬色”。笑，给人带来欢乐，给人留下良好的印象，生活中不管遇到多大的困难，我们都要保持微笑。

（3）训练 2：找到压力和放松。

【目的】通过身体对压力的反应，让官兵明白目前的处境正面临压力，通过肌肉紧张和放松的对比，掌握在压力中迅速放松的技巧。

【操作】

1）每个人在纸上画出一个以直径的长度表达自己压力程度大小的圆；在圆内列出自己的主要压力源；以圆作为人头，延伸画出人体，并在人体上标出自己对压力的躯体感觉，即表示有压力时自己的身体哪部分有不适反应，在相应部位涂上感觉到的色彩（红色——激动，橙色——发热，紫色——发冷，黑灰色——疼痛，黑色——郁闷……）

（4）训练 3：三线放松功。

【目的】在意识的主动控制下，通过调整姿势（调身）、调整呼吸（调吸）、调整意念（调心），达到“松、静、自然”的放松状态。

【步骤】

将身体分为两侧、前面和后面三条线，自上而下依次进行放松。

1）第一条线（两侧）：头部两侧——颈部两侧——肩部——上臂——肘关节——前臂——腕关节——两手——十指。

2）第二条线（前面）：面部——颈部——胸部——腹部——大腿——膝关节——小腿——两脚—— 十个脚趾。

3）第三条线（后面）：后脑部——后颈部——腋窝——背部——腰部——大腿后面——膝窝——小腿——脚底。

先注意一个部位，然后静默念“松”，再注意下一个部位，再静默念“松”。从第一条线开始放松，待放松完第一条线后，再放松第二条线，再放松第三条线。每放松完一条线，在一定部位的止息点上轻轻意守 1～2min，第一条线的止息点是中指，第二条线的止息点是脚趾，第三条线的止息点是脚心。

当放松完三条线的一个循环后，把注意力集中在脐部或指定的一个部位上，轻轻意守该处，保持安静状态 2～3min，再做下一个循环。一般每次练功做两三个循环，安静一下，然后睁开眼睛收功。

在默念“松”字时，呼吸要自然，使肌肉骨骼逐渐松弛。如果遇到某个部位没有放松的感觉，或者体会不深刻时，不必急躁，可以顺其自然，按照次序继续放松下去。默念“松”字时不要出声，快慢轻重要适当掌握，要多加体会。用意太快太重容易引起头部紧张，太轻太慢则会使人昏昏欲睡。

意守困难时，可以配合数数法，默数自己的呼吸声，逐步意守。最后意守的通常为脐部或丹田穴，也可以根据具体的需要选择不同的穴位。练功时环境要安静，思想要集中，情绪要稳定，衣着要宽松，采用仰卧，背靠座位或平坐均可，每次 20～30min，也可以针对身体的某一不适部位或某一紧张点默念“松”字 20～30 次，达到局部放松的目的。

在功法熟练后，可以进行整体放松，即依照放松的三条线，从头到脚依次不停顿地向下放松。

【点评】面对压力，身体感知比心理感知迅速得多，身体采取肌肉紧张的方法让自己明白压力的存在，身体感知是了解压力和减轻压力程序的第一步。经历压力时，不可避免地会绷紧身体，只要躯体的反应改变了情绪也会改变，紧张也就随之消失。从脚趾开始向上感知身体，并且不断问自己：“我身体的哪个部位紧张？”一旦发现要轻微地夸大，使得感觉更清晰。

所有肌肉的紧张都是自我造成的，带着这种观点，应该知道生活中可能会造成紧张的任何情况，并且知道自己可以做一些什么来改变。

四、意志水平训练

（一）意志力概述

意志力是人们为达到既定目的而自觉努力的程度或坚强的意志品质。意志品质是一个人在生活中形成的比较稳定的意志特征，是个性的重要组成部分。人的意志力不是与生俱来的，而是在社会实践活动中逐渐培养锻炼出来的。自觉努力是意识的主观能动性表现，而意志的本质在于意识的积极调节作用，表现为两个方面。

（1）发动。指推动人们去从事达到预定目的所必需的行动。

（2）制止。表现为抑制与预定目的不符合的愿望和行动。

不仅如此，意志对与人类自主神经所支配的内脏活动，也能起到一定的调节作用。通过各种生物反馈训练，人可以在一定程度调节心律的快慢，血压的升降，肠胃的蠕动，体温的变化等等。

（二）意志力测试

可通过下列测试了解一个人的意志力如何。

1．测验题

（1）我很喜欢长跑、长途旅行、爬山等体育运动，但并不是因为我的身体条件符合这些项目，而是因为它们能锻炼我的意志力。

（很同意　较同意　可否之间　不大同意　不同意）

（2）我给自己订的计划常常因为主观原因不能如期完成。

（这种情况很多　较多　不多不少　较少　没有）

（3）如果没有特殊原因，我要每天按时起床，不睡懒觉。

（很同意　较同意　可否之间　不大同意　不同意）

（4）订的计划应有一定的灵活性，如果完成计划有困难，随时可以改变或撤销它。

（很同意　较同意　可否之间　不大同意　不同意）

（5）在学习和娱乐之间发生冲突时，哪怕这种娱乐很有吸引力，我也会马上决定去学习。

（经常如此　较常如此　时有时无　较少如此　不是如此）

（6）学习或工作遇到困难的时候，最好的办法是立即向领导、战友求援。

（很同意　较同意　无所谓　不大同意　不同意）

（7）在练习长跑中遇到生理反应，觉得跑不动时，我常常咬牙坚持到底。

（经常如此　较常如此　时有时无　较少如此　不是如此）

（8）我常因读一本引人入胜的小说而不能按时睡眠。

（经常如此　较常如此　时有时无　较少如此　不是如此）

（9）我在做一件应该做的事以前，常能想到做与不做的不同结果，而有目的地去做。

（经常如此　较常如此　时有时无　较少如此　不是如此）

（10）如果对一件事不感兴趣，那么不管它是什么事，我的积极性都不高。

（经常如此　较常如此　时有时无　较少如此　不是如此）

（11）当我同时面临着一件该做的事和一件不该做却吸引着我的事时，我常常经过激烈的思想斗争，让前者占上风。

（是　有时是　是与非之间　很少这样　不是）

（12）有时我躺在床上，下决心第二天要干一件重要事情（例如突击学一门外语），但到第二天，这种劲头就消失了。

（经常如此　较常如此　时有时无　较少如此　不是如此）

（13）我能长时间做一件重要但枯燥无味的事情。

（是　有时是　是与非之间　很少这样　不是）

（14）生活中遇到复杂情况下，我常常优柔寡断，举棋不定。

（常有　有时有　偶尔有　很少有　没有）

（15）做一件事之前，我首先想到的是它的重要性，其次才想到它是否使我感兴趣。

（是　有时是　是与非之间　很少是　不是）

（16）我遇到困难情况时，常常希望别人帮我拿主意。

（是　有时是　是与非之间　很少是　不是）

（17）我决定做一件事时，常常说干就干，决不拖延或让它落空。

（是　有时是　是与非之间　很少是　不是）

（18）在和别人争吵时，虽然明知不对，我却忍不住说一些过头话，甚至是骂他几句。

（常有　有时有　偶尔有　很少有　没有）

（19）我希望做一个坚强的有意志力的人，因为我深信“有志者事竟成”。

（是　有时是　是与非之间　很少是　不是）

（20）我相信机遇，很多事实证明，机遇的作用有时大大超过努力。

（是　有时是　是与非之间　很少是　不是）

2．计分方法与评价

凡单题号后面的5种回答，从第1到第5依次记1，2，3，4，5分；双题号计分方法与之相反。测试题得分之和与意志品质的关系如下。

81～100分：意志很坚强；

61～80分：意志较坚强；

41～60分：意志品质一般；

21～40分：意志较薄弱；

0～20分：意志很薄弱。

如果你意志坚强，那么亲爱的战友祝贺你，你拥有了成功的必要条件之一，但千万不要沾沾自喜，因为这只是必要条件而不是充分条件。如果你的意志力还不够坚强，那么，从现在开始做起，培养你的意志力。

（三）意志力训练

1．抗意志力瘫痪训练

【目的】在人的行动中，总会出现这样或那样的与预定目的相悖的内外刺激，来干扰人的行动，这时候，人的意志就在抵御干扰并将行动坚持到底。抗意志瘫痪训练就是通过一定的场景和情境，通过剥夺需要、明示和暗示语言及直接、间接行为干扰，激励超常心理功能的迸发，锻炼参训者面对意志瘫痪的能力。

【准备】

（1）场地：3 000m体能训练场，组合训练场设置。（如400m^{2}障碍训练场）

（2）教具：自制“求助牌”每人4个。

（3）着装：统一着体能训练服。

（4）准备：由培训师带领大家活动身体，即各个关节充分舒展、拉伸肌肉、身体发热、微微出汗。

（5）观察：若有类似心脏病、高血压、腰椎病的疾病，或近期做过内外科手术、内外伤未痊愈者，以及医生明确告知不宜参加运动者禁止参加训练。

【时间】

（1）项目操作：可灵活掌握。

（2）项目回顾：可灵活掌握。

【操作】

（1）人数要求。总人数不能少于10人。

（2）下达项目。由培训师带入场地后，下达项目。

项目：体验式培训项目。

内容：抗意志瘫痪。

目的：

1）激发潜能。

2）锻炼意志品质。

要求：

1）严格按照操作要求进行操作。

2）操作过程严肃认真，严禁嬉笑打闹。

3）认真体验训练中的心理活动与感受。

（3）布置任务。要求每个队员完成以下训练任务。

1）朗诵并自己复述：

红军不怕远征难，训练路程只等闲。

我英雄，我好汉；

成功的路在脚下。

抛下懦夫的帽子；

行动是最好的决心。

做出决定不后悔；

口心一致，意志坚定。

我向成功挺进；

胜利来自坚持之中。

2）每个人选定自己此次比赛的训练目标，并向培训师报告。

（4）宣布规则

1）训练前每个人准备好一份征服意志疾病的处方，并要求会适时运用；

2）训练场设驿站，训练过程中，参训者可以在驿站补充饮水，但需要交求助牌交换（每张交换 500g 饮水）。

3）越野距离从 4km 开始，每次增加 1km，至 10km 为止，也可以个人自行决定。

4）训练可以队为单位或排为单位，人数视情况决定。参训人员按顺序依次编号。

（5）训练过程。训练开始，统一时间出发（记录时间），并规定受训时间。

督导员用语言、行为干扰每一个参训人员，目的是瘫痪参训人员的意志。语言干扰按统一准备好的内容选用，也可以自己创作内容。

（6）安排完成次序。要求培训师自行完成好训练顺序。

2．注意事项

（1）培训师注意事项

1）本训练内容的重点和难点是人的生理极限以及心理承受能力的预测和把握。如果所定训练目标不能达到人的生理极限，则达不到训练的目的，假如负荷超过了人的生理承受极限，则会引发新的心理问题。所以一定注重从效果出发，掌握一定的指标弹性。解决这个问题的关键是参训人员树立自我加压的意识。

2）抗意志瘫痪训练中，参与者生理、心理功能的跃升有一个从量变到质变的过程。要注意刺激强度和负荷的增大的循序渐进性。

3）抗意志瘫痪训练，既有练习性、又有检验性，所以，作为教练员，激发参训者的主动性、积极性始终应成为关注的重点，把解决“自觉参与”问题贯彻于训练的全过程。

4）抗意志瘫痪训练，只是提供了发掘心里潜能的一种基本模式，就其效应来说不能仅以训练时间来衡量，但又必须以一定的训练时间做保证，因此，各项内容、训练时间，可根据情况，酌情规划。

5）如发现参训人员真的不能再坚持训练时，应马上安排其休息，将严重者送往医务室察看情况。

（2）参训人员注意事项

1）坚持到底，敢于突破自我的生理极限。

2）当确实感到自己不能坚持时，及时向培训师说明，得到允许的情况下，才可以休息。

（3）观察要素和典型行为

1）有的学员很快就停下来说自己到了极限。

2）有的学员进行得很慢，规定时间内跑的总体距离不远。

3）即使速度越来越慢，有的学员一直坚持。

4）有学员能够自我调整，排除外界干扰，一如既往地进行训练。

5）有的学员在训练中，自己泄气了，找一些借口借故休息。

3．交流回顾

训练结束后，现场讨论或选定时间讨论。中心议题是谈谈训练的感受。

4．点评要点

（1）队员的意志体现。

（2）培训师根据参训者在训练中的表现，让参训者找出自己是否有下列感觉，可以对症做自我激励。

A．身体疲倦。

B．自信心下降。

C．负性担心。

D．行为退缩。

E．意愿游移。

F．丧失耐心。

G．意志爆发。

H．满不在乎。

I．意志停滞。

J．意志被干扰。

（3）培养坚强的意志。

A．自觉性。

B．果断性。

C．自制性。

D．坚持性。

（4）点评时注意要点。

A．鼓励每一位参训人员投入到讨论中，如果有人没有发言，大家应积极鼓励他。

B．每一位参训人员发言后，全体队员应给以掌声鼓励。

C．培训师点评中应注意强化大家的积极收获和感悟，对于消极的感受可以通过理解接纳或不予评论的方法淡化处理，让每个人可以在相互理解的氛围中，倾谈自己的想法。

D．交流讨论不是为了让大家过分地宣泄消极情绪，而是为了加深体验。

E．点评和交流讨论可以穿插进行。

【思考与练习题】

1．简述不良认知的主要表现。

2．良好的情绪包括哪几种能力？

3．简述什么是情绪管理。

4．简述压力与效率的关系。

5．简述意志力的表现。

6．在学习本章的训练项目的基础上，自创一些能够提升官兵心理素质的小游戏。

第四篇　职业生涯规划与开发

第十一章　消防官兵职业生涯的规划与开发

我国第一部对职业进行科学分类的权威性文献《中华人民共和国职业分类大典》（1999 年 5 月正式颁布实施），将军人界定为社会职业中的一大类别。作为具有军队性质及社会职能双重属性的消防部队和官兵个体，都面临着人力资源开发与个体职业生涯规划的问题。只有了解掌握现代职业特点，对人才管理和使用进行科学谋划，消防部队的凝聚力和战斗力才能得到提升，官兵的自豪感和荣誉感才能得到加强。

第一节　职业生涯规划概述

【学习目标】

1. 了解职业的发生和发展。
2. 熟悉现代职业人的职业素养。
3. 掌握职业评价因素、职业素养。

对个体而言，职业选择是否适当，将影响其将来事业的成败以及一生的幸福；对社会而言，个人择业是否适当，能决定社会人力供需是否平衡。如果每个人都适才适所，那么，不仅每个人都有发展的前途，而且社会亦会欣欣向荣；反之，则个人贫困、社会问题丛生。由于职业选择对每个人及社会都有极重大的关系，因此现代社会的政府部门及相关教育单位，应极为重视青年人对于未来职业生涯的认识、规划、准备和发展，对其实施生涯教育。

一、职业的界定与特点

职业，是指人们为了谋生和发展而从事的相对稳定、有经济收入、特定类别的社会劳动。职业的产生和发展既是社会生产力进步的结果，同时又反过来进一步促进生产力的提高。一个国家的经济结构、产业结构、科技结构和生产力总体水平决定了社会职业的构成；而职业构成的变化客观上也反映着经济、产业、科技以及生产力水平的状况。随着经济社会发展进程的加快，特别是随着社会技术进步的加快，职业变化是历史上前所未有的。

（一）职业的界定

美国社会学家舒尔茨认为，职业是一个人为了不断获得收入而从事的具有市场价值的特殊活动，这种活动决定着从业者的社会地位。

日本劳动问题专家保谷六郎认为，职业是有劳动能力的人为了生活所得而发挥个人能力，向社会做贡献的连续活动。

我国学者吴国存综合不同社会学家对职业的定义，将职业概括为：

（1）职业首先是一种社会位置，个人取得这种位置的途径可能是通过社会资源的继承或社会资源的获取。但是职业不是继承性的，而是获得性的，是个人进入社会生产过程之后获得的。

（2）职业是已经成为模式并与专门工作相关的人群关系，或者说是已经成为模式的工作关系的结合。它涉及从事某种相同工作内容的群体。

（3）职业同权利密切相连。

（4）职业是国家授予的。

（二）职业的特点

1．广泛性

职业是劳动者进行的社会生产劳动或者社会工作。职业问题涉及社会的大部分成员，也涉及社会、经济、心理、教育、技术、政治、伦理等许多领域，因而具有广泛性。

2．同一性

职业是按企业、事业单位、机关团体和个体从事人员所从事的生产或其他社会经济活动性质的同一性来分类。同一性指某行业的职业内部，其劳动条件、工作对象、生产工具、操作内容相同或相近。由于环境的同一，人们就会形成同一的行为模式，有共同的语言习惯和道德规范。

3．经济性

劳动者从事某项职业工作，必定要从中取得经济收入，这是从事职业的基础。没有经济报酬的职业非职业工作。

4．稳定性

劳动者连续、不间断地从事某种社会工作，相对稳定，才能称之为职业。

5．时代性

随着社会的发展和进步，职业变化迅速，除去弃旧更新的变化外，同一种职业的活动内容和方式也会发生变化，所以职业的划分带有明显的时代性，不同时代有不同的热门职业。我国曾出现过“当兵热”“从政热”，后来又发展到“下海热”“外企热”等，都反映出特定时代人们对某种职业的热衷程度。

6．差异性

职业是专门具体精细的社会分工。各类职业之间劳动的内容、社会职业心理、从业者的个人行为模式、社会人格等存在着差异，随着劳动分工的细化、技术的进步、经济结构的变动和社会的发展，新职业不断产生，旧职业不断消亡，差异性越来越大。

7．层次性

从社会需要角度来看，职业并没有高低贵贱之分，但是，现实生活中由于对从事职业的素质要求不同及人们对职业的看法或舆论的评价不同，职业便有了层次之分。这种职业的不同层次往往是由于不同职业体力、脑力劳动的付出，收入水平，工作任务的轻重，社会声望，权利地位等因素决定的。承认职业的层次性，可以促使人们向上流动，促进社会健康的发展。

二、职业的分类

我国是最早开展职业分类的国家，2500 年前儒学经典记录中便有记载。《春秋·谷梁传》写道：“古者立国家，百官具，农工皆有职以事上。古者有四民，有士民，有商民，有农民，有工民。”《周礼·冬宫考工记》中说：“国有六职，百工与居一焉。或坐而论道，或作而行之……”通篇论述了王公、士大夫、百工、商旅、农夫和妇功等不同职业的分工和职责。

20 世纪 90 年代中期，随着社会主义市场经济体制的逐步建立和科学技术的迅猛发展，我国的社会经济领域发生了重大变革，职业发展呈现丰富性和多样性特点。为此，我国参照国际标准职业从本国实际出发，于 1998 年 12 月编制完成了《中华人民共和国职业分类大典》，并于 1999 年 5 月正式颁布实施。这是我国第一部对职业进行科学分类的权威性文献，科学地、客观地、全面地反映了当前我国社会的职业构成，填补了我国长期以来在国家统一职业分类领域存在的空白（见表 11-1）。

表 11-1　8 大类就职人员

大类		种类	小类	职业
序号	名称			
1	国家机关、党群组织、企业、事业单位负责人	5	16	25
2	专业技术人员	14	115	379
3	办事人员和有关人员	4	12	45
4	商业、服务业人员	8	43	147
5	农、林、牧、渔、水利业生产人员	6	30	121
6	生产、运输设备操作人员及有关人员	27	195	1 119
7	军人	1	1	1
8	不便分类的其他从业人员	1	1	1
合计	8 类	66 类	413 类	1 838 类

三、职业评价

职业地位是现实的，也是历史的、发展的。农业社会，对农民的评价高于商人；工业社会崇尚科学家与企业家，对商人的评价高于农民。在一定的时期内，职业声望排列呈相对稳定的状态，如白领高于蓝领，专业技术岗位高于体力劳动岗位，公务员和军人等国家核心权力职业机构高于其他职业等。从就业上来看，一般人们都愿意选择声望高的职业，或者是职业声望较低的职业流向职业声望较高的职业。但不同层次的人对职业声望的反应不尽相同。这里涉及两个问题：一个是职业声望的评价因素；另一个是影响职业声望评价的因素。

（一）职业声望的含义

职业声望是通过选取有代表性的职业进行职业调查，通过对职业地位资源状况，如权利、工资、晋升机会、发展前景、工作条件等的主观判断，所得出的职业等级序列。它是职业地位的反映，是对职业社会地位的主观评价。

（二）职业声望评价的因素

1. 职业社会功能

指一定的职业对社会的作用，它由责任、权利、义务体现出来。社会功能大的职业，任职条件高，职业层级就高。

2. 职业社会报酬

指任职者的工资收入、福利待遇、晋升机会、发展前景等。这是一个综合指标，包含收入、待遇、机会、前景等。

3. 职业自然条件

指与职业活动相关的工作环境，如技术装备、劳动强度、安全系数、卫生条件等。职业自然条件好，职业社会层级也就高。

4. 职业要求

指一定的职业对任职者各项素质的要求。职业对个体的素质要求越高，被人替代的可能性就小，职业社会层级就越高。

职业声望是4项因素的综合反映和综合作用的结果，任一单项都不能全面地反映职业声望的状况。

（三）影响职业声望评价的因素

职业声望是人们对职业社会地位的主观反映，不可避免地受到个人偏见以及社会环境、舆论氛围等因素的影响，这就使得职业声望和社会地位出现一定的差异性，主要表现：

1. 个人偏见

指个体形成了对某一种或某一类职业的好与坏的心理定势，缺乏客观性与全面性，只以评价职业声望的个别因素为依据来对职业进行评价。

2. 社会环境

人是一定社会环境的人，人们对职业的评价往往被社会上出现的某类个别现象所引导，如时尚性，功利性等。尤其是一定社会的政治和文化背景，直接左右着人们对职业的评价。

3. 舆论氛围

一定时期内大众舆论所造成的具有倾向性认同的职业，虽然职业地位不高，但因其收入等其他因素，使评论者对某一种或某一类职业出现了心理倾向性。

4. 性别差异

职业社会调查结果显示，男女对职业声望的总体评价大致相同，但在绝对分值中，则显示了性别的差异性。

5. 教育程度

受教育程度不同的影响，人们对职业声望的评价不尽相同。

6. 国别和地区

不同国别和不同地区的人们，在职业声望比较中也显示出差异性。

四、消防官兵的职业观念

1. 专业观念

专业观念要求消防官兵在自己的本职工作中，都必须具有很强的专业能力和专业水平，必须是专家。

2. 敬业观念

敬业观念是现代职业人的重要品质，再宏伟的工程都只有通过勤勉努力地工作才能成功。

3. 乐业观念

发展中领略快乐，奋斗中体味快乐，专注中享受快乐。从自己职业中领略出人生趣味。

4．创业观念

创业观念是要有勇气去开创新业务，去建立全新的目标。

5．务实观念

务实观念就是讲究实际。中国人注重现实崇尚实干精神，务实精神作为传统美德，仍在职场生活中发挥作用。

6．诚信观念

诚信观念是行业立身之本。如果一个从业人员不能信守诺言，那么他所代表的社会团体就得不到人们的信任，无法与社会进行交往，或是对社会缺乏号召力和影响力。

7．发展观念

人在职场，贵在有自知之明，明白自己想做什么，会做什么，长处是什么，短处是什么。在职场中定位准确，在工作转变、职能转换和职位升迁时，快速调整自己，顺利度过职业疲劳和职业倦怠期，在职场中持续发展。

8．和谐观念

在个人发展工程里面，家庭、事业、身体以及朋友，各个方面都必须依照自己的标准找到平衡点，要能够比较全面地兼顾。

五、现代职业人的职业素养

会做人，会做事，是现代职场所看重的。做人包括做一个好下属，做一个好同事；做事就是不断学习提高业务技能，做个好职员。职场上的成功经验告诉我们一个优秀的“职场”人士应必备如下素养。

1．修心做人，品格至上

品格是人性中最重要的东西，它是道德规范在人心智中的内在化。做人比做事更重要。在职场上，真正成功之士，必是品行高尚之人。让人品璀璨生辉的八个因素有：正直如山、善良如水、宽容似海、仁爱在心、诚实守信、自律自制、学会感恩、知足常乐。

2．了解自我，注重健康

通过对自我的了解，选择适合的工作或事业。目的明确，能力较强的职业人不会人云亦云、随波逐流。他们即使面临挫折，也能努力坚持，投身其中并为之奋斗，对财富、家庭、社交、休闲等进行切实可行的规划，以满足自己的期望，因而能够在生产或其他工作中充分发挥主观能动性。

成功的事业寓于健康的身体之中。一个身体健康的职业人，做起事来精力充沛，能担负较繁重的工作，不会因体力不支而无法完成任务。

3．踏实认真，敬业乐业

对职场用人需求的调查结果表明，做事踏实认真是职场筛选人才优先考虑的条件。工作积极主动，做事不计较大小，不为自己找借口，敬业乐业的人在职场中最受欢迎；动辄想跳槽，耐心不足、不虚心、办事不踏实的人，则是在职场中最不受欢迎的。一般来说，人的智力相差不大，工作成效的高低往往取决于对工作的态度。

4．善于沟通，乐于合作

随着社会日趋开放和多元化，沟通能力已成为现代人们生活必备的能力。对一个职业人而言，必然要面对和处理与同事、同行、政府、社区的关系，平时经常会有与其他单位或个人进行协调、解说、宣传等工作。

在现代社会中个体仅凭自己的力量难以取得事业上的成功，凡是能够顺利完成工作的个体必须具备合作精神和团队意识。

5．知识专精，“职感”敏锐

现代社会分工越来越细，各行各业所需专业知识越来越专业而且精深。因此，专业知识掌握的水平已成为在职场上选拔人才时重点考虑的问题。同时现代职场面临诸多变化，只有运用各种知识，随机应变，才能妥善地应对各种局面。

“职感”敏锐是指职业敏感性，包括职业人对自己的兴趣、优势和不足的自知能力，对组织结构的变化、运作环境的变化、新技术的采用以及对自己从事的工作岗位和职业影响的感知能力。

【思考与练习题】

1．请简述军队职业特点。

2．请对军人这一职业做出评价。

3．现代职业军人的职业素养有哪些？

第二节　职业生涯探索

【学习目标】

1．掌握职业生涯的含义、内涵。

2．了解职业生涯规划对人发展的意义。

3．熟悉职业生涯规划的原则。

在人的一生当中，每个人要扮演多种角色，虽然每个角色对人们而言都是重要的，但是其中工作者的角色占去时间与心血最多。人们需要做出适当的探索活动，立足长远，初步规划自己的职业生涯，为实现成功的人生奠定良好的基础。

一、职业生涯概述

（一）职业生涯的定义

职业生涯是指个体职业发展的历程，一般是指一个人终生经历的所有职业发展的整个历程。它几乎贯穿每个人的一生，并且处于不断发展变化状态。简单地说，职业生涯是以满足需求为目标的工作经历，包括工作内容的确定和变化，工作业绩的评价，工作待遇、职称、职务的变动等。

一些人终生从事一种职业，另一些人一生中频频跳槽，不论怎样，一旦进入职业角色，他们的职业生涯就开始了。职业生涯表示这样一个动态过程，无论成功失败、职位高低、权力大小，每个工作着的人都有自己的职业生涯。

职业生涯是一种复杂现象，它由内在态度和外在行为两方面组成。表示一个人职业生涯的主观内在特征是价值观、态度、需要、动机、气质、能力和性格等；表示一个人职业生涯的客观外在特征是职业活动的各种工作行为。一个人的职业生涯受到本人对自己职业生涯的设想与计划、家庭中父母的意见与配偶的理解与支持、组织的需要与人事计划、社会环境的变化等影响。

职业生涯是个体追求自我实现的重要阶段。人们通过职业生涯满足人生的大部分需求。它是谋生的手段，更是满足高层次需求的重要途径。科学地将职业生涯划分为不同的阶段，明确每个阶段的特征和任务，对更好地从事自己的职业，实现确立的认识目标具有重要意义。

（二）职业生涯的内涵

职业生涯从内涵上可分为内职业生涯和外职业生涯。

1．内职业生涯

内职业生涯是指在职业发展中通过提升自身素质与职业技能而获取的个人综合能力、社会地位及荣誉总和，它是别人无法替代和窃取的人生财富。

内职业生涯因素是在外职业生涯发展过程中靠自己努力追求得以实现，不随外职业生涯的获得而自动具备，也不随外职业生涯的失去而自动丧失。内职业生涯的构成因素一旦取得，别人便不能收回或剥夺。

2．外职业生涯

外职业生涯是指在职业生涯中所经历的职业角色（职位）及获取的物质财富的总和，它是依赖内职业生涯的发展而增长的。外职业生涯因素通常由他人给予和认可，也容易被他人所剥夺。

3．内、外职业生涯的关系

内职业生涯的发展是外职业生涯的前提，可以带动外职业生涯的发展；内职业生涯如果匮乏，外职业生涯就会停滞或失败，当外职业生涯遭遇寒流时，内职业生涯发展更应该加紧修炼。

二、个人职业生涯规划的界定、意义和遵循原则

（一）个人职业生涯规划的界定

个人职业生涯规划是指组织或个人把个人发展与组织发展相结合，对决定个人职业生涯的个人因素、组织因素和社会因素等进行分析，制定有关对个人一生中在事业发展上的战略设想与计划安排。

个人职业生涯包括自我剖析、目标设定、目标实现策略、反馈与修正等 4 个方面。

（1）自我剖析是指全面、深入、客观地分析和了解自己。首先要明确自己为人处世所遵循的价值观念、基本原则和追求的价值目标。其次要熟悉自己掌握的知识和技能，同时，还

要剖析自己的人格特征、兴趣、性格等多方面的个人情况，以便了解自己的优势和不足，并通过这几个层次的自我剖析，对自己形成一个客观、全面的认识和定位。

（2）目标设定是指在上述自我剖析与定位的基础上，设立明确的职业目标。目标设定可以是多层次的、分阶段的。一个多层次的目标设定可以使个体更快地摆脱窘境，保持开放、灵活的心境。一个长远的目标很少能一气呵成，必须分解成若干个易于达到的阶段性目标。由于职业生涯跨越个人的青年、中年乃至老年，并且人在各个时期的体能、精力、技能、经验和为人处世的特点都有明显差别，所以有针对性地制定阶段性目标就显得更为切实可行。

（3）目标实现策略是指通过各种积极的具体行动和措施去争取职业目标的实现。目标实现的内容不仅包括个人在工作中的表现及业绩，而且还包括超出工作之外的一些前瞻性的准备。此外，目标实现还包括为平衡职业目标和其他目标而做出的种种努力。如果忽略了后面两者的努力，要想长久保持工作中出色的表现几乎是不可能的，并且职业目标的实现也会遇到许多牵扯精力的障碍。

（4）反馈和修正是指在实现职业生涯目标的过程中，根据实际情况自觉地总结经验和教训，修正对自我的认知和对最终职业目标的界定。人只有在工作实践中，才能更清楚、更透彻地实现自我认知和定位，才能弄清自己喜爱并适合从事什么职业。因此，对于职业目标的界定，只有经历一段时间的工作实践后，才能检验自我定位是否准确，自己对职业目标的设想是否合乎实际。

（二）个人职业生涯规划的意义

部队官兵首先要认识到生涯规划的重要意义，职业生涯活动将伴随人们的大半生，拥有成功的职业生涯才能实现完美人生。因此，职业生涯规划具有特别重要的意义。

（1）职业生涯规划可以发掘自我潜能，增强个人实力。一份行之有效的职业生涯规划将会引导个体正确认识自身的个性特质、现有与潜在的资源优势；引导个体对自己的综合优势与劣势进行比较分析；使个体树立明确的职业发展目标与职业理想；引导个体评估个人目标与现实之间的差距；引导个体前瞻与实际相结合的职业定位，搜索或发现新的或有潜力的职业机会；使个体学会如何运用科学的方法采取可行的步骤与措施，不断增强职业竞争力，实现自己的职业目标与理想。

（2）职业生涯规划可以增强发展的目的性与计划性，提升成功的机会。生涯发展要有计划、有目的，不可盲目地“撞大运”，很多时候职业生涯受挫就是由于职业生涯规划没有做好。好的计划是成功的开始，古语讲，“凡事预则立，不预则废”，就是这个道理。

（3）职业生涯规划可以提升应对竞争的能力。当今社会处在变革的时代，到处充满着激烈的竞争。物竞天择，适者生存。职业活动的竞争非常突出，要想在这场激烈的竞争中脱颖而出并保持立于不败之地，必须设计好自己的职业生涯规划。认为职业生涯规划纯属纸上谈兵、耽误时间的观点，是一种错误的认识。预先做好职业生涯规划，确定清晰的认识和目标之后把求职活动付诸实践，这样的效果既科学又经济。

（三）职业生涯规划应遵循的原则

人们在思考自己的职业生涯规划时，应该把个体和社会结合起来，把个体发展与组织发展结合起来，把现在与未来结合起来进行思考。正确的职业生涯规划能使一个人走向成功之路，不正确的职业生涯规划可能使一个人误入歧途。为了正确制定职业生涯规划，需要遵守一些原则，职业生涯规划应遵循的主要原则有如下 7 个。

1．社会需要的原则

社会需要的原则是指一个人在确定职业目标时，要把社会需要作为出发点和归宿，以社会对自己的要求为准绳，去观察、认识问题，进而确定自己的职业岗位。目前，社会的需要不断地变化着，旧的需要不断消失，新的需要不断产生，人们在进行职业生涯规划时，一定要分析社会需求，择世之所需。如果漠视社会需求，强调主观的想象，闭门造车，那一定会自食其果，不能实现职业发展的目标。

2．发挥个人优势的原则

发挥个人优势的原则是指一个人在选择职业岗位时，综合自身素质情况，根据自身的特长和优势选择职业岗位，以利于今后在职业岗位上顺利地、出色地完成本职工作。人与人之间是存在着差异的，每个人和其他人相比，能力方面、性格方面、专业方面等肯定是不完全相同的。根据自己能力所长选择职业岗位，既是胜任工作的需要，又是发挥个人的最佳潜力进行创造性劳动的需要。

3．择己所利的原则

职业对每个人而言，当然是一种谋生的手段，也是谋取人生幸福的途径，每个人在规划职业生涯时必将考虑到自己的预期收益，这种预期收益实现最大化的幸福，也就是使收益最大化。个人预期收益在于使这些由低到高的需求得到最大的满足，而衡量其满足程度的指标表现为由收入、社会地位等变量组成的函数中找到的一个最大值。不考虑个人利益的职业生涯规划是不合理和不现实的。此外，择己所利必须在履行个人对社会的义务，遵守国家社会法规的前提下来考虑。

4．独立性原则

独立性原则是指规划职业生涯时有自己的主见，能根据自己的志向和判断独立作出选择。每个人在规划职业生涯时，他人及一些社会现象和信息会对自己产生一定的影响，有些人的建议会有重要的参考价值，也有些人尽管他们的出发点是好的，但由于价值观差异、思考角度不同，有时还会产生误导作用。但坚持独立性原则不是要求人们作规划时闭门造车，固执己见，不虚心听取别人的意见。

5．主动性原则

主动性原则就是指人们在职业生涯规划实施过程中，要主动出击，积极参与。主动性表现在主动地完善自我，提高自己的素质，在就业前掌握一定的职业技能，为今后在职业竞争中获得成功打下基础。凡是有主动性的人，是具有积极生活态度的人，与那些被动、消极的人相比会赢得更多的机会，从而易于取得一定的成就，更快实现自己的职业发展目标。

6．分清主次的原则

在现实生活中，摆在人们面前的职业或用人单位是多样的，其工作性质、工作条件、生活待遇、发展方向等不尽相同，且各有各的优劣之处。人们在选择时，发现不可能有十全十美的职业或用人单位，只能权衡利弊、分清主次，在职业选择决策的过程中，抓住主要的、现实的、合理的条件，抛弃次要的、幻想的、过分要求的因素。

7．长期性原则

职业生涯规划一定能够要从长远来考虑，只有这样才能给人生设定一个大方向，使你集中力量紧紧围绕这个方面作出努力。规划一定要明确一个可以实行的行动，各项主要活动何时实施、何时完成，都要有时间和时序上的妥善安排。人生每个发展阶段的规划应保持连贯性，各具体规划与人生总体规划保持一致。规划要有弹性，到了一定时间要视具体情况予以修正。有了长期性的原则，职业生涯规划就地变得清晰起来，从而是可行和有效的。

三、消防官兵职业生涯规划的误区

1．职业生涯规划可有可无

职业生涯规划观念淡漠，是官兵的普遍特点。不少干部战士认为职业生涯规划可有可无，反正都是包分配，到哪工作听天由命。有的官兵认为，自己尚处于服役阶段，未来有太多的不确定因素，所以现在规划自己为时尚早。这样的一些想法造成的后果是学习的无目的性，荒废了宝贵的学习时间，错过了有目的、有计划发展人生取得成功的大好时机。

2．职业生涯规划是复、退、转人员的主要任务

不少官兵在谈及职业生涯规划时，都毫不怀疑地认为，这是复、退、转人员的主要任务，而处于服役期的官兵是不必为职业规划浪费时间的，认为计划不如变化快，职业规划等到即将复、退、转时再做不迟，其实这是一种误区。如果不从走进部队的第一天开始，就树立职业规划的理念，并在专业人士的指导下，逐渐形成自己的职业发展规划，到复、退、转真正面对就业问题时，就会陷入盲目状态。当意识到自己在专业水平和能力方面存在的不足时，已经无能为力，出现不知所措的尴尬局面。

3．职业生涯规划中的自我定位不准

进行自我评估的目的是要找出自己的优势和不足，但许多官兵在评估过程中看不到自己的优势所在，随之而来的是对自己的过分否定，认为自己一无是处，不断地从自己身上找缺点并克服这些缺点。这种认识难能可贵，但过分地否定自己，也容易让自己失去信心。缺乏自信的人，其事业是难以成功的。

4．职业生涯规划急功近利，把就业、职业与事业混为一谈

不少官兵忽视职业生涯规划过程的动态性和阶段性，盲目从众，急于求成，甚至企图走捷径实现目标，不考虑自己的实际情况，欲速则不达。

有些官兵把就业、职业、事业混为一谈，认为就业等同于职业，甚至把就业与一生的事业发展画上等号。职业生涯设计师徐小平认为人生职业分为三个层次：第一层次是就业，维持生存；第二层次是职业，从事比较稳定的工作，满足基本的物质需求；第三层次是事业，这个层次不仅有丰富的生活物质，更有精神上的满足感。这三个层次逐步推进，逐步实现，并不能一步到位。

【思考与练习题】

1．浅谈职业生涯和管理对人生发展的重要性。

2．如何促进内职业生涯和外职业生涯的发展？

第三节　消防官兵职业生涯规划

【学习目标】

1．了解职业生涯规划的定义。

2．熟悉职业生涯规划的基本步骤，能分析各种因素对自己职业选择和职业生涯发展的影响。

3．掌握职业生涯规划设计书写作规范，并依此对自己的职业进行规划。

个体能根据对自身主观因素和客观环境分析，确立自己的职业生涯发展目标，选择实现这一目标的职业，以及制定相应的工作、培训和教育计划，并按照一定的时间安排，采取必要的行动实施职业生涯目标的过程。

一、职业志向的树立

俗话说："志不立，天下无可成之事"。综观古今中外，各行各业的佼佼者，都有一个共同的特点——具有远大的志向。立志是人生的起跑点，反映着一个人的理想、胸怀、情趣和价值观，影响着一个人的奋斗目标及成就的大小。所以，在进行生涯设计时，首先要确立志向，这是启动职业生涯规划的关键，也是职业生涯设计最重要的一点。明晰职业志向的方法有如下几种。

（1）当我老去的时候，我最希望人们怎么评价我？

（2）我最希望在哪个领域里有所成就和建树？

（3）假如不需要考虑金钱和时间，我最想从事的工作是什么？

回答以上三个问题后，请写下你将来希望的生活方式，你将来要拥有的成就，将来要从事的主要行业。

我理想的生活方式：________________________________。

我未来要创造的成就：______________________________。

我将来要从事的主要行业：__________________________。

设想你将来的职业的名称：

（1）____。

（2）____。

（3）____。

二、自我评估

自我评估就是对自己做全面分析，主要包括对个人的需求、能力、兴趣、性格、气质等的分析，以确定什么样的职业比较适合自己以及自己具备哪些能力。

（一）了解自己的职业兴趣

职业兴趣在人们的职业活动中具有重要的作用。俗话说“人各有所好”，不同的人有不同的职业兴趣，兴趣上的差异，构成人们选择职业的重要一环。

职业兴趣的发展一般要经历有趣（短暂、多变的兴趣）、乐趣（专一、深入的兴趣）和志趣（具有社会性、自觉性、方向性的兴趣）三个阶段。古今中外名人和大师们所取得的成就无一不是志趣的结果。英国哲学家罗素说他的人生目标就是使“我所爱为我天职”。需要说明的是，职业兴趣类型并无好坏之分，每种类型都有积极的一面也有消极的一面，因而在职业选择中就应尽可能地选择那些适合自己职业兴趣特点的专业或工作。

（二）了解自己的职业性格

近年来，用人单位选人时出现一种新观念，认为性格比能力重要。其原因是，如果一个人能力不足，可通过培训提高，但一个人的性格不好，要改变起来，就很困难。所以，在招聘新人时，将性格的测试放在首位，当性格与职业相吻合时，才能对其能力进行测试考察。印度的古语说“播种行为，收获习惯；播种习惯，收获性格；播种性格，收获命运”。可见，性格与人们职业生涯关系密切。

职业心理学的研究表明，性格是个性中具有核心意义的成分，几乎涉及人的心理过程及个性特征的各个方面。不同的人，性格的态度特征、意志特征、情绪特征和理智特征有不同的表现。

1．性格的态度特征

性格的态度特征是指个体在对现实生活各个方面的态度中表现出来的一般特征，即他对待社会、集体、工作、劳动、他人以及自己的态度的倾向性。

性格的态度特征，可表现为乐于助人、大公无私、正直、诚恳、文明礼貌、勤劳节俭、认真负责、谦虚谨慎等；也会表现为自私自利、损人利己、奸诈狡猾、蛮横粗暴、懒惰挥霍、敷衍了事、不负责任、狂妄自大等。

2．性格的理智特征

性格的理智特征是指个体在认知活动中表现出来的心理特征。在感知方面，能按照一定的目的任务主动地观察，属于主动观察型；有的则明显地受环境刺激的影响，属于被动观察型；有的倾向于观察对象的细节，属于分析型；有的倾向于观察对象的整体和轮廓，属于综合型；有的倾向于快速感知，属于快速感知型；有的倾向于精确地感知，属于精确感知型。在想象方面，有主动想象和被动想象之分；有广泛想象与狭隘想象之分。在记忆方面，有主动与被动之分；有善于形象记忆与善于抽象记忆之分等。在思维方面，也有主动与被动之分；有独立思考与依赖他人之分；有深刻与浮浅之分等。

3．性格的情绪特征

性格的情绪特征是指个体在情绪表现方面的心理特征。在情绪的强度方面，有的情绪强烈，不易于控制；有的则情绪微弱，易于控制。在情绪的稳定性方面，有人情绪波动性大，情绪变化大；有人则情绪稳定，心平气和。在情绪的持久性方面，有的人情绪持续时间长，对工作学习的影响大；有的人则情绪持续时间短，对工作学习的影响小。在主导心境方面，有的人经常情绪饱满，处于愉快的情绪状态；有的人则经常郁郁寡欢。

4. 性格的意志特征

性格的意志特征是指个体在调节自己的心理活动时表现出的心理特征。自觉性、坚定性、果断性、自制力等是主要的意志特征。自觉性是指在行动之前有明确的目的，事先确定了行动的步骤、方法，并且在行动的过程中能克服困难，始终如一地执行。与之相反的是盲从或独断专行。坚定性是指能采取一定的方法克服困难，以实现自己的目标。与坚定性相反的是执拗性和动摇性，前者不会采取有效的方法，一味我行我素；后者则是轻易改变或放弃自己的计划。果断性是指善于在复杂的情境中辨别是非，迅速作出正确的决定。与果断性相反的是优柔寡断或武断、冒失。自制力是指善于控制自己的行为和情绪。与自制力相反的是任性。

（三）判断自己的职业能力

职业能力不同于职业兴趣，个体也许对某项职业特别感兴趣，但这并不表明其具备从事这项职业的才能和特长。“金无足赤，人无完人”，无所不能的全才是不存在的。任何一个人都或多或少地有着自己的特长，有的善于理论分析，有的善于实际操作，有的善于事务性工作，有的善于创造性活动，有的口才好，有的文笔佳……，而各类职业所需要的能力也各不相同。

能力是一个人完成任务的前提条件，是影响工作效果的基本因素。因此，了解自己的能力倾向及不同职业的能力要求对合理地进行职业选择具有重要意义。

当个体对自己的兴趣、能力、性格有了一个初步的认识后，就可以把这三方面联系起来，从总体上确定自己的职业性向。职业性向可以用霍兰德职业性向量表进行测量。

三、职业生涯机会的评估

职业生涯机会的评估，主要分析内外因素对自己生涯发展的影响。每一个人都处在一定的环境之中，离开了这个环境，便无法生存与成长，所以在制定个人的职业生涯规划时，要分析环境条件的特点、环境的发展变化情况、自己与环境的关系、自己在这个环境中的地位、环境对自己提出的要求以及环境对自己的有利条件与不利条件等等。只有对这些环境因素充分了解，才能做到在复杂的环境中避害趋利，使生涯规划具有实际意义。

（一）职业外部环境

随着时代的变迁，科学技术的飞速发展，社会环境变化的速度越来越快。官兵及时了解社会环境，掌握准确的与职业相关的社会发展与背景信息显得至关重要。社会环境对职业生涯规划有重要影响。社会环境具有极大的不确定性，分析起来是相当复杂的。人们通常把社会环境分为 4 大类，即经济环境、政治环境、文化环境、科技环境（见表 11-2 及表 11-3）。

表 11-2 影响职业选择和职业发展的社会因素

经济环境	经济发展水平、劳动力市场供求状况
政治环境	政治体制、经济管理体制、人才流动的政策等
文化环境	价值观念、生活模式（契约制、终生雇佣制等）
科技环境	自动化（新机器采用）、产业调整（计算机网络大量运用）

1. 经济环境

经济环境对人的生涯发展也会产生影响，当经济发展非常景气时，百业兴旺，就业渠道、薪资提升和职业发展的机会就会大增，反之，人的职业发展就会受阻。

2. 政治环境

政治和经济是相互影响的，政治不仅影响到一国的经济体制，而且影响着企业的组织体制，从而直接影响到个人的职业发展。政治制度和氛围还会潜移默化地影响个人的追求，从而对职业生涯产生影响。

3. 文化环境

社会文化是影响人们行为、欲望的基本因素。社会文化反映着个人的基本信念、价值观和规范的变动。在良好的社会文化环境中，个人能力受到良好的教育和熏陶，从而为职业发展打下更好的基础。

4. 科技环境

科技的发展会带来理论的更新、观念的转变、思维的变革、技能的补充等，而这些都是职业生涯规划中不可或缺的要素。

表 11-3 影响职业选择和职业发展的社会因素分析表

环 境 要 素	目 前 情 况	未来参加工作时的情况
经济环境分析		
人口环境分析		
科技环境分析		
政治和法律环境分析		
社会文化环境分析		
欲从事职业所处的行业分析		
欲从事职业本身环境分析		
其他情况分析		

（二）影响职业选择的其他因素分析

尽管有“三百六十行，行行出状元”的说法，但是选择适合自己的职业，对个人的影响很大。有的人被动地选择了职业方向，因为不喜欢，一直应付工作，不能激发出对工作的热情，导致职业与人生的灰暗。职业方向一定是在以上自我评估和职业机会评估基础上，考虑了职业方向与个人性格、兴趣、特长、外部职业机会的匹配而选择的。职业生涯规划是一个寻找内在与外在的协调的过程，一般而言，当人内在的职业特点与职业特性相一致，职业成功的可能性就越大（见表 11-4）。

表 11-4 影响职业选择的其他因素分析表

其 他 因 素	与职业相关的影响	目前状况概述
性别	请谈谈对自己性别的看法，你所确定的职业前景与你所认同的职业角色相符吗	
身心健康	你的健康状况限制你加入哪些行业及职业 出于对自己健康的关心，你不想进入哪些职业	

（续）

其他因素	与职业相关的影响	目前状况概述
教育背景	这些教育背景能实现你的职业目标吗？所具有的教育背景对你的职业有哪些帮助 你还需要加强哪些方面的学历教育或其他培训	
与职业相关的经历	想想小时候的梦想，父母、亲戚对职业的看法 填报志愿的想法 警营生活中与职业相关的体验和实践，其中印象最深、或最成功、或最值得骄傲、或对你最有意义的是什么	
地理位置	你的家庭所在地有哪些与职业发展相关的优势和劣势 未来工作地有哪些与职业发展相关的优势和劣势 未来理想工作地有哪些吸引你的特色？这些特色能促进你的职业发展吗	
社会阶层	父母、亲戚所处的社会阶层能为你的职业带来哪些资源与帮助	
家庭、家族背景	家庭、家族背景能为你的职业带来哪些帮助	
环境层级	你所在的环境处于哪个层级 有哪些可以利用的资源能帮助你的职业发展	
专业情况	有哪些可以用来促进专业发展的资源	

四、职业生涯目标的确定

一个人要想真正获得成功，那么他首先要确定一个发展方向。在不同的发展阶段，应该给自己设定不同的且切合实际的人生目标（见表 11-5）。

表 11-5　个人职业生涯目标制定

姓　名		性　别	
年　龄		学　历	
所学专业		职业类别	
目前所在部门		目前任职岗位	
人生目标			
（1）岗位目标： （2）技术等级目标： （3）收入目标： （4）社会影响目标： （5）重大成果目标： （6）其他目标： 人生观简要文字说明： 实现人生目标的战略要点：			
长期目标			
（7）岗位目标： （8）技术等级目标： （9）收入目标： （10）社会影响目标： （11）重大成果目标： （12）其他目标： 人生观简要文字说明： 实现人生目标的战略要点：			
中期目标			
（13）岗位目标： （14）技术等级目标： （15）收入目标： 人生观简要文字说明： 实现人生目标的战略要点：			

（续）

短期目标
（16）岗位目标： （17）技术等级目标： （18）收入目标： 短期目标计划细节： （1）短期内完成的主要任务： （2）有利条件： （3）主要障碍及其对策： （4）可能出现的意外和应急措施： （年度目标及年度计划的细节通常另行安排，以保持生涯计划的相对稳定性）
职业生涯规划者（签字）： 制定个人职业生涯规划日期：　　年　月　日

五、制定行动方案

在确定以上各种类型的职业生涯目标后，就要确定相应的行动方案来实现它们，把目标转换成具体的方案和措施。这一过程中比较重要的行动方案有职业生涯发展途径选择、职业选择和制订相应的教育和培训计划。

在做职业选择时，除了进行自我剖析和职业研究以外，还要在这两项工作的基础上将个人因素与职业因素进行匹配，以求达到最佳的效果。在将个人因素和职业因素进行匹配时，要注意以下几个因素的吻合。

（一）性格与职业的吻合

人的性格千差万别，或热情外向、或羞怯内向、或沉着冷静、或火爆急躁。职业心理学的研究表明，不同的职业有不同的性格要求。虽然每个人的性格都不能百分之百地适合某项职业，但却可以根据自己的职业倾向来培养、发展相应的职业性格。人员不同的性格特征，对组织而言，决定了他们的工作岗位和工作业绩；对个人而言，决定着自己的事业能否成功。

一些教育学心理学研究人员根据我国的实际情况，将职业性格分为 9 种基本类型，可作为选择职业的参考依据。

（1）变化型。其特点是在新的和意外的活动或工作情境中感到愉快，喜欢有变化的和多样化的工作，善于转移注意力。

适合从事的职业：记者、推销员、演员。

（2）重复型。其特点是适合连续从事同样的工作，按固定的计划或进度办事，喜欢重复的、有规律的、有标准的工种。

适合从事的职业：纺织工、机床工、印刷工、电影放映员。

（3）服从型。其特点是愿意配合别人或按别人的指示办事，而不愿意自己独立做出决策，担负责任。

适合从事的职业：办公室职员、秘书、翻译。

（4）独立型。其特点是喜欢计划自己的活动和指导别人活动或对未来的事情做出决定，在独立负责的工作情境中感到愉快。

适合从事的职业：管理人员、律师、警察、侦察员。

（5）协作型。其特点是在与人协同工作时感到愉快，善于引导别人，并想得到同事们的喜欢。

适合从事的职业：社会工作者、咨询人员。

（6）劝服型。其特点是通过谈话或写作等使别人同意自己的观点，对别人的反应有较强的判断力，并善于影响别人的态度和观点。

适合从事的职业：辅导员、行政人员、宣传工作者、作家。

（7）机智型。其特点是在紧张和危险的情况下能自我控制沉着应付，发生意外和差错时不慌不忙出色地完成任务。

适合从事的职业：驾驶员、飞行员、公安员、消防员、救生员。

（8）自我表现型。其特点是喜欢表现自己的爱好和个性，根据自己的感情做出选择，能通过自己的工作来表现自己的思想。

适合从事的职业：演员、诗人、音乐家、画家。

（9）严谨型。其特点是注重工作过程中各个环节、细节的精确性。愿意按一套规划和步骤将工作尽可能做得完美，倾向于严格、努力地工作以看到自己出色完成工作的效果。

适合从事的职业：会计、出纳员、统计员、校对员、图书档案管理员、打字员。

值得注意的是，绝大部分职业都同时与几种性格类型特点相吻合，而一个人也可能同时具有几种职业性格类型的特点。

（二）兴趣与职业的吻合

职业兴趣是职业选择应考虑的重要因素之一。《加拿大职业分类词典》将各种职业兴趣类型的特点与相应的职业进行了分析，其归纳的要点如下。

（1）愿与事物打交道。这类人喜欢同事物打交道（比如，工具、器具或数字），而不喜欢从事与人和动物打交道的职业。相应的职业有：制图员、修理工、裁缝、木匠、建筑工、出纳员、记账员、会计等。

（2）愿与人接触。这类人喜欢与他人接触的工作，他们喜欢销售、采访、传递信息一类的活动。相应的职业有：记者、营业员、服务员、推销员等。

（3）愿干有规律的工作。这类人喜欢常规的、有规律的活动，在预先安排的条件下做细致工作。相应的职业有：图书馆管理员、办公室职员、档案整理员、打字员、统计员等。

（4）愿从事社会福利和助人的工作。这类人乐意帮助别人，试图改善他人的状况，喜欢独自与人接触。相应的职业有：医生、律师、护士、咨询人员等。

（5）愿做领导和组织工作。这类人喜欢管理工作，爱好掌管一些事情，他们在企事业单位中起着重要的作用。相应的职业有：辅导员、行政人员、管理人员等。

（6）愿研究人的行为。这类人喜欢谈论涉及人的主题，他们爱研究人的行为举止和心理状态。相应的专业有：心理学、政治学、人类学等。

（7）愿从事科学技术事业。这类人喜欢分析的、推理的、测试的活动，擅长理论分析，喜欢独立解决问题，也喜欢通过实验获得新发现。相应的专业有：生物学、化学、工程学、物理学等。

（8）愿从事抽象性和创造性的工作。这类人喜爱需要有想象力和创造力的工作。相应的职业有：演员、创作人员、设计人员、画家等。

（9）愿做操纵机器的技术工作。这些人喜欢运用一定的技术，操纵各种机械，制造产品或完成其他任务。相应的职业有：机床工、驾驶员、飞行员等。

（10）愿从事具体的工作。这类人喜欢制作看得见、摸得着的产品，希望很快看到自己的劳动成果，他们从完成的产品中得到自我满足。相应的职业有：厨师、园林工、理发师、美容师、室内装饰工、工人等。

（三）能力与职业的吻合

事业发展和能力高度之间，有不容置疑的直接关系。能力高度（不是抽象的素质）通过职业角色得以表现，比如：交响乐团的指挥，其能力显然和一名出色的科技人员、一名出色的飞机驾驶员不同。能力，是一个人能否进入职业的先决条件，是能否胜任职业工作的主观条件。无论从事什么职业总要有一定的能力作保证。没有任何能力，根本谈不到进入职业工作，对个人来讲也就无所谓职业生涯可言。能力，是指完成一定活动的本领。人在其一生之中，要从事各种各样的社会生活和社会生产活动，必须具备多种能力与之相适应。这里所言的能力，是指劳动者从事社会生产活动的能力，即职业工作能力。

人们的能力可分为一般能力和特殊能力两大类。一般能力通常又称为智力，包括注意力、观察力、记忆力、思维能力和想象力等，一般能力是人们顺利完成各项任务都必须具备的一些基本能力。特殊能力是指从事各项专业活动的能力，也可称特长，如计算能力、音乐能力、动作协调能力、语言表达能力、事务能力、空间判断能力、形态知觉能力、手指灵活度与灵巧度等。由此可见，能力是一个人完成任务的前提条件，是影响工作效果的基本因素。因此，了解自己的能力倾向及不同职业的能力要求对合理地进行职业选择具有重要意义。能力的不同，对职业选择就有差异。从能力差异的角度来看，在职业选择时应遵循以下原则。

1．注意能力类型与职业相吻合

人的能力类型是有差异的，即人的能力发展方向存在差异。职业研究表明，职业也是可以根据工作的性质、内容和环境划分为不同类型的，并且不同职业对人的能力也有不同的要求，因而应注意能力类型与职业类型的吻合。能力水平要与职业层次一致或基本一致。对一种职业或职业类型来说，由于所承担的责任不同，又可分为不同层次，不同的层次对人的能力有不同的要求。因而，在根据能力类型确定了职业类型后，还应根据自己所达到或可能达到的能力水平确定相吻合的职业层次。只有这样，才能使能力与职业的吻合具体化。

要充分发挥优势能力的作用。每个人都具有一个多种能力组成的能力系统，每个人在这个能力系统中，各方面能力的发展是不平衡的，常常是某方面的能力占优势，而另一些能力则不太突出，对职业选择和职业指导而言，应主要考虑其最佳能力，选择最能运用其优势能力的职业。同样，在人事安排中，如能注重一个人的优势能力并分配相应的工作，会更好地发挥一个人的作用。

2．注意一般能力与职业相吻合

不同的职业对人的一般能力的要求不同，有些职业对从业者的智力水平有绝对的要求，如律师、工程师、科研人员、大学教师等都要求有很高的智商。智力在相当大的程度上决定着其所从事的职业类型。

3. 注意特殊能力与职业相吻合

要顺利完成某项工作，除要具有一般能力外，又要具有该项工作所要求的特殊能力，如从事教育工作需要有阅读能力和表达能力；从事数学研究需要具有计算能力、空间想象能力和逻辑思维能力。如法官就应具有很强的逻辑推理能力，却不一定要很强的动手能力；而建筑工应有一定的空间判断能力，却不需要良好的语言表达能力。

在进行职业选择时除了要注意职业兴趣、性格及职业能力与职业要素的匹配外，还要把这三方面联系起来，从总体上确定自己的职业性向，做到个人职业性向与社会职业类型的吻合。

六、评估与反馈

在人生的发展阶段，由于社会环境的巨大变化和一些不确定因素的存在，会使人们与原来制定的职业生涯目标与规划有所偏差，这时需要对职业生涯目标与规划进行评估并做出适当的调整，才能更好地符合自身发展和社会发展的需要。职业生涯规划的评估与反馈过程是个人对自己的不断认识过程，也是对社会的不断认识的过程，是使职业生涯规划更加有效的有力手段。表 11-6 所示为职业生涯评估体系。

表 11-6　职业生涯评估体系

评价方式	评价者	评价内容	评价标准
自我评价	本人	（1）自己的才能是否充分施展 （2）对自己在单位发展，社会进步中所做的贡献是否满意 （3）对自己在职称、职务、工作待遇等方面的变化是否满意 （4）对处理职业生涯发展与其他人生活动的关系的结果是否满意	个人的价值观念及个人的知识、水平、能力
家庭评价	父母，配偶、子女等家庭成员	（1）是否能够理解和肯定 （2）是否能够给予支持和帮助	家庭文化
部门评价	上级、平级、下级	（1）是否有下级、平级同事的赞赏 （2）是否有上级的肯定和表彰 （3）是否有职称、职务的晋升或相同职权利范围的扩大 （4）是否有工资待遇的提高	单位部门及其总体运行结果
社会评价	社会舆论、社会组织	（1）是否有社会舆论的支持和好评 （2）是否有社会组织的承认和奖励	社会文明程度、社会历史进程

【思考与练习题】

1. 影响职业选择和职业发展的因素有哪些？
2. 如何制定自己的职业生涯目标？
3. 职业生涯规划包括哪些实施步骤？联系实际谈谈每个步骤的主要工作是什么。

参 考 文 献

[1] 魏书堂，姮建锋，彭虎军．心理学[M]．西安：陕西人民出版社，2003．
[2] 陈琦，刘儒德．当代教育心理学[M]．北京：北京师范大学出版社，2007．
[3] 彭聃龄．普通心理学[M]．北京：北京师范大学出版社，2004．
[4] 王家奇．心理学基础与应用[M]．哈尔滨：哈尔滨工业大学出版社，2004．
[5] 乔建中．现代心理学基础[M]．南京：南京师范大学出版社，2001．
[6] 李晓文，张玲，屠荣生．现代心理学[M]．上海：华东师范大学出版社，2004．
[7] 李铮，姚本先．心理学新论[M]．北京：高等教育出版社，2001．
[8] 林永和．大学生成功心理训练——心理素质拓展[M]．北京：国家行政学院出版社，2011．
[9] 马克思恩格斯全集第 12 卷[M]．北京：人民出版社，1962：742-743．
[10] 霭里士．性心理学[M]．潘光旦译．上海：生活．读书．新知三联书店，1987：554-555．
[11] 刘守旗．当代青少年心理与行为透视[M]．合肥：安徽人民出版社，1997．
[12] 徐厚道．心理学概论[M]．北京：北京工业大学出版社，2003．
[13] 郭俊英．浅谈高技术战争军人心理反应及其适应能力的培养[J]．人民军医，2002（8）．
[14] 李维．小学儿童教育心理学[M]．北京，高等教育出版社，1996．
[15] 欧国政．部队管理教育心理学的实践运用[M]．北京：长征出版社，2003．
[16] 文书锋，胡邓，俞国良．大学生心理健康通识[M]．北京：中国人民大学出版社，2010．
[17] 杨志家，邵肖琴．大学生心理健康指导[M]．北京：中国水利水电出版社，2010．
[18] 俞国良，社会心理学[M]．北京：北京师范大学出版社，2006．
[19] Lauren B Alloy，John B Riskind，Margaret J Manos．Abnormal Psychology[M]．汤震宇，邱鹤飞，杨茜泽．上海：上海社会科学院出版社，2005．
[20] 张人骏．中国大百科全书·心理学[M]．北京：中国大百科全书出版社，1992．
[21] 于海娣．彩色图解·心理学[M]．北京：华文出版社，2009．
[22] 江苏省公安消防总队．消防员心理工作手册·干部读本[M]．南京：南京大学出版社，2008．
[23] 威廉·麦独孤．社会心理学导论[M]．俞国良，雷雳，张登印译．北京：北京大学出版社，2010．
[24] 杜布林．心理学与工作[M]．王佳艺译．北京；中国人民大学出版社，2007．
[25] 王滟明．哈佛积极心理学笔记：哈佛教授的幸福处方[M]．北京：中国言实出版社，2011．
[26] 张小燕．军人管理心理学[M]．北京：国防工业出版社，2005．
[27] 陈岸然，孙忠善．军人心理素质探索[J]．军队政工理论研究，2001（2）．
[28] 高钰琳，王惠珍．中国军人心理健康教育现状[J]．中国健康教育，2002（9）．
[29] 伍晓军，周德顺，陈南生．当前部队心理健康教育存在的问题和对策[J]．军队政工理论研究，2003（6）．
[30] 李中莹．简快心理疗法[M]．北京：世界图书出版公司，2003．
[31] K T Strongman．情绪心理学[M]．王力主译．北京：中国轻工业出版社，2006．
[32] 张进辅．现代青年心理学[M]．重庆：重庆出版社，2002．
[33] 黄希庭．心理学导论[M]．北京：人民教育出版社，2006．
[34] 郑雪．人格心理学[M]．广州：暨南大学出版社，2001．
[35] 曲振国．大学生就业指导与职业生涯规划[M]．北京：清华大学出版社，2008．
[36] 徐笑君．职业生涯规划与管理[M]．成都：四川人民出版社，2008．
[37] 冯江平．青年心理学导论[M]．北京：高等教育出版社，2006．